本书受广东省科技计划项目"广东省医药卫生科技的行政执法体制改革研究"（项目编号：2017A070706007）资助，是该项目结题成果。

| 博士生导师学术文库 |

A Library of Academics by
Ph.D.Supervisors

# 医药卫生科技的政府规制研究

## ——以广东省为例

胡汝为 著

光明日报出版社

图书在版编目（CIP）数据

医药卫生科技的政府规制研究：以广东省为例 ／ 胡汝为著 . -- 北京：光明日报出版社，2021.9
ISBN 978 - 7 - 5194 - 6286 - 4

Ⅰ. ①医… Ⅱ. ①胡… Ⅲ. ①卫生管理—行政执法—研究—广东 Ⅳ. ①D922. 164

中国版本图书馆 CIP 数据核字（2021）第 183504 号

医药卫生科技的政府规制研究：以广东省为例
YIYAO WEISHENG KEJI DE ZHENGFU GUIZHI YANJIU：
YI GUANGDONGSHENG WEILI

著　　者：胡汝为

责任编辑：郭思齐　　　　　　　　　　责任校对：张彩霞
封面设计：一站出版网　　　　　　　　责任印制：曹　净

出版发行：光明日报出版社
地　　址：北京市西城区永安路 106 号，100050
电　　话：010 - 63169890（咨询），010 - 63131930（邮购）
传　　真：010 - 63131930
网　　址：http：//book. gmw. cn
E - mail：gmrbcbs@ gmw. cn
法律顾问：北京市兰台律师事务所龚柳方律师

印　　刷：三河市华东印刷有限公司
装　　订：三河市华东印刷有限公司
本书如有破损、缺页、装订错误，请与本社联系调换，电话：010 - 63131930

开　　本：170mm × 240mm
字　　数：210 千字　　　　　　　　　印　　张：15.5
版　　次：2022 年 1 月第 1 版　　　　　印　　次：2022 年 1 月第 1 次印刷
书　　号：ISBN 978 - 7 - 5194 - 6286 - 4
定　　价：95. 00 元

# 序及内容简介

　　行政是一种面向未来的、有延续性的形成社会的过程，它的功能也在不断地嬗变。而科技的发展给人类社会带来巨大的财富与进步，尤其是与生命健康和生物安全等相关的医药卫生科技的发展，其安全性、伦理性、合法性、合理性都随着其科学性的普及而日益受到人们的关注。而经历了新冠肺炎疫情后的今年是"十四五"规划的开局之年，也同时面临"前所未有之大变局"，如何在法治的理想与现实之间找到联接点，以建立现代行政法体系确保行政权行使的合法性成为研究部门法不可绕开的时代命题。《"健康中国2030"规划纲要》颁布实施，提出"为人民群众提供全方位、全生命周期的卫生健康服务"的目标，成为医药卫生发展的行动纲领。2020年6月1日实施的《基本医疗卫生与健康促进法》体现"健康入万策"及健康权保障的法律化和制度化。2020年5月28日通过的《中华人民共和国民法典》宣誓性地规定了生命权、身体权与健康权的权利内容，体现生命科技时代立法者对人之生命、身体与健康的高度关注。全国人大通过《十三届全国人大常委会强化公共卫生法治保障立法修法工作计划》，推动多层次的覆盖广泛的公共卫生法律制度体系的形成。医药卫生科技的法律文本（立法）—实践文本（执法）—司法文本（司法）三者如何达至辩证统一，亟须研究执行的关键环节。

医药卫生科技是指处理人的健康过程中，以治疗预防生理疾病和提高人体生理机体健康为目的的相关科学技术，章剑生教授在《现代行政法总论》（第2版）中提出，行政行为的功能体现为法规范的具体化；行政法的体系化；作为行政救济的客体。而医药卫生科技的行政执法在政府规制过程中显然具有这三个功能，这也是"健康入万策"的起点，因为立法需要执法、司法和守法的紧密结合以避免行走于空中。规制含有规则、制度这样的核心内容，如果再分解为规范、制约，则更符合行政法现象的本来意义。行政机关及其受委托的组织依照法律的规定对行政相对人进行规范、控制的一切活动，都可以称为行政规制，但在医药卫生科技的规制历程中，无论从法律、法规、规章还是规范性文件及实施主体来看，使用行政执法更为贴切，故本书不探讨规则制定的过程，仅分析规则实施过程作为本人政府规制研究系列的一部分，在章节写作中仍以行政执法作为管窥医药卫生科技政府管制的落脚点，对"五大卫生"中相关的制度和案例进行分析。医药卫生科技领域的卫生行政执法问题与公共卫生学科中"五大卫生"息息相关。"五大卫生"的解释可大致分为两类：一是针对传统公共卫生专业来讲，分为五大卫生专业，包含营养与食品卫生、环境卫生、儿少卫生、职业卫生和放射卫生五大预防医学专业（黄中夯，2005）；二是针对卫生行政执法主体来讲，其工作内容包含五大卫生：食品卫生、劳动卫生、环境卫生、放射卫生、学校卫生（徐世民，2001）。环境卫生、食品卫生、学校卫生、放射卫生以及传染病控制曾被规定为各级卫生防疫站的职能。医药卫生科技的行政执法是国家卫生行政主体依据各项卫生法律法规进行国家医药卫生科技行业的管制，对各级医疗卫生机构实施行政管理具体措施的过程，实现卫生行政法对整个医疗卫生体系内的各主体及其权责的调节和约束。随着医药卫生体制改革的发展，以五大卫生为主的防疫站体系逐渐转变为以应急、疾病控制等为主的疾病预防控制体系和以专业执法、监测为主的卫生监督体系，这就需要科技与医药卫生相结合。

科技在我国医药卫生事业的发展中发挥了重要作用。2020 年 10 月 30 日在第三届世界顶尖科学家论坛上习近平总书记指出:"新冠肺炎疫情发生以来,各国科学家协力寻求抗疫之道,在治疗、药物和疫苗研发、防控等多个重要领域开展科技攻关和跨国合作,为抗击疫情作出了重大贡献。在当前形势下,尤其需要开展新冠肺炎药物、疫苗、检测领域的研究合作,聚焦气候变化、人类健康等共性问题,让科技创新更好造福人类。"① 但同时,对于执法模式仍然相对陈旧的卫生领域来说,现有的执法主体、依据及内容已经无法在真正意义上保障行政权作为国家权力的中心对这个行业进行依法监管。特别是非法行"医美"、新冠肺炎疫情期间流行病学调查只可"扑火"无法"移薪"、职业健康的保障和执行主体的分离和移转,如"代孕"等,不仅使健康权的国家保障义务无法履行,也会对国家治理体系和治理能力在医药卫生领域的现代化提出更多挑战。

"十三五"以来,广东省坚持目标导向,确定建设卫生强省的战略,《健康广东 2030》等系列文件相继出台,使医药卫生行业发展的顶层设计不断健全;在执法上,注重综合监管制度体系与长效机制建设,已基本形成具有广东特色的卫生监督体系。全省 21 个地级市、105 个县(区)成立了卫生监督所(局),乡镇卫生监督派出机构(工作站、协管站)已达 1476 个,构建了以省、市、县(区)三级为主体、乡镇为补充的卫生监督执法网络。而因为新冠疫情防控及突发公共卫生事件应对体系建设的研究过程中与这个网络中的各种主体进行访谈和调研,多次思想碰撞后,结合"五大卫生"的特点,选取了四个方面进行聚焦:一是卫生行政执法体制问题;二是传染病防治现场执法问题;三是职业卫生执法问题;四是"代孕"行为的卫生行政执法问题。卫生行

---

① 新华社. 习近平向第三届世界顶尖科学家论坛(2020)作视频致辞 2020 [EB/OL]. 中国政府网, http://www.gov.cn/xinwen/2020 - 10/30/content_ 5556048.htm.

政执法体制问题导致了传染病防治现场执法的困境、职业健康执法的主体变更所引发的问题和"代孕"行为的执法不能问题，而"代孕"行为的卫生行政执法问题更是一个涉及法律、伦理和社会发展趋势的复杂问题。

本书内容分为五章。第一章是总论，论述了行政执法、卫生行政执法的理论概念，是实证研究的基础。第二章论述了卫生行政执法体制相关内容，包括六节，分别是国内外卫生行政执法概述、广东省卫生行政执法整体现状、广东省卫生行政执法案例、基于案例的制度反思、广东省卫生行政执法体系建设的必要性以及广东省卫生行政执法体系建设对策建议。第三章论述了传染病防治执法，包括七节，分别是传染病防治的理论概念、传染病防治执法的概述、传染病防治执法的现状、传染病防治执法案例、基于案例的制度反思、传染病防治执法体系改革的必要性以及改革的对策建议。第四章论述了职业健康风险规制，包括七节，分别是职业病防治的理论概念、职业健康风险规制背景、职业健康风险规制立法的历史及现状、职业健康行政规制的理论和实践、职业健康判例分析、基于行政法学原理的风险规制政策选择以及职业健康风险规制技术规范的前景预测。第五章论述了"代孕"行为的政府规制"，包括五节，分别是"代孕"行为的概念及法律规制、"代孕"行为的立法现状、"代孕"案例评析、"代孕"的基层执法困境、解决"代孕"监管困境的建议。

本书是广东省科技计划项目"广东省医药卫生科技的行政执法体制改革研究"（项目编号：2017A070706007）的结项成果，卫生法学的实证研究能得到科技类项目的青睐，并得到评审们的支持，足以证明交叉学科的前景，也是本人坚持该领域的动力所在，在此表示感谢。同时该课题申报成功后，开展的工作都是团队共同努力，不仅完成项目各项指标，对人才培养也有很大的促进作用。团队成员中山大学公共卫生学院匡莉教授、彭浩然教授、刘汝青副教授和张慧副教授尽职完成了其承担的工作并均在职业生涯中进阶；凌莉教授在职业健康与流动人口卫生服务的研究中对法律意识和健康行为相关性的关注和对交叉学科的尊重，使我在最缺乏团队支撑的时候有人员和现场的支撑。硕士研究生吴婷婷、吴兢兰、贺宁、卢俊峰同学承担了研究报告和书稿的修订工作。广东省卫生健康委员会张玉润副主任和钟芸副处长对我的工作多年来信任和支持，长期提供真实世界的问题和丰富素材，从专业角度给予很多建议和帮助；广东省卫生监督所谭德平所长更是多次组织调研和访谈，使成稿有了坚实的实证基础。我对以上各位深表感激，本书出版也是各位的共同成果。

本书的出版还得到光明日报出版社博士生导师学术文库项目的支持，在此表示感谢。

作为对行政行为理解为一种过程进而应用于医药卫生科技领域的探索，把传统行政法理论体系中的行政执法作为政府规制的过程环节在现代行政法继受的理论探索，本书必然存在疏漏与不足之处，尤其是聚焦于卫生监督机构的行政执法问题以延续自己对政府规制的研究，难免以偏概全，借此抛砖引玉，以期与更多的交叉学科同行们交流学习。

胡汝为

辛丑年惊蛰日于广州康乐园

# 目　录
## CONTENTS

# 第一章 总 论

## 第一节 行政执法的理论概念

### 一、行政执法的概念

行政执法是指行政主体依照行政执法程序及有关法律、法规的规定，对具体事件进行处理并直接影响相对人权利与义务的具体行政法律行为，是在近代国家权力的立法、执法、司法三权分立的基础上的国家行政机关和法律委托的组织及其公职人员在执行宪法、法律、行政法规或履行国际条约时所行使的行政管理权、所采取的具体办法和步骤，是为了保证行政法规的有效执行，而对特定的人和特定的事件所做的具体行政行为，贯彻实施国家立法机关所制定的法律的活动。2019年1月3日，《国务院办公厅关于全面推行行政执法公示制度执法全过程记录制度重大执法决定法制审核制度的指导意见》发布，就全面推行行政执法公示制度、执法全过程记录制度、重大执法决定法制审核制度工作有关事项提出明确的要求（国务院办公厅，2019），是加强行政执法规范化建设，提升行政执法能力的重要指南。行政执法的含义是（孔昭林，

2013）：

（1）行政执法是执法的一种。行政执法的主体是国家行政机关，它是行政主体执行、适用法律处理国家内政外交事务，对社会、经济、文化等各种事项及个人组织实施行政管理，遵循的是具有迅速、简便、以效率为优先特征的行政程序。

（2）行政执法是行政行为的一种。行政执法无论是直接执行法律，还是直接执行法规、规章，都是将法的规范直接用于解决社会问题，调整现实社会关系，并最终实现法对社会的调节。

（3）行政执法属于具体行政行为范畴。具体行政行为的对象是特定的，其行为效力仅限于特定人、特定事。

## 二、行政执法的特征、原则和功能

行政执法具有以下特征：执法主体的法定性和国家代表性、执法具有主动性和单方意志性、执法具有极大的自由裁量性。

行政执法要坚持的基本原则有：合法性原则、合理性原则、正当程序原则、效率原则、诚实守信原则、责任原则。

行政执法的功能有：实施法律的功能、实现政府管理的职能、保障权利的功能。

## 三、行政执法的分类

行政执法是依法治国的一个重要成分立法环节需要执法环节反应行政过程的实质效应，维护政府公信力，需要司法进行个案审查明确权利保障，以达全民守法。行政执法涵盖的内容很多，可依据不同类别进行划分。

第一，按照行政执法的行为方式来划分，可以将行政执法行为划分为行政处理、行政监督检查、行政处罚、行政强制执行等。

行政处理又称行政处理决定，或称行政决定，是指行政机关在行政管理活动中影响公民、法人或其他组织的权利义务的具体行为。包括赋予权利和设定义务的决定，剥夺、取消权利和免除义务的决定以及奖励性决定等，比如行政许可、行政奖励、行政裁决。

行政监督检查是行政机关为实现其管理职能，对公民、法人或其他组织执行法律、法规、规章和行政决定的情况进行的监督检查。包括对一般公民、组织进行的普遍监督检查和对特定公民、组织进行的特定监督检查。

行政处罚是指公民、法人或者其他组织违反行政管理秩序的行为，应当给予行政处罚的，按法律、法规、规章有关行政处罚的规定设定，由行政机关或者法律法规授权组织实施的法律制裁。行政处罚的种类有：警告；罚款；没收违法所得、没收非法财物；责令停产停业；暂扣或者吊销许可证、暂扣或者吊销执照；行政拘留；法律、行政法规规定的其他行政处罚。

行政强制执行是指公民、法人或者其他组织对行政机关依法作出的行政处理决定或者行政处罚，既不申请行政复议，也不向人民法院提起行政诉讼，逾期又不履行义务，行政机关采取的迫使其履行义务或者达到与履行义务相同状态的措施。行政机关有强制执行权的，在自己的职权范围内强制执行；没有强制执行权的，申请人民法院强制执行。

第二，按照行政执法行为是否必须具备一定的形式来划分，行政执法行为分为要式的行政执法行为和非要式行政执法行为。

要式的行政执法行为是指这种执法行为必须依照法定方式和遵守一定的法定程序才能产生法律效力，非要式行政执法行为是指法律没有规定必要形式的执法行为。绝大多数的行政执法行为都是要式的，如行政处罚、行政强制执行等。

第三，按照行政执法行为行政机关是否可以主动采取来划分，可以把行政执法行为分为主动的行政执法行为和被动的行政执法行为。

主动的行政执法行为又称依职权的行政执法行为，就是行政机关根据法律赋予的职权，无须任何人的请求而主动采取的行政执法行为，如行政处罚、行政监督检查等。被动的行政执法行为又称应申请的行政执法行为，它是指只有在公民、法人或其他组织申请的情况下，才能进行的行政执法行为，如颁发营业执照、颁发许可证等。

第四，按照行政执法行为是否可以由行政机关直接进行来划分，可以把行政执法行为划分为独立的行政执法行为与附属的行政执法行为。

独立的行政执法行为是行政机关依法直接进行，不需要其他行政执法行为作为前提的执法行为。附属的行政执法行为是必须以其他行政执法行为作为前提条件的行政执法行为，就是说，如果没有其他行政执法行为的存在，这种行政执法行为就不能被采取。

综上所述，行政执法是建立在立法、司法、执法的基础上的法律活动。

# 第二节　卫生行政执法的理论概念

## 一、卫生行政执法的概念

卫生行政执法是卫生法实施的重要形式，卫生行政执法有广义和狭义两种理解。广义的卫生行政执法包括一切执行和适用卫生法律的活动；狭义的卫生行政执法又称卫生行政执法行为，指国家卫生行政机关和法律法规授权组织、受委托组织及其工作人员，为实现国家卫生行政管理目的，依照卫生法律、法规和规章的规定，行使卫生行政职权和履行卫生行政职责来处理卫生行政事务的一切活动。卫生行政执法是国家管理国家卫生事务的重要形式，是社会主义法治建设的重要组成部分，其基本任务是保障市场经济和各种社会活动中的正常卫生秩序，预防和控制疾病的发生和流行，保护公民的健康权益。

卫生行政部门是指各级政府中负责医疗卫生行政工作的主体，如国家卫生健康委员会（以下简称卫健委）与地方各级卫健委。卫生行政部门负责医疗卫生方面的政策、环境工作，具体的执法、业务工作由下属事业单位等实施，下属事业单位包括负责行政执法的卫生监督局（所），负责传染病、慢性病预防控制的疾病预防控制中心，负责妇幼卫生的妇幼保健院，还有各级医院、乡镇卫生院等（陈云良，2019）。

**二、卫生行政执法的特征**

（一）卫生行政执法是一种执法行为，卫生行政执法具有国家权威性

卫生法的执行，是卫生行政主体等以国家的名义对卫生行业进行管理，具有国家权威性。在现代社会，为了国家安全和公共卫生安全，社会的各个方面都需要有法可依。只有有法可依，才可做到有法必依、执法必严、违法必究。为此，国家制定了大量的关于医疗卫生、公共卫生、食品安全、药品药械管理等方面的法律、法规，然后交由卫生行政机关去执行。卫生行政机关的执法活动，必然是代表国家执法，必然具有国家权威性。

根据法治原则，国家为了防止卫生行政权滥用，要求卫生行政机关的执法活动，必须严格依照立法机关根据民意和法定程序事先制定的法律、法规来进行。因此，卫生行政机关的执法过程，就是代表国家进行社会管理的过程，具有公定力，社会公众应当服从。

（二）卫生行政执法的主体，是国家卫生行政主体

卫生行政执法的主体，是国家卫生行政机关及其公职人员。在我国，卫生法的执行主体主要是：国务院和地方各级人民政府中的卫生行政职能部门，如国家和地方各级卫健委、食品药品监督管理局、市场监督管理局等。

国务院和地方各级人民政府中的卫生行政职能部门，在对全国或者本地区进行卫生行政管理的同时，就是在全国或者本地区执行国家卫生法律、法规的过程，地方各级卫生行政机关依法在本地区进行管理的同时，就是在本地区执行、实施卫生法律、法规、规章的过程。

（三）卫生行政执法具有国家强制性，是执行卫生法律、法规的行为，是一种具体的行政行为

卫生法的执行，是依法执行国家法律、法规，具有国家强制性。卫生行政机关执行国家卫生法律、法规的过程，也就是履行法定职责（义务），行使国家职权的过程。国家卫生行政机关根据法律的授权对社会依法进行管理，行政权是其对社会进行有效管理的前提。卫生行政权是国家的一种权力，有国家的强制力做后盾，必然具有国家强制性。

（四）卫生行政执法具有主动性和服务性

执行国家卫生法律、法规，既是国家卫生行政机关对医药卫生系统进行管理的权力，又是其对国家、社会、民众承担的义务，并且义务是根本、本位，是职权，也是职责。因此，卫生行政机关在进行卫生行业管理时，应当积极主动地执行法律、法规，以履行义务（职责），执行法律。卫生行政机关不主动执行法律并因此给国家或社会造成直接损失，就构成失职，就要承担法律责任。同时，由于卫生行政机关的管理活动主要是为公共卫生和健康利益服务，所以，其行政行为也就带有明显的、与众不同的服务性特征。

（五）卫生法的执行具有层次性

卫生法的执行具有层次性，是指我国卫生行政机关的执法，包括两个层次的含义：第一，它是指卫生行政主体及其公职人员以及受卫生行政主体委托的组织和个人，将现行卫生法律、法规作用于具体的人或事的行为；第二，它又是指享有卫生行政立法权的机关依法制定卫生行政规章的行为，即行政立法。

我国的卫生行政机关分为中央和地方两级，根据我国现行的立法体

制，中央一级的卫生行政机关即国家卫健委、药品监督管理行政部门、市场监督管理行政部门，有权根据法律和国务院的行政法规、决定、命令，在本部门的权限内发布命令、指示；县级以上卫生行政部门即各卫健委、药品监督管理局、市场监督管理局，可以根据法律、行政法规、地方性法规、部门规章的规定，在本部门的权限内发布命令、指示。

基于此，我国的卫生行政机关如果只是"被动地"执行国家卫生法律、法规、规章是不够的，应当从国家安全、国家利益和人民的健康利益出发，根据各自地区卫生状况的实际情况，在各自的权限内，积极主动地制定适合于本地区的规范性文件，以实现"健康入万策"。卫生行政部门的上述"立法"活动，也是卫生法执行的一部分。

### 三、卫生行政执法的分类

卫生行政执法行为按照不同的标准可做不同分类，较具有意义的分类为以下几种（陈云良，2019）。

（一）按卫生行政执法功能和对象分类

1. 抽象卫生行政执法行为。抽象卫生行政执法行为是指卫生行政主体为执行卫生行政法律、法规和规章，针对不特定卫生行政相对人所做的具有普遍约束力的行政行为，包括制定卫生行政法规、行政规章和其他规范性文件的活动。

2. 具体卫生行政执法行为。具体卫生行政执法行为是指卫生行政主体为实现卫生行政管理目标和任务，在其卫生行政职权范围内，应卫生行政相对人申请或依职权，依法处理涉及特定卫生行政相对人的权利义务的行政执法活动。

（二）按卫生行政执法内容和具体方式分类

1. 卫生行政许可。卫生行政许可是指卫生行政主体根据相对人的申请，通过颁发许可证、执照等形式，依法赋予卫生行政相对人从事某种医事、卫生事务等活动的法律资格，或准许其实施某种行为的具体行政行为。

2. 卫生行政处罚。卫生行政处罚是指卫生行政主体依据法律、法规或规章规定的种类、幅度和程序，对违反卫生行政管理秩序但尚未构成犯罪的公民、法人或其他组织，基于行政法律制裁的卫生行政执法行为。

3. 卫生行政强制。卫生行政强制是指卫生行政主体为保障卫生监督管理目标的实现，对已经危害或可能危害人群健康和公共卫生利益的行为、物品及特定人或场所，依法采取强制手段或紧急控制措施的卫生行政执法行为。

4. 卫生行政监督检查。卫生行政监督检查是指卫生行政主体依职权对卫生监督管理的行政相对人遵守卫生法律、法规和规章以及卫生行政处理决定等情况进行检查、了解、监督的卫生行政执法行为。

5. 卫生行政指导。卫生行政指导是指卫生行政主体在其卫生行政职责范围内，根据卫生监督检查工作的需要，就其主管的卫生事务采取指导、建议、政策导向等非强制性手段，为卫生行政相对人提供一种服务性行政行为。

6. 卫生行政裁决。卫生行政裁决是指卫生行政主体依照卫生法律授权，对平等主体间发生的与行政管理活动密切相关的特定的民事纠纷进行审查，并作出裁决的卫生行政执法行为。

（三）按照卫生行政执法行为的启动方式分类

1. 依职权的卫生行政行为。依职权的卫生行政行为是指卫生行政主体所具有的法定卫生行政职权，无须卫生行政相对人申请就能主动实施的行政行为。它具有主动性、法定性、强制性的特征。

2. 依申请的卫生行政行为。依申请的卫生行政行为是指卫生行政相对人提出申请后才能实施的行政行为。没有卫生行政相对人的申请，该卫生行政行为便不能做出。它具有被动性、授益性的特征。如卫生行政许可和卫生行政裁决。

### 四、卫生行政执法的原则

在卫生行政执法活动中不仅要遵循"有法可依、有法必依、执法必严、违法必究"的基本要求，在实际工作中还需遵循以下原则（郑海坚，2011）。

（一）依法行政的原则

国家卫生行政管理整个领域都应坚持依法办事，才能保证所进行的卫生行政执法合法、适当、有序、高效，才能达到保护公民健康的目的。依法行政需要做到以卫生法律法规为依据，使用卫生法律法规准确无误，在法定权限范围内正当行使监督权三个原则。

（二）遵守法定程序原则

在卫生行政执法工作中，要求卫生行政行为必须符合卫生行政执法程序，否则不论卫生行政主体作出的处罚决定是否正确，都会因程序违法而使执法主体处于不利地位。

（三）以事实为依据的原则

以事实为依据，要求卫生行政执法机关及其工作人员在运用卫生法律法规处理卫生违法案件时，必须一切从实际出发，尊重客观事实，忠于事实真相，以存在的客观事实为依据，不能以主观想象为依据。

（四）独立审理卫生违法案件的原则

卫生行政机关依照卫生法律、法规和规章的规定，独立地处理卫生违法案件，不受任何机关、团体或个人的干涉。

# 第二章　卫生行政执法

## 第一节　国内外卫生行政执法概述

### 一、我国卫生行政执法的发展和历史变迁

（一）卫生行政部门的发展和历史变迁

1949 年 9 月，中国人民政治协商会议第一次会议在北平召开，会议通过了具有临时宪法性质的《中国人民政治协商会议共同纲领》，并制定了《中央人民政府组织法》（1949）和《中华人民政治协商会议共同纲领》（1949）（宋连胜等，2013）。据《中央人民政府组织法》（1949）记载，政务院下设文教、政法、财经和人民监察四个委员会，以及内务、外交、公安、贸易、文化、教育、卫生、铁道、邮电、水利、劳动、情报、新闻、出版等多个部委和行署；其中文化教育委员会负责指导原卫生部、文化部、科学院、教育部、新闻总署和出版总署的工作（樊波等，2014）。由此，中央人民政府卫生部正式成立，作为中央人民政府的组成部门之一，成为当代卫生法制建设的主要力量，我国卫生法制建设也步入了新的时期。

1954 年 9 月，全国人民代表大会第一届第一次会议在北京召开，会议通过了《宪法》（1954）和《国务院组织法》（1954）。依《国务院组织法》规定，国务院下设公安、监察、国防、财政、商业、司法、内务、外交、文化、教育、卫生、铁道、邮电、水利、高教、农业等多个部委（李寿初，2005）。原中央人民政府卫生部改称中华人民共和国卫生部，是国务院的组成部门之一，这种体制一直延续到 2013 年。

中华人民共和国卫生部时期是我国卫生法制建设大发展时期，尤其是 1999 年确立了"依法治国"的基本方略之后的十余年是我国卫生立法的高速发展时期（袁国铭等，2014）。截至目前，我国共有卫生法律十余部，分别是《中华人民共和国基本医疗和健康促进法》《生物安全法》《中华人民共和国药品管理法》《中华人民共和国人口与计划生育法》《中华人民共和国国境卫生检疫法》《中华人民共和国传染病防治法》《中华人民共和国红十字会法》《中华人民共和国职业病防治法》《中华人民共和国母婴保健法》《中华人民共和国食品卫生法》《中华人民共和国献血法》《中华人民共和国医师法》《中华人民共和国精神卫生法》《中华人民共和国中医药法》《中华人民共和国疫苗管理法》，另有卫生行政法规 20 余部，卫生规章 400 余部，社会主义卫生法制体系已初具规模。这期间，还曾长期保持着原卫生部管理国家中医药管理局和国家食品药品监督管理局的局面。

1949 年 11 月，中央人民政府卫生部下设医政处中医科，1953 年中医科升级为中医处；次年，中央人民政府卫生部改称中华人民共和国卫生部，同时设置中医司，负责管理全国范围内中医事务；1985 年，卫生部党组提出改革中医药管理体制；1986 年，国家中医管理局成立；1988 年，国家中医管理局改组为国家中医药管理局，隶属于卫生部。随后几年，《中华人民共和国中医药条例》问世，标志着我国中医药立法进入了快车道。1998 年 3 月，卫生部药政司与原国家经委管理的国家医药管理局合并，并吸收了国家中医药管理局的部分职能，组建了国家药品监督管理局，作为国务院直属行政机构。2003 年 3 月，十届人大一次会议审议批准在原国家药品监督管理局基础上组建国家食品药品监督管理局。

2008 年 3 月，十一届人大一次会议批准《国务院机构改革方案》，国家食品药品监督管理局划归原卫生部管理。至此，形成了大卫生部的基本格局，原卫生部主管国家卫生行政事务，并直接管理两局；国家中医药管理局负责拟定中医、民族医、中药、中医药结合、中西医结合的方针、政策和发展战略；国家食品药品监督管理局负责全国范围内药品生产、流通、销售、使用等多环节的管理（袁国铭等，2014）。

2013 年 3 月 21 日，第十二届全国人民代表大会第一次会议批准《国务院机构改革和职能转变方案》和《国务院关于机构设置的通知》（国发〔2013〕14 号），依据该方案，为更好地坚持计划生育的基本国策，加强医疗卫生工作，深化医药卫生体制改革，优化配置医疗卫生和计划生育服务资源，提高出生人口素质和人民健康水平，国务院将原卫生部的职责、人口计生委的计划生育管理和服务职责整合，组建了国家卫生和计划生育委员会（简称国家卫计委），不再保留卫生部及国家人口和计划生育委员会，不再设立国务院深化医疗卫生体制改革领导小组办公室（简称医改办）。出于对医改的深入推进及医药分家的考虑，国家食品药品监督管理局升格为国家食品药品监督管理总局，接受国务院直接领导。新组建的国家卫生和计划生育委员会的主要职责是统筹规划医疗卫生和计划生育服务资源配置，组织制定国家基本药物制度，拟定计划生育政策，监督管理公共卫生和医疗服务，负责计划生育（樊波等，2014）。

2018 年 3 月 13 日，第十三届全国人大一次会议第四次全体会议批准《深化党和国家机构改革方案》。根据该方案，将国家卫生和计划生育委员会、国务院深化医药卫生体制改革领导小组办公室、全国老龄工作委员会办公室的职责，工业和信息化部牵头的《烟草控制框架公约》

履约工作职责，国家安全生产监督管理总局的职业安全健康监督管理职责整合，组建国家卫生健康委员会（简称国家卫健委），作为国务院组成部门。主要职责是，拟定国民健康政策，协调推进深化医药卫生体制改革，组织制定国家基本药物制度，监督管理公共卫生、医疗服务和卫生应急，负责计划生育管理和服务工作，拟定应对人口老龄化、医养结合政策措施等。保留全国老龄工作委员会，日常工作由国家卫生健康委员会承担。民政部代管的中国老龄协会改由国家卫生健康委员会代管。国家中医药管理局由国家卫生健康委员会管理，不再保留国家卫生和计划生育委员会，不再设立国务院深化医药卫生体制改革领导小组办公室（中共中央，2018）。

（二）卫生行政执法主体的发展和历史变迁

早在中华人民共和国成立前，参照苏联的经验和做法，解放区已组建了各种形式的防疫大队。1950 年 3 月，原卫生部成立中央防疫总队，下设六个防疫大队，前往河北、天津等多个地方开展防疫工作。1950年 7 月，为保护旅客及铁路职工和家属的健康安全，中央人民政府铁道部通令全国各铁路在沿线主要大车站设置卫生防疫站，以加强管区内急、慢性传染疫病的预防扑灭和交通检疫等事项（李洪河，2020）。1953 年 1 月 16 日，政务院第 167 次政务会议听取并批准了原卫生部贺诚副部长关于卫生行政会议的报告，决定在全国范围内建立卫生防疫站。从省一直建到每个县，两千余卫生防疫站很快建成。各地防疫站是全额事业单位，人员工资、运营费用国家全包。卫生防疫机构实施执法，履行行政业务管理、技术服务和技术指导等职能，卫生法治建设尚不健全，主要是由国家卫生行政部门颁布卫生行政规章，缺乏专门的法律或法规（史乃豪，2012）。

1954 年，原卫生部颁布《卫生防疫站暂行办法和各级卫生防疫站组织编制规定》，规定卫生防疫站的任务主要是预防疾病，卫生监督，宣传防病知识等。卫生防疫站沿用了苏联卫生防疫的建制模式，卫生防疫体系为省—市—县三级，最高行政主管部门为原卫生部防疫司，主要承担辖区内传染病、地方病、寄生虫病、职业病等疾病的预防控制工作（赵姗姗，2016）。

1982年，原卫生部成立国家预防医学中心（1985年改为预防医学科学院），开展应用性科学研究，为全国卫生防疫机构提供业务技术指导、高层次专业人员培训等服务（何国忠，2006）。1995年颁布并实施的《中华人民共和国食品卫生法》明确规定卫生行政部门是卫生监督执法主体，标志着我国卫生监督法律体系初步形成。之后相继颁布了《中华人民共和国职业病防治法》《中华人民共和国传染病防治法》《中华人民共和国执业医师法》等法律法规近20部，卫生监督工作进入法制管理阶段（韩旭，2011），同时还建立起一支专职监督队伍，基本形成了食品卫生、环境卫生、职业卫生、学校卫生以及医疗服务的监督监测网络，通过各种方式开展预防性和经常性卫生监督监测工作。

1996年，原卫生部颁布的《关于进一步完善公共卫生监督执法体制的通知》揭开了卫生监督体制改革的序幕，卫生监督体系逐步从卫生防疫系统中独立出来，与疾病预防控制体系、医疗救治体系共同构成公共卫生体系（崔新等，2007）。1997年《关于卫生改革与发展的决定》（中发〔1997〕3号）卫生执法监督工作的费用由财政予以保证，实行"收支两条线"（国家卫生部卫生监督中心，2006）。

2000年，国务院体改办等八部门联合颁发《关于城镇医药卫生体制改革的指导意见》，中国医药卫生体制改革进入了全面启动时期。原卫生部《关于卫生监督体制改革的意见》（卫生部，2000）和《关于卫生监督体制改革实施的若干意见》，合理划分和明确卫生监督与卫生技术服务职责，理顺和完善卫生监督体制，各级卫生监督体制建设相继改革，成立了专门执行国家卫生法律法规的卫生监督机构，使卫生行政管理从"办卫生"转变为运用法律、法规和政策、规划等手段"管卫生"（曾文洁等，2005）。按照依法行政、政事分开和综合管理的原则，卫生监督的重点是保障各种社会活动中正常的卫生秩序，预防和控制疾病的发生和流行，保护公民的健康权益（张威，2011）。卫生监督所（局）在同级卫生行政部门领导下和上级卫生监督执行机构的指导下，依法在公共卫生、医疗保健等领域，包括健康相关产品、卫生机构（包括医疗、预防保健和采供血机构等）和卫生专业人员执业许可，开展综合性卫生监督执法工作（田伟，2007），将分散的、多头的监管组建成统一的监管机构。

2001 年 4 月，原卫生部出台《关于疾病预防控制体制改革的指导意见》（卫生部，2001），明确了各级疾控机构的职能与任务，将有关卫生事业单位中的疾病预防控制和公共卫生技术管理和服务职能集中，组建职能分工明确、规模适度、精干高效，集疾病预防与控制、监测检验与评价、健康教育与促进、应用研究与指导、技术管理与服务为一体的疾病预防控制体系。同时，经国务院批准，2001 年中国疾病预防控制中心（Chinese Center for Disease Control and Prevention）在原预防医学科学院的基础上组建成立，从此国家一级有了组织开展疾病预防控制技术工作的专业队伍（于竞进，2006），以国家—省—地—县四级疾病预防控制中心（以下简称疾控中心）为主体的疾病预防控制体系雏形初步形成。同年，原卫生部颁布《全国疾病预防控制机构工作规范》，有力促进了各地疾控中心工作的规范化建设。各地防疫站将卫生监督职能剥离，转而在各地原卫生厅（局）之下设置卫生监督所，原防疫站更名疾控中心，仍是卫生局下属的事业单位。各地防疫站转疾控中心后，在传统的"五大卫生"（传染病、职业卫生、食品卫生、环境卫生、学校卫生）之外，也逐步增设"五大卫生"的新职能，比如慢性病（高血压、糖尿病和结核病等）调查和社区管理、妇幼保健、营养健康、老龄健康和健康教育等，相较国家疾控中心，地方各级疾控中心更注重执行与本地公共卫生问题的研究和解决。

2006 年 3 月，国家疾病预防控制局、卫生监督局成立，"中央、省、市、县"四级的疾病预防控制体系和卫生监督体系基本建立（代涛，2019）。原卫生部印发《关于卫生监督体系建设的实施意见》，对卫生监督机构设置与人员编制管理、职责、建设标准、原则、要求、技术支持能力建设以及保障措施等作出了规定，明确了要求。

2014年，中央编办发〔2014〕2号文即《疾病预防控制中心机构编制标准指导意见》印发，2015年原国家卫生计生委印发了《疾病预防控制中心岗位设置管理指导意见》，并根据"健康中国2030"的战略目标，分解任务，明确疾控系统应该更好地融入基本公共卫生服务实施和评估中，打开天花板，根据任务定责定编。根据《中央编办关于国家卫生健康委所属事业单位机构编制的批复》（中央编办复字〔2018〕90号），设立中国疾病预防控制中心，为国家卫生健康委直属事业单位。

2021年5月，国家疾病预防控制局正式挂牌成立，意味着疾控机构职能从单纯预防控制疾病向全面维护和促进全人群健康转变，新机构将承担制订传染病防控政策等五大职能。国家疾病预防控制局是隶属国家卫健委管理的副部级机构，将负责制订传染病防控及公共卫生监督的政策，指导疾病预防控制体系建设，规划指导疫情监测预警体系建设，指导疾控科研体系建设，公共卫生监督管理、传染病防治监督等。

### 二、我国卫生行政执法依据及主要职能

（一）我国卫生行政法的法律体系

卫生行政法是调整国家卫生行政管理机关在行使其职权过程中发生的各种社会关系的法律规范的总称。卫生行政法没有统一的、完整的法典，而是由一系列有关卫生行政管理的法律、法规、规章等组成（刘家兴等，2001）。如上文所述，至今我国已经形成初具规模的卫生行政法律体系，包括卫生行政法律十余件，卫生行政法规20余件，卫生规章400余部。卫生行政法的主要内容包括各级卫生行政管理机关的法定

职责、权限，卫生医护人员的任职资格制度，医疗机构的设立、登记、检查等制度，各种药品的研制、生产、销售、使用制度，各种医疗器械的研制、生产、销售制度，各种传染疾病的防治与管理，公共环境卫生制度，食品卫生管理制度，医疗事故与纠纷的处理程序等（刘家兴等，2001）。本节对卫生行政法相关法律法规进行了部分梳理，如表1所示。

表1　卫生行政法相关法律法规的体系梳理

|  | 名称 | 通过时间* | 实施时间 | 规范内容 |
|---|---|---|---|---|
| 法律 | 中华人民共和国献血法 | 1997.12.29 | 1998.10.01 | 保证医疗临床用血需要和安全，保障献血者和用血者身体健康，发扬人道主义精神，促进社会主义物质文明和精神文明建设。 |
|  | 中华人民共和国医师法 | 2021.08.20 | 2022.03.01 | 加强医师队伍的建设，提高医师的职业道德和业务素质，保障医师的合法权益，保护人民健康。 |
|  | 中华人民共和国传染病防治法 | 2013.06.29 | 2013.06.29 | 预防、控制和消除传染病的发生与流行，保障人体健康和公共卫生。 |
|  | 中华人民共和国中医药法 | 2016.12.25 | 2017.07.01 | 继承和弘扬中医药，保障和促进中医药事业发展，保护人民健康。 |
|  | 中华人民共和国人口与计划生育法 | 2021.08.20 | 2021.08.20 | 实现人口与经济、社会、资源、环境的协调发展，推行计划生育，维护公民的合法权益，促进家庭幸福、民族繁荣与社会进步。 |
|  | 中华人民共和国红十字会法 | 2017.02.24 | 2017.05.08 | 保护人的生命和健康，维护人的尊严，发扬人道主义精神，促进和平进步事业，保障和规范红十字会依法履行职责。 |

续表

|  | 名称 | 通过时间* | 实施时间 | 规范内容 |
|---|---|---|---|---|
| 法律 | 中华人民共和国母婴保健法 | 2017. 11. 04 | 2017. 11. 05 | 保障母亲和婴儿健康，提高出生人口素质。 |
|  | 中华人民共和国国境卫生检疫法 | 2018. 04. 27 | 2018. 04. 27 | 防止传染病由国外传入或者由国内传出，实施国境卫生检疫，保护人体健康。 |
|  | 中华人民共和国职业病防治法 | 2018. 12. 29 | 2018. 12. 29 | 预防、控制和消除职业病危害，防治职业病，保护劳动者健康及其相关权益，促进经济社会发展。 |
|  | 中华人民共和国食品安全法 | 2021. 04. 29 | 2021. 04. 29 | 保证食品安全，保障公众身体健康和生命安全。 |
|  | 中华人民共和国精神卫生法 | 2018. 04. 27 | 2018. 04. 27 | 发展精神卫生事业，规范精神卫生服务，维护精神障碍患者的合法权益。 |
|  | 中华人民共和国药品管理法 | 2019. 08. 26 | 2019. 12. 01 | 加强药品管理，保证药品质量，保障公众用药安全和合法权益，保护和促进公众健康。 |
|  | 中华人民共和国疫苗管理法 | 2019. 06. 29 | 2019. 12. 01 | 加强疫苗管理，保证疫苗质量和供应，规范预防接种，促进疫苗行业发展，保障公众健康，维护公共卫生安全。 |
| 法规 | 中华人民共和国尘肺病防治条例 | 1987. 12. 03 | 1987. 12. 03 | 保护职工健康，消除粉尘危害，防止发生尘肺病，促进生产发展。 |
|  | 中华人民共和国传染病防治法实施办法 | 1991. 12. 06 | 1991. 12. 06 | 传染病预防和监督管理工作。 |

续表

| | 名称 | 通过时间* | 实施时间 | 规范内容 |
|---|---|---|---|---|
| 法规 | 学校卫生工作条例 | 1990.06.04 | 1990.06.04 | 加强学校卫生工作，提高学生的健康水平。 |
| | 医疗事故处理条例 | 2002.04.04 | 2002.09.01 | 正确处理医疗事故，保护患者和医疗机构及其医务人员的合法权益，维护医疗秩序，保障医疗安全，促进医学科学的发展。 |
| | 突发公共卫生事件应急条例 | 2011.01.08 | 2011.01.08 | 有效预防、及时控制和消除突发公共卫生事件的危害，保障公众身体健康与生命安全，维护正常的社会秩序。 |
| | 医疗废物管理条例 | 2011.01.08 | 2011.01.08 | 加强医疗废物的安全管理，防止疾病传播，保护环境，保障人体健康。 |
| | 医疗机构管理条例 | 2016.02.06 | 2016.02.06 | 加强对医疗机构的管理，促进医疗卫生事业的发展，保障公民健康。 |
| | 血液制品管理条例 | 2016.02.06 | 2016.02.06 | 加强血液制品管理，预防和控制经血液途径传播的疾病，保证血液制品的质量。 |
| | 中华人民共和国母婴保健法实施办法 | 2017.11.17 | 2017.11.17 | 规范从事母婴保健服务活动的机构及其人员。 |
| | 医疗纠纷预防和处理条例 | 2018.08.17 | 2018.10.01 | 预防和妥善处理医疗纠纷，保护医患双方的合法权益，维护医疗秩序，保障医疗安全 |
| | 中华人民共和国药品管理法实施条例 | 2019.03.02 | 2019.03.02 | 加强药品管理，保证药品质量，保障公众用药安全和合法权益，保护和促进公众健康。 |

续表

| | 名称 | 通过时间* | 实施时间 | 规范内容 |
|---|---|---|---|---|
| 法规 | 公共场所卫生管理条例 | 2019.04.23 | 2019.04.23 | 创造良好的公共场所卫生条件，预防疾病，保障人体健康。 |
| | 化妆品监督管理条例 | 2020.06.16 | 2021.01.01 | 规范化妆品生产经营活动，加强化妆品监督管理，保证化妆品质量安全，保障消费者健康，促进化妆品产业健康发展。 |
| 规章 | 卫生监督员管理办法 | 1992.05.11 | 1992.05.11 | 加强对各类卫生监督员管理。 |
| | 灾害事故医疗救援工作管理办法 | 1995.04.27 | 1995.04.27 | 提高对灾害事故的应急反应能力和医疗救援水平，避免和减少人员伤亡，保障公民身体健康和生命安全。 |
| | 全国卫生统计工作管理办法 | 1999.02.25 | 1999.02.25 | 加强全国卫生统计工作的组织和指导，保障卫生统计现代化建设的顺利进行，充分发挥卫生统计在多层次决策和管理中的信息、咨询与监督作用。 |
| | 医疗事故技术鉴定暂行办法 | 2002.07.31 | 2002.09.01 | 规范医疗事故技术鉴定工作，确保医疗事故技术鉴定工作有序进行。 |
| | 生活饮用水卫生监督管理办法 | 2016.06.01 | 2016.06.01 | 保证生活饮用水卫生安全，保障人体健康。 |
| | 外国医师来华短期行医暂行管理办法 | 2016.01.19 | 2016.01.19 | 加强外国医师来华短期行医的管理，保障医患双方的合法权益，促进中外医学技术的交流和发展。 |
| | 医疗美容服务管理办法 | 2016.01.19 | 2016.01.19 | 规范医疗美容服务，促进医疗美容事业的健康发展，维护就医者的合法权益。 |

续表

| | 名称 | 通过时间* | 实施时间 | 规范内容 |
|---|---|---|---|---|
| 规章 | 医疗机构管理条例实施细则 | 2017.02.03 | 2017.04.01 | 加强对各级医疗机构的管理。 |
| | 消毒管理办法 | 2017.12.26 | 2017.12.26 | 加强消毒管理，预防和控制感染性疾病的传播，保障人体健康。 |
| 地方法规 | | | | |
| 北京 | 北京市突发公共卫生事件应急条例 | 2020.09.25 | 2020.09.25 | 建设统一高效的公共卫生应急管理体系，预防、有效控制和应对突发公共卫生事件。 |
| 上海 | 上海市公共卫生应急管理条例 | 2020.10.27 | 2020.11.01 | 提高公共卫生应急能力，预防和减少公共卫生事件发生，控制、减轻和消除其社会危害，保障公众生命安全和身体健康。 |
| 广东 | 广东省突发公共卫生事件应急办法 | 2003.11.27 | 2003.11.27 | 提高公共卫生应急能力，预防和减少公共卫生事件发生。 |
| 深圳 | 深圳经济特区突发公共卫生事件应急条例 | 2020.08.31 | 2020.10.01 | 全面提高应对突发公共卫生事件的能力，保障公众生命安全和身体健康，维护正常的社会秩序。 |
| 浙江 | 浙江省突发公共卫生事件应急办法 | 2020.10.27 | 2020.12.01 | 提高全社会预防、控制和处理突发公共卫生事件的能力和水平，减轻或者消除突发公共卫生事件的危害，保障公众生命安全和身体健康。 |
| 规范性文件 | | | | |
| 国家 | 卫生部关于加强传染病防治工作的通知 | 2003.05.13 | 2003.05.13 | 统筹安排，做好控制传染病的工作。 |

续表

| | 名称 | 通过时间* | 实施时间 | 规范内容 |
|---|---|---|---|---|
| 国家 | 卫生部关于印发《突发急性传染病预防控制战略》的通知 | 2007.06.20 | 2007.06.20 | 切实做好各类突发急性传染病的防控工作，提高突发急性传染病的防控水平和应对能力，保护公众身体健康和生命安全。 |
| | 国务院办公厅关于组织做好疫情防控重点物资生产企业复工复产和调度安排工作的紧急通知 | 2020.01.29 | 2020.01.29 | 做好新型冠状病毒感染肺炎疫情防控重点物资生产企业的复工复产和调度安排工作。 |
| | 国务院应对新型冠状病毒感染的肺炎疫情联防联控机制关于印发近期防控新型冠状病毒感染的肺炎工作方案的通知 | 2020.01.27 | 2020.01.27 | 贯彻落实党中央、国务院关于新型冠状病毒感染的肺炎疫情防控工作有关要求，抓住春节"大隔离、大消毒"最佳窗口期，有效遏制疫情播散和蔓延。 |
| | 市场监管总局关于疫情防控期间严厉打击口罩等防控物资生产领域价格违法行为的紧急通知 | 2020.02.05 | 2020.02.05 | 进一步加强口罩等防控物资生产领域价格监管、严厉打击该领域价格违法行为，维护市场价格秩序、保障防控物资供应。 |

注:*或最新修订时间。

（二）我国卫生行政执法部门的职能概述

2020 年，习近平主持召开中央全面依法治国委员会第三次会议强调，要加强治安管理、市场监管等执法工作，加大对暴力伤害医务人员的违法行为打击力度，严厉查处各类哄抬防疫用品和民生商品价格的违法行为，依法严厉打击抗拒疫情防控、暴力伤医、制假售假、造谣传谣等破坏疫情防控的违法犯罪行为，保障社会安定有序（人民日报，2020）。2019 年全国卫生监督工作会议指出，要准确把握卫生健康工作面临的新形势新要求。要理清思路，全面推动落实国务院《关于改革完善医疗卫生行业综合监管制度的指导意见》，坚持以人民为中心，坚持以改革创新为动力，坚持目标导向和问题导向，切实实现四个转变，提升监督服务效果。2019 年要全力抓好医疗卫生行业综合监管制度建设，开展五大专项整治行动，加大"双随机一公开"抽查力度，统筹做好公共卫生监督工作，稳步推进职业卫生监督执法工作。要加强监督体系能力建设，推进依法行政，维护人民健康权益，不断增强人民群众的获得感（国家综合监督局，2019）。《中华人民共和国传染病防治法》规定县级以上人民政府建立健全传染病防治的疾病预防控制、医疗救治和监督管理体系。县级以上地方人民政府卫生行政部门负责本行政区域内的传染病防治及其监督管理工作。《中华人民共和国职业病防治法》规定国家实行职业卫生监督制度，国务院卫生行政部门、劳动保障行政部门（2018 年全国人民代表大会常务委员会在修订的《职业病防治法》中将国家卫生行政部门、劳动保障行政部门统称为职业卫生监督管理部门）依照本法和国务院确定的职责，负责全国职业病防治的监督管理工作。县级以上地方人民政府卫生行政部门、劳动保障行政部门依据各自职责，负责本行政区域内职业病防治的监督管理工作。《突发公共卫生事件应急条例》规定县级以上地方人民政府卫生行政主管部门具体负责组织突发事件的调查、控制和医疗救治工作。经十三届全国人大常委会第十五次会议表决通过，于 2020 年 6 月 1 日实施的《基本医疗卫生与健康促进法》是我国卫生健康领域首部基础性、综合性的法律。该法第九十四条明确规定，县级以上地方人民政府卫生健康主管部门及其委托的卫生健康监督机构，依法开展本行政区域医疗卫生等行政执法工作。

（三）卫生监督机构的职能

卫生监督机构是受卫生行政部门委托，根据有关卫生法律、法规和规章的授权，对辖区内相关单位贯彻执行国家的卫生法律、条例和标准的情况和其违反法律、法规和规章造成人体健康危害的行为依法行使监督管理职责的全民事业单位（杨宁芝，2004）。卫生监督机构是依法成立的具有独立法人资格的事业单位，应明确它是一个独立的单位而不是卫生行政部门的附属机构。但卫生监督机构不是行政主体，我国卫生行政法把行政立法、行政处罚、行政执行等行政权赋予了卫生行政部门，卫生行政部门才是真正的行政执法主体（陈世伟，2001）。卫生监督机构依法获得所属辖区卫生行政部门的委托，以所属辖区卫生行政部门的名义开展卫生行政执法工作，实行执法责任制，对外树立卫生行政执法的整体形象；对内接受卫生行政部门的直接领导，并由卫生行政部门承担卫生监督机构执法行为的法律后果（于春林，2011）。也就是说，卫生监督机构在行政执法上，仅仅是卫生行政部门的委托机构，不具备独立行政主体资格。各级卫生监督机构在同级卫生行政部门领导下承担卫生监督工作任务。卫生监督的主要职责是：依法开展公共场所卫生、饮用水卫生、学校卫生、职业卫生、医疗卫生、放射卫生、传染病防控和中医服务等卫生健康领域内综合监督执法工作，实施行政强制措施，查处违法行为。

根据不同地区的实际情况，卫生监督机构可以受卫生行政部门委托履行下列监督检查职责。

1. 对医疗机构进行监督检查

2016 年修订的《医疗机构管理办法》是为了加强对医疗机构的管

理，促进医疗卫生事业发展，保障公民健康而制定的。该条例第四十条规定，县级以上人民政府卫生行政部门行使下列监督管理职权：①负责医疗机构的设置审批、执业登记和校验；②对医疗机构的执业活动进行检查指导；③负责组织对医疗机构的评审；④对违反本条例的行为给予处罚。

2. 对传染病防治工作进行监督检查

2013 年修订的《传染病防治法》第五十三条明确规定，县级以上人民政府卫生行政部门对传染病防治工作履行下列监督检查职责：①对下级人民政府卫生行政部门履行本法规定的传染病防治职责进行监督检查；②对疾病预防控制机构、医疗机构的传染病防治工作进行监督检查；③对采供血机构的采供血活动进行监督检查；④对用于传染病防治的消毒产品及其生产单位进行监督检查，并对饮用水供水单位从事生产或者供应活动以及涉及饮用水卫生安全的产品进行监督检查；⑤对传染病菌种、毒种和传染病检测样本的采集、保藏、携带、运输、使用进行监督检查；⑥对公共场所和有关单位的卫生条件和传染病预防、控制措施进行监督检查。同时，该法还规定，县级以上人民政府卫生行政部门在履行监督检查职责时，有权进入被检查单位和传染病疫情发生现场调查取证，查阅或者复制有关的资料和采集样本。被检查单位应当予以配合，不得拒绝、阻挠；县级以上地方人民政府卫生行政部门在履行监督检查职责时，发现被传染病病原体污染的公共饮用水源、食品以及相关物品，如不及时采取控制措施可能导致传染病传播、流行的，可以采取封闭公共饮用水源、封存食品以及相关物品或者暂停销售的临时控制措施，并予以检验或者进行消毒。经检验，属于被污染的食品，应当予以销毁；对未被污染的食品或者经消毒后可以使用的物品，应当解除控制措施。

3. 对采供血机构的采供血活动进行监督检查

2018 年修订的《血站管理办法》第六条规定，国家卫生行政部门主管全国血站的监督管理工作。县级以上地方人民政府卫生行政部门负责本行政区域内血站的监督管理工作。该办法第四章规定了县级以上人民政府卫生行政部门对采供血活动履行的具体监督管理职责，包括：①制定临床用血储存、配送管理办法，并监督实施；②对下级卫生计生行政部门履行本办法规定的血站管理职责进行监督检查；③对辖区内血站执业活动进行日常监督检查，组织开展对采供血质量的不定期抽检；④对辖区内临床供血活动进行监督检查；⑤对违反本办法的行为依法进行查处。同时该办法还规定，卫生行政部门在进行监督检查时，有权索取有关资料，血站不得隐瞒、阻碍或者拒绝。卫生计生行政部门对血站提供的资料负有保密的义务，法律、行政法规或者部门规章另有规定的除外。

4. 对饮用水供水单位从事生产或者供应活动以及涉及饮用水卫生安全的产品进行监督检查

经建设部、国家卫生计生委批准，《生活饮用水卫生监督管理办法》自2016年6月1日起施行，该办法以保证生活饮用水（以下简称饮用水）卫生安全，保障人体健康为目的，适用于集中式供水、二次供水单位和涉及饮用水卫生安全的产品的卫生监督管理。该办法第三章规定，县级以上人民政府卫生主管部门负责本行政区域内饮用水卫生监督监测工作。供水单位的供水范围在本行政区域内的，由该行政区人民政府卫生主管部门负责其饮用水卫生监督监测工作；供水单位的供水范围超出其所在行政区域的，由供水单位所在行政区域的上一级人民政府卫生主管部门负责其饮用水卫生监督监测工作；供水单位的供水范围超出其所在省、自治区、直辖市的，由该供水单位所在省、自治区、直辖市人民政府卫生主管部门负责其饮用水卫生监督监测工作。铁道、交通、民航行政主管部门设立的卫生监督机构，行使国务院卫生主管部门会同国务院有关部门规定的饮用水卫生监督职责。新建、改建、扩建集中式供水项目时，当地人民政府卫生主管部门应做好预防性卫生监督工作，并负责本行政区域内饮用水的水源水质监测和评价。

5. 对公共场所、学校、托幼机构的卫生条件和传染病预防、控制措施进行监督检查

（1）对公共场所的监督检查

《中华人民共和国基本医疗卫生与健康促进法》第七十七条规定，国家完善公共场所卫生监管制度。县级以上人民政府卫生健康等主管部门应当加强对公共场所的卫生监督。公共场所的卫生监督信息应当依法向社会公开。依照 2019 年最新修订的《公共场所卫生管理条例》对公共场所的卫生监督职责包括：①对公共场所进行卫生监测和卫生技术指导；②监督从业人员健康检查，指导有关部门对从业人员进行卫生知识的教育和培训。卫生监督员有权对公共场所进行现场检查，索取有关资料，经营单位不得拒绝或隐瞒。卫生监督员对所提供的技术资料有保密的责任。

（2）对学校的监督检查

为加强学校卫生工作，提高学生的健康水平，国家教育委员会、卫生部于 1990 年 6 月 4 日发布并实施的《学校卫生工作条例》。该条例第二十八条规定，县级以上卫生行政部门对学校卫生工作行使监督职权，其职责是：①对新建、改建、扩建校舍的选址、设计实行卫生监督；②对学校内影响学生健康的学习、生活、劳动、环境、食品等方面的卫生和传染病防治工作实行卫生监督；③对学生使用的文具、娱乐器具、保健用品实行卫生监督。

（3）对托管机构的监督检查

为提高托儿所、幼儿园卫生保健工作水平，预防和减少疾病发生，保障儿童身心健康，《托儿所幼儿园卫生保健管理办法》自 2010 年 11 月 1 日起施行。依据此管理办法县级以上各级人民政府卫生行政部门应当将托幼机构的卫生保健工作作为公共卫生服务的重要内容，加强监督和指导。县级以上各级人民政府教育行政部门协助卫生行政部门检查指

导托幼机构的卫生保健工作。卫生监督执法机构应当依法对托幼机构的饮用水卫生、传染病预防和控制等工作进行监督检查。

（四）疾病预防控制机构的职能

疾控机构是由政府举办的实施疾病预防控制与公共卫生技术管理和服务的公益事业单位。其主要功能定位是负责急慢性传染病、血吸虫病、地方病、寄生虫病的预防、控制、监测、报告等日常管理工作；对食品卫生、公共场所卫生、职业卫生、学校卫生进行卫生学监测和预防性健康检查工作；对传染病疫情和突发性公共卫生事件进行预防、控制和处理（杨宁芝，2004）。其主要职能包括：疾病预防与控制、突发公共卫生事件应急处置、疫情报告及健康相关因素信息管理、健康危害因素监测与干预、实验室检测分析与评价、健康教育与健康促进、技术管理与应用研究指导（梁青山，2008）。疾控机构必须健全机制，规范管理，认真履行自身的职责，在各自的职责范围内开展疾病预防控制工作。在组织架构上，疾控机构分为国家级、省级、设区的市级和县级四级。各级疾控机构根据疾病预防控制专业特点与功能定位，以及本地区疾病预防控制的具体实际，明确职责和任务，合理设置内设机构。比如，中国疾病预防控制中心根据其职责，设置了传染病预防控制所、病毒病预防控制所、寄生虫病预防控制所等11个直属单位，卫生管理处、慢性病防治与社区卫生处、结核病预防控制中心等11个非法人独立单位，此外还有八个挂靠单位和五个相关协会（见表2）。

表2 中国疾病预防控制中心业务部门组织结构

| 类别 | 具体部门 |
| --- | --- |
| 直属单位（11 个） | 传染病预防控制所、病毒病预防控制所、寄生虫病预防控制所、性病艾滋病预防控制中心、慢性非传染性疾病预防控制中心、营养与健康所、环境与健康相关产品安全所、职业卫生与中毒控制所、辐射防护与核安全医学所、农村改水技术指导中心、妇幼保健中心 |

续表

| 类别 | 具体部门 |
|------|---------|
| 非法人独立单位（10个） | 政策研究与健康传播中心、公共卫生监测与信息服务中心、免疫规划中公共卫生管理处、慢性病防治与社区卫生处、结核病预防控制中心、卫生应急中心、流行病学办公室、全国12320管理中心、控烟办公室、传染病预防控制处 |
| 挂靠单位（8个） | 麻风病控制中心、老年保健中心、精神卫生中心、少儿/学校卫生中心、鼠疫布氏菌病预防控制基地、结核病防治临床中心、性病控制中心、地方病控制中心 |
| 相关协会（5个） | 中国卫生信息学会公共卫生信息专委会、中国性病艾滋病防治协会、中国营养学会、中国肝炎防治基金会、中华预防医学会预防医学情报专委会 |

注：资料来源于中国疾病控制中心。

各级疾控机构的主要职责分述如下。

1. 国家级疾控机构的主要职责

（1）开展疾病预防控制、突发公共卫生事件应急、环境与职业健康、营养健康、老龄健康、妇幼健康、放射卫生和学校卫生等工作，为国家制定公共卫生法律法规、政策、规划、项目等提供技术支撑和咨询建议。

（2）组织制定国家公共卫生技术方案和指南，承担公共卫生相关卫生标准综合管理工作；承担实验室生物安全指导和爱国卫生运动技术支撑工作；承担《烟草控制框架公约》履约技术支撑工作；开展健康教育、健康科普和健康促进工作。

（3）开展传染病、慢性病、职业病、地方病、突发公共卫生事件和疑似预防接种异常反应监测及国民健康状况监测与评价，开展重大公共卫生问题的调查与危害风险评估；研究制定重大公共卫生问题的干预措施和国家免疫规划并组织实施。承担疾控信息系统建设、管理及大数据应用服务技术支持。

（4）参与国家公共卫生应急准备和应对，组织制定食品安全事故流行病学调查和卫生处理相关技术规范。指导地方突发公共卫生事件调查、处置和应急能力建设以及食品安全事故流行病学调查。承担新涉水产品、新消毒产品的技术评审工作。

（5）开展疾病预防控制、突发公共卫生事件应急、公众健康关键科学研究和技术开发，推广疾病预防控制新理论、新技术、新方法，推进公共卫生科技创新发展。

（6）开展公共卫生专业领域的研究生教育、继续教育和相关专业技术培训。

（7）指导地方实施国家疾病预防控制规划和项目，开展对地方疾病预防控制机构的业务指导，参与专业技术考核和评价相关工作。

（8）开展全球公共卫生活动和公共卫生领域的国际交流与合作，执行有关国际援助任务。

（9）承办国家卫生健康委交办的其他事项。

2. 省级疾控机构的主要职责

（1）完成国家下达的重大疾病预防控制的指令性任务，实施本省疾病预防控制规划、方案，对重大疾病流行趋势进行监测与预测预警；实施辖区免疫规划方案与计划，负责预防性生物制品使用管理；开展疫苗使用效果评价，参与重大免疫接种异常反应及事故处置。

（2）组建应急处理队伍，指导和开展重大突发公共卫生事件调查与处置。

（3）开展病原微生物检验检测及毒物与污染物的检验鉴定和毒理学检验，负责辖区内疾病预防控制实验室质量控制。

（4）建设省级网络信息平台，管理全省疫情及相关公共卫生信息网络。

（5）组织开展公共卫生健康危害因素监测，开展卫生学评价和干预；按照国家统一部署，组织开展食品卫生、职业卫生、放射卫生和环境卫生等领域危险性评价、监测和预警工作。

（6）承担卫生行政部门委托的与卫生监督执法相关的检验检测及技术仲裁工作，承担辖区内职业病诊断鉴定工作。

（7）指导全省健康教育与健康促进和社区卫生服务工作。

（8）开展对设区的市级、县级疾控机构的业务指导和人员培训；组织实施设区的市级、县级疾控机构业务考核；规范指导辖区内医疗卫生机构传染病防治工作。

（9）参与开展疾病预防控制应用性科学研究，推广先进技术；参与拟定国家公共卫生相关标准。

3. 设区的市级疾控机构的主要职责

（1）完成国家、省级下达的重大疾病预防控制的指令性任务，实施疾病预防控制规划、方案，组织开展本地疾病暴发调查处理和报告；负责辖区内预防性生物制品管理，组织、实施预防接种工作。

（2）调查突发公共卫生事件的危险因素，实施控制措施。

（3）开展常见病原微生物检验检测和常见毒物、污染物的检验鉴定。

（4）开展疾病监测和食品卫生、职业卫生、放射卫生和环境卫生等领域健康危害因素监测，管理辖区疫情及相关公共卫生信息。

（5）承担卫生行政部门委托的与卫生监督执法相关的检验检测任务。

（6）组织开展健康教育与健康促进。

（7）负责对下级疾控机构的业务指导、人员培训和业务考核；指导辖区内医疗卫生机构传染病防治工作。

4. 县级疾控机构的主要职责

（1）完成上级下达的疾病预防控制任务，负责辖区内疾病预防控制具体工作的管理和落实；负责辖区内疫苗使用管理，组织实施免疫、消毒、控制病媒生物的危害。

（2）负责辖区内突发公共卫生事件的监测调查与信息收集、报告，落实具体控制措施。

（3）开展病原微生物常规检验和常见污染物的检验。

（4）承担卫生行政部门委托的与卫生监督执法相关的检验检测任务。

（5）指导辖区内医疗卫生机构、城市社区卫生组织和农村乡（镇）卫生院开展卫生防病工作，负责考核和评价，对从事疾病预防控制相关工作人员进行培训。

（6）负责疫情和公共卫生健康危害因素监测、报告，指导乡、村和有关部门收集、报告疫情。

（7）开展卫生宣传教育与健康促进活动，普及卫生防病知识。

（五）疾病预防控制机构与卫生监督机构职能间的关系

这两个机构分别承担管理社会公共卫生秩序的任务和向社会提供公共卫生技术服务的任务，可以说是在卫生行政部门统一领导下，并驾齐驱的两辆马车，互为补充，缺一不可。疾控中心主要是对公共卫生提供技术支持和建议，做好疾病防治和技术服务工作，承担公共卫生监测检验，定期为监督执法机构提供准确数据资料和卫生学评价报告（孙爱国等，2002）；卫生监督机构主要是实施公共卫生监督和管理，依据国家法律法规具体执行卫生监督职责，加大综合执法力度，树立卫生行政执法形象（艾鹤鸣，2000）。两者职能间的关系体现在以下两个方面。

一方面，疾控中心和卫生监督机构相互监督和制衡。卫生监督机构拥有着公权之一的执法权，由于执法权的强制性和权力范围大，所以在卫生监督机构执法、调整社会关系和矛盾的过程中容易出现不在法律规定范围内行使权力、公权滥用的情况。而在公权法定的原则上，卫生监督机构必须对自己所实施的行政活动承担法律责任，从而实现权力和责任的统一。公权法定和权责明确能够最大限度地防止权力的滥用，同时可以保证在疾控中心进行各类公共卫生风险研判后采取必要的控制措施得以落实，政府规制的监管过程具备合法性、合理性、必要性和科学性。

另一方面，疾控中心和卫监机构是相互联系、相互协作的有机整体。在卫生监督管理和疾病控制工作上往往会碰到一些需要卫生行政主管部门统一协调解决的问题。如年度健康体检、公共场所现场监测、食品采样、食物中毒等突发事件处理等涉及两个单位需要协调完成的任务，尤其在本次新冠疫情的流行病学现场执法过程中，卫生行政主管部门必须及时召集卫监机构和疾控中心组成医药卫生系统内的联防联控核心，明确主办单位、协办单位及其责任和时限等，疾控中心应及时向卫监机构提供监测检验结果和卫生学评价报告，以保证监督执法的有效实施。

### 三、国外卫生行政执法的现状和执法体系

美国的医药卫生领域也是由多个部门负责，但各部门分工明确，职责具体详细，每一领域均有相应的执法部门负责监管；英国的卫生行政执法机关独立于卫生系统之外自成体系，因此卫生行政执法体系中对内部的监督到位，不易受到外界干扰，能保证执法的公平公正；法国的卫生行政执法体系机构设置、人员配置精练，使得卫生资源得到合理利用；日本公共卫生管理体系比较发达，层层递进，环环相扣，中央与地方在卫生行政执法职能方面既有明确的分工，又有相互协调与合作，形成一个统一的完整体系。

（一）美国的卫生执法体系和行政执法现状

美国的政体是实行代议、宪政与联邦制的共和政体，"联邦制"是美国的国家结构。按照美国的现有体制，在联邦政府、州政府和市政府均设有主管卫生保健的机构（李冠伟，2001）。联邦政府卫生主管机关是卫生和人类服务部，主管全美的卫生保健工作，该部下设公共卫生署、卫生资金筹集署、社会保障总署、人类发展服务局、公共事务局五个管理部。

（二）英国的卫生行政执法现状和执法体系

英国的政体为君主立宪制，是一个传统法制的国家。卫生行政执法机关独立于卫生系统之外自成体系。公共卫生监督控制及突发公共卫生事件应急系统由英国卫生保护局负责。英国的卫生服务体系由国家主导，实行全民覆盖的医疗制度，公民均享有医疗服务保障。因此，1997年工党上台对国家卫生服务进行改革之前，英国的公共卫生的概念一直比较模糊（Ham 和 Christopher，1999）。2003 年 4 月，英国成立了健康保护局（Health Protection Agency，HPA），隶属于卫生部（赵姗姗，2016）。2021 年 4 月 1 日英国成立了英国卫生安全局，英国卫生安全局主要统筹加强应对疾病大流行等公共卫生紧急状况。

（三）法国的卫生行政执法现状和执法体系

法国政府在社会事务和国家团结部设立三个局：卫生总局、医院管理局和医药器械管理局，并在全国的 22 个行政区和 95 个省内各设卫生和社会事务局。卫生行政部门设立卫生立法专门机构，且把卫生立法看作国际和国家卫生措施的主要组成部分。其卫生法规明确规定了"五大卫生"各归属于哪些有关部门管理（申屠杭，2004）。卫生行政部门依据卫生法律、法规行使监督管理权，对违法行为进行纠正和处罚。因此，法国各级卫生行政部门在机构设置、人员配置等方面都很精练，而且越向上人员越少（郭兴华等，2000）。

（四）日本的卫生行政执法现状和执法体系

日本的公共卫生管理体系由三个层次有关机构组成。中央机构主要由厚生劳动省负责。厚生省主要有药政局、保健医疗局和生活卫生局。日本的卫生行政执法按中央和地方两级管理体制进行。地方卫生行政执法机构主要为都道府县或政令设置的保健所，中央与地方在卫生行政执法职能方面既有明确的分工，又有相互协调与合作，形成一个统一的完整体系。地方的管辖范围是以地域管辖原则而划分，无论是中央还是地方，其卫生行政执法体系在职能上与公共卫生管理与服务体系相互配合、协调一致（郑海坚，2011）。

## 第二节  广东省卫生行政执法整体现状

2000 年以来，广东省全面推进卫生监督体制改革，逐步建成省、市、县三级卫生行政执法体系，建成了一支技术优良、综合素质较高的卫生监督执法队伍。这支队伍坚持发挥专业优势，不断加强队伍建设，注重平战结合，密切与疾控部门联系，强化广东省卫生监督机构层级联动和协同作战，广东省卫生行政执法机制逐步健全。在法治保障方面，广东省先后出台了《广东省卫生厅关于公共场所卫生许可证发放的管理办法》《广东省卫生厅关于新、改、扩建公共场所建设项目预防性卫生审查的程序规定》《广东省卫生厅关于公共场所卫生检验、检测、评价机构技术能力考核的管理办法》等规范性文件，不断完善卫生行政执法的法治体系建设。

### 一、广东省卫生行政执法体系建设现状

（一）广东省卫生行政执法机构建设情况

截至 2019 年年底，广东省共有各级卫生行政执法机构 163 个（其中独立和非独立卫生健康监督机构分别为 160 个和 3 个），其中省级 1 个、地市级 15 个、县（区、市）级 90 个、镇（街）级 57 个。至今仍有 19 个市辖区未成立卫生监督机构。与 2018 年相比，受地方事业单位和综合执法改革影响，独立机构减少 20 个，其中市级减少 6 个，分别为汕头、江门、汕尾、清远、揭阳和珠海（数据来源于国家卫生计生监督信息系统）。163 个卫生监督机构中，有 6 个卫生监督机构纳入公务员管理，占 3.6%；94 个卫生监督机构参照公务员管理，占 57.7%；59 个卫生监督机构为全额拨款事业单位，占 36.2%，全额拨款事业单

位主要是镇（街）级卫生监督机构。

（二）广东省卫生行政执法人员情况

广东省卫生行政执法机构人员编制共 3271 人，实际在岗人数 3313 人，占编制数 101.3%；其中卫生监督员 3032 人，占编制数的 92.7%，按 2018 年年底广东省总人口数 1.12 亿计算，每万人口卫生监督员数为 0.27（国家平均每万人口卫生监督员数 0.44）。具体人员情况如表 3、表 4 所示。

**表 3　广东省卫生行政执法机构人员构成**

| 隶属机构 | 编制人数 | | | | | | 实际在岗人数 | 在岗卫生监督员数 |
| | 合计 | 行政编制 | 事业编制 | | | | | |
| | | | 小计 | 参照公务员 | 一般事业编制 | 工勤技能及其他 | | |
|---|---|---|---|---|---|---|---|---|
| 省　级 | 69 | 0 | 69 | 63 | 0 | 6 | 68 | 54 |
| 地市级 | 794 | 97 | 697 | 648 | 8 | 41 | 755 | 768 |
| 县（区）级 | 2077 | 177 | 1900 | 1556 | 207 | 137 | 2100 | 1956 |
| 镇（街）级 | 331 | 0 | 331 | 5 | 323 | 3 | 390 | 254 |
| 总　计 | 3271 | 274 | 2997 | 2272 | 538 | 187 | 3313 | 3032 |

注：数据来源于国家卫生健康监督信息平台。

**表 4　广东省卫生行政执法人员性别和年龄分布**

| 机构隶属 | 卫生监督人员数 | 性别 | | 年龄（岁） | | | | 50 岁以上占比（%） |
| | | 男 | 女 | 18～29 | 30～39 | 40～49 | 50 岁以上 | |
|---|---|---|---|---|---|---|---|---|
| 省　级 | 54 | 30 | 24 | 4 | 17 | 20 | 13 | 24.07 |
| 地市级 | 768 | 489 | 279 | 63 | 224 | 276 | 204 | 26.56 |
| 县（区）级 | 1956 | 1242 | 714 | 254 | 585 | 712 | 403 | 20.60 |
| 镇（街）级 | 254 | 171 | 83 | 5 | 138 | 80 | 31 | 12.20 |
| 总　计 | 3032 | 1932 | 1100 | 326 | 964 | 1088 | 651 | 21.47 |

注：数据来源于国家卫生健康监督信息平台。

广东省卫生行政执法人员拥有研究生医生学历的共 140 人，占 4.6%；大学本科学历 1989 人，占 65.6%；大专及以下学历 903 人，占 29.8%。学历构成情况如表 5 所示。

表 5　广东省卫生行政执法人员学历构成

| 机构隶属 | 卫生监督人员数 | 学历情况 | | | | | | |
|---|---|---|---|---|---|---|---|---|
| | | 研究生 | 大学本科 | 大专 | 中专及中技 | 技校 | 高中 | 初中以下 |
| 省　级 | 54 | 7 | 41 | 5 | 1 | 0 | 0 | 0 |
| 地市级 | 768 | 47 | 554 | 139 | 19 | 0 | 9 | 0 |
| 县（区）级 | 1956 | 81 | 1193 | 533 | 94 | 1 | 47 | 7 |
| 镇（街）级 | 254 | 5 | 201 | 37 | 9 | 0 | 1 | 1 |
| 总　计 | 3032 | 140 | 1989 | 714 | 123 | 1 | 57 | 8 |

注：数据来源于国家卫生健康监督信息平台。

广东省卫生行政执法人员中，拥有高级技术职称的共 93 人，占 3.1%；中级技术职称 453 人，占 14.9%；初级技术职称 612 人，占 20.2%；无技术职称 1227 人，占 40.5%。

（三）广东省卫生行政执法机构经费情况

2019 年，广东省各级卫生行政执法机构的总收入为 12.71 亿元，比上年同期增加了 27.86%；总支出为 11.13 亿元，比上年同期增加了 9.40%；收支差为 1.58 亿元。珠海、揭阳无 2019 年收支数据。经费情况如表 6 所示。

表 6　2019 年广东省各市（区）卫生行政执法机构经费收支

| 地　区 | 总收入（亿元） | 比上年同期变化率（%） | 总支出（亿元） | 比上年同期变化率（%） | 收支差（亿元） |
|---|---|---|---|---|---|
| 全　省 | 12.71 | 27.86 | 11.13 | 9.40 | 1.58 |
| 省　所 | 0.40 | −7.43 | 0.39 | 5.33 | 0.01 |

续表

| 地　区 | 总收入<br>（亿元） | 比上年同期<br>变化率（%） | 总支出<br>（亿元） | 比上年同期<br>变化率（%） | 收支差<br>（亿元） |
|---|---|---|---|---|---|
| 全　省 | 12.71 | 27.86 | 11.13 | 9.40 | 1.58 |
| 省　所 | 0.40 | -7.43 | 0.39 | 5.33 | 0.01 |
| 广州市 | 3.97 | 111.38 | 2.26 | 71.52 | 1.70 |
| 韶关市 | 0.37 | 20.78 | 0.37 | 24.09 | 0.00 |
| 深圳市 | 3.19 | 60.56 | 3.21 | 14.54 | -0.02 |
| 珠海市 | — | — | — | — | — |
| 汕头市 | 0.11 | -64.04 | 0.12 | -59.52 | -0.01 |
| 佛山市 | 0.81 | 10.63 | 0.82 | 4.70 | -0.01 |
| 江门市 | 0.24 | -35.22 | 0.23 | -39.30 | 0.02 |
| 湛江市 | 0.20 | -6.65 | 0.19 | -8.46 | 0.00 |
| 茂名市 | 0.27 | 41.07 | 0.26 | 32.23 | 0.02 |
| 肇庆市 | 0.29 | 3.46 | 0.31 | 8.79 | -0.02 |
| 惠州市 | 0.56 | 15.52 | 0.56 | 15.85 | 0.00 |
| 梅州市 | 0.28 | -6.17 | 0.27 | -6.52 | 0.00 |
| 汕尾市 | 0.05 | -43.66 | 0.05 | -44.34 | 0.00 |
| 河源市 | 0.15 | 17.83 | 0.15 | 23.51 | 0.00 |
| 阳江市 | 0.10 | -20.09 | 0.09 | -21.72 | 0.00 |
| 清远市 | 0.14 | -43.85 | 0.15 | -39.88 | -0.01 |
| 东莞市 | 0.80 | 14.32 | 0.91 | 28.10 | -0.11 |
| 中山市 | 0.53 | 23.92 | 0.53 | 20.61 | 0.00 |
| 潮州市 | 0.14 | 4.79 | 0.14 | 2.88 | 0.00 |
| 揭阳市 | — | — | — | — | — |
| 云浮市 | 0.11 | 19.67 | 0.12 | 32.35 | -0.01 |

注：数据来源于国家卫生健康监督信息平台。

## 二、广东省卫生行政执法概况

### (一) 被监督单位情况

2019 年,广东省共报告被监督单位 23.57 万个,被监督单位数位列全国第四,占全国被监督单位数 6.77%。与 2018 年相比,减少幅度最大的为职业健康检查机构、职业病诊断机构、放射卫生技术机构,比上年同期减少了 6.32%。被监督单位数量增加幅度最大的是计划生育机构,增加了 95.45%。被监督单位情况如表 7、表 8 所示。

表7　2019 年广东省各市被监督单位

| 地　区 | 被监督单位数(个) | 比上年同期变化率(%) |
|---|---|---|
| 全　省 | 235689 | 10.61 |
| 广州市 | 28419 | 12.64 |
| 韶关市 | 8337 | 10.82 |
| 深圳市 | 33174 | 12.01 |
| 珠海市 | 6123 | 2.92 |
| 汕头市 | 4604 | 20.21 |
| 佛山市 | 17504 | 7.09 |
| 江门市 | 10652 | 6.43 |
| 湛江市 | 9822 | 9.13 |
| 茂名市 | 12203 | 29.38 |
| 肇庆市 | 11582 | 3.36 |
| 惠州市 | 10354 | 4.2 |
| 梅州市 | 11099 | 1.43 |
| 汕尾市 | 3369 | 22.64 |
| 河源市 | 6605 | 6.79 |
| 阳江市 | 4567 | 4.32 |
| 清远市 | 8939 | 9.99 |

| 地　区 | 被监督单位数（个） | 比上年同期变化率（%） |
|---|---|---|
| 东莞市 | 21768 | 11.83 |
| 中山市 | 10015 | 9.49 |
| 潮州市 | 5084 | 1.58 |
| 揭阳市 | 6739 | 39.35 |
| 云浮市 | 4730 | 13.62 |

注：数据来源于国家卫生健康监督信息平台。

表8　2019年全国各省、自治区、直辖市及新疆生产建设兵团被监督单位

| 地　区 | 被监督单位数（个） | 占比（%） | 同比变化率（%） |
|---|---|---|---|
| 全　国 | 3480746 | 100 | 4.29 |
| 北　京 | 61970 | 1.78 | 10.92 |
| 天　津 | 29269 | 0.84 | 41.13 |
| 河　北 | 238499 | 6.85 | 2.94 |
| 山　西 | 107259 | 3.08 | 0.78 |
| 内蒙古 | 85020 | 2.44 | 5.61 |
| 辽　宁 | 117442 | 3.37 | -3.49 |
| 吉　林 | 69512 | 2.00 | 2.07 |
| 黑龙江 | 64911 | 1.86 | -6.73 |
| 上　海 | 57350 | 1.65 | 4.94 |
| 江　苏 | 166992 | 4.80 | 7.97 |
| 浙　江 | 189984 | 5.46 | 6.69 |
| 安　徽 | 110100 | 3.16 | 5.04 |
| 福　建 | 90164 | 2.59 | 3.63 |
| 江　西 | 103544 | 2.97 | 0.13 |
| 山　东 | 244796 | 7.03 | 0.87 |
| 河　南 | 268403 | 7.71 | 3.54 |

续表

| 地　区 | 被监督单位数（个） | 占比（％） | 同比变化率（％） |
|---|---|---|---|
| 湖　北 | 124339 | 3.57 | −0.64 |
| 湖　南 | 107330 | 3.08 | 5.16 |
| 广　东 | 235689 | 6.77 | 10.61 |
| 广　西 | 117904 | 3.39 | 10.75 |
| 海　南 | 25818 | 0.74 | 0.78 |
| 重　庆 | 90461 | 2.60 | 4.22 |
| 四　川 | 203787 | 5.85 | 4.68 |
| 贵　州 | 113618 | 3.26 | 4.05 |
| 云　南 | 157103 | 4.51 | 8.83 |
| 西　藏 | 7948 | 0.23 | 0.21 |
| 陕　西 | 105990 | 3.05 | 3.45 |
| 甘　肃 | 77115 | 2.22 | 2.10 |
| 青　海 | 21022 | 0.60 | 7.84 |
| 宁　夏 | 25967 | 0.75 | 1.64 |
| 新　疆 | 52448 | 1.51 | 2.07 |
| 兵　团 | 8992 | 0.26 | 1.46 |

注：数据来源于国家卫生健康监督信息平台。

（二）卫生监督工作情况

2019 年，广东省共报告建设项目卫生审查 6584 项，比上年同期减少了 42.46％，占全国 37.37％。卫生行政许可发放 49726 件，比上年同期增加了 10.13％，占全国 10.31％。监督检查 260182 户次，比上年同期减少了 0.14％。监督覆盖率为 75.00％，比上年同期减少了 8.00％，比全国平均覆盖率少 3.27％。卫生监督工作开展情况如表 9 所示。

表 9 2019 年广东省各市卫生监督工作开展情况

| 地 区 | 建设项目卫生审查（项） | 卫生行政许可（件） | 监督检查（户次） | 监督覆盖率（％） |
|---|---|---|---|---|
| 全 省 | 6584 | 49726 | 260182 | 75.00 |
| 广州市 | 1520 | 7898 | 41600 | 90.40 |
| 韶关市 | 16 | 1762 | 10675 | 97.12 |
| 深圳市 | 581 | 8556 | 28541 | 57.42 |
| 珠海市 | 72 | 1374 | 9244 | 91.70 |
| 汕头市 | 0 | 778 | 3116 | 52.43 |
| 佛山市 | 339 | 4725 | 28168 | 94.88 |
| 江门市 | 634 | 2261 | 11156 | 84.18 |
| 湛江市 | 0 | 1119 | 6770 | 60.68 |
| 茂名市 | 0 | 2140 | 10200 | 64.82 |
| 肇庆市 | 261 | 1877 | 12278 | 78.15 |
| 惠州市 | 458 | 2141 | 14625 | 94.45 |
| 梅州市 | 2 | 1082 | 13566 | 85.74 |
| 汕尾市 | 0 | 182 | 1530 | 39.74 |
| 河源市 | 0 | 562 | 4161 | 51.02 |
| 阳江市 | 100 | 732 | 3719 | 64.22 |
| 清远市 | 0 | 1397 | 7296 | 53.36 |
| 东莞市 | 598 | 6531 | 27291 | 74.09 |
| 中山市 | 1881 | 2634 | 14358 | 96.77 |
| 潮州市 | 101 | 169 | 3968 | 56.37 |
| 揭阳市 | 14 | 1076 | 4714 | 62.81 |
| 云浮市 | 7 | 730 | 3206 | 56.78 |

注：数据来源于国家卫生健康监督信息平台。

（三）卫生行政执法工作情况

2019 年，广东省各专业抽取双随机任务数 27307 个，完成任务 24185 个，任务关闭 3122 个，任务完成率 88.57%，任务完结率 100%，案件查处 2107 宗,案件查处率 8.71%,罚款 97.9 万元。任务完成率较全国平均完成率低 2.45%。双随机工作开展情况如表 10 所示。

表 10 2019 年广东省各市双随机工作开展情况

| 地　　区 | 执行单数 | 任务完成 | 任务关闭 | 案件数 | 罚款 | 完成率(%) | 完结率(%) |
|---|---|---|---|---|---|---|---|
| 全　　省 | 27307 | 24185 | 3122 | 2107 | 979080 | 88.57 | 100 |
| 省　　所 | 160 | 139 | 21 | 2 | 7000 | 86.88 | 100 |
| 广州市 | 3696 | 3208 | 488 | 340 | 276080 | 86.8 | 100 |
| 韶关市 | 831 | 768 | 63 | 154 | 43800 | 92.42 | 100 |
| 深圳市 | 4415 | 3968 | 447 | 305 | 165600 | 89.88 | 100 |
| 珠海市 | 777 | 661 | 116 | 97 | 49800 | 85.07 | 100 |
| 汕头市 | 647 | 579 | 68 | 20 | 24300 | 89.49 | 100 |
| 佛山市 | 1990 | 1696 | 294 | 29 | 6000 | 85.23 | 100 |
| 江门市 | 1366 | 1244 | 122 | 102 | 40800 | 91.07 | 100 |
| 湛江市 | 954 | 859 | 95 | 61 | 41500 | 90.04 | 100 |
| 茂名市 | 968 | 886 | 82 | 52 | 19000 | 91.53 | 100 |
| 肇庆市 | 1049 | 963 | 86 | 138 | 71100 | 91.8 | 100 |
| 惠州市 | 1590 | 1348 | 242 | 125 | 56100 | 84.78 | 100 |
| 梅州市 | 1012 | 930 | 82 | 77 | 13000 | 91.9 | 100 |
| 汕尾市 | 346 | 309 | 37 | 11 | 4000 | 89.31 | 100 |
| 河源市 | 885 | 830 | 55 | 66 | 24000 | 93.79 | 100 |
| 阳江市 | 517 | 475 | 42 | 52 | 38400 | 91.88 | 100 |
| 清远市 | 889 | 752 | 137 | 109 | 44700 | 84.59 | 100 |
| 东莞市 | 2343 | 1990 | 353 | 100 | 6800 | 84.93 | 100 |
| 中山市 | 1448 | 1275 | 173 | 179 | 23800 | 88.05 | 100 |
| 潮州市 | 338 | 318 | 20 | 14 | 800 | 94.08 | 100 |
| 揭阳市 | 462 | 446 | 16 | 12 | 0 | 96.54 | 100 |
| 云浮市 | 624 | 541 | 83 | 62 | 22500 | 86.7 | 100 |

注:数据来源于国家卫生健康监督信息平台。

（四）案件查处情况

2019 年，广东省报告的卫生行政执法查处案件共计 23985 件，比上年同期增加了 0.28%。从专业来看，公共场所卫生、传染病防治和医疗服务三个专业报告的查处案件较多，分别为 12375 件、4283 件和 3986 件。从各市（区）来看，广州市和深圳市查处案件较多，分别为 4928 件和 3466 件。

2019 年，省卫生监督所开展广东省卫生行政处罚案件抽查工作，从国家信息系统随机抽取共 210 宗（每地级市 10 宗）一般程序的行政处罚案件，参照国家案件评查 2016 年版标准进行评查。发现存在问题的案卷 190 宗，主要问题包括主体认定问题（5 宗）、程序合法问题（50 宗）、法律适用问题（2 宗）、证据收集问题（30 宗）、文书规范问题（130 宗）。珠三角地区案件质量相对较好，粤东西北案件质量暂时落后。医疗、公共场所案件相对规范，其他专业案件稍微落后，如表 11 和图 1 所示。

表 11　2019 年广东省各市行政处罚情况

| 地 区 | 查处案件数 | 处罚程序 | | | 行政处罚决定 | | | | | | | |
|---|---|---|---|---|---|---|---|---|---|---|---|---|
| | | 简易程序 | 一般程序 | 其中：组织听证 | 警告 | 罚款 | 罚款金额（元） | 没收违法所得 | 没收金额（元） | 没收非法财物 | 停业整顿 | 吊销许可证 |
| 全　省 | 23985 | 13324 | 10647 | 207 | 18683 | 10784 | 67824151 | 767 | 5973953 | 0 | 5 | 28 |
| 广州市 | 4929 | 2763 | 2155 | 56 | 4137 | 2386 | 9709229 | 108 | 3053718 | 0 | 0 | 7 |
| 韶关市 | 670 | 437 | 233 | 2 | 543 | 234 | 778750 | 37 | 98937 | 0 | 0 | 0 |
| 深圳市 | 3466 | 1171 | 2295 | 55 | 1844 | 2447 | 33805141 | 72 | 442036 | 0 | 0 | 1 |
| 珠海市 | 673 | 433 | 238 | 6 | 603 | 211 | 851500 | 6 | 69069 | 0 | 0 | 1 |
| 汕头市 | 881 | 755 | 126 | 5 | 798 | 145 | 490480 | 24 | 16550 | 0 | 0 | 1 |
| 佛山市 | 1306 | 839 | 467 | 15 | 1118 | 491 | 2160832 | 24 | 122214 | 0 | 0 | 1 |
| 江门市 | 648 | 324 | 324 | 0 | 475 | 309 | 2219200 | 34 | 341688 | 0 | 0 | 1 |
| 湛江市 | 763 | 347 | 416 | 27 | 439 | 409 | 3329921 | 180 | 325868 | 0 | 0 | 2 |

续表

| 地　区 | 查处案件数 | 处罚程序 | | | 行政处罚决定 | | | | | | | |
|---|---|---|---|---|---|---|---|---|---|---|---|---|
| | | 简易程序 | 一般程序 | 其中：组织听证 | 警告 | 罚款 | 罚款金额（元） | 没收违法所得 | 没收金额（元） | 没收非法财物 | 停业整顿 | 吊销许可证 |
| 茂名市 | 1387 | 696 | 691 | 3 | 1076 | 459 | 2126730 | 25 | 28581 | 0 | 0 | 2 |
| 肇庆市 | 853 | 499 | 354 | 2 | 763 | 340 | 776853 | 7 | 8053 | 0 | 0 | 0 |
| 惠州市 | 924 | 438 | 486 | 10 | 777 | 484 | 1396600 | 27 | 172897 | 0 | 0 | 0 |
| 梅州市 | 552 | 353 | 199 | 1 | 434 | 135 | 425200 | 1 | 18000 | 0 | 0 | 1 |
| 汕尾市 | 320 | 163 | 157 | 0 | 237 | 107 | 446200 | 14 | 9225 | 0 | 0 | 0 |
| 河源市 | 517 | 364 | 153 | 8 | 435 | 107 | 736973 | 12 | 26380 | 0 | 0 | 0 |
| 阳江市 | 506 | 213 | 293 | 3 | 435 | 422 | 521200 | 3 | 2510 | 0 | 0 | 0 |
| 清远市 | 585 | 272 | 313 | 1 | 429 | 295 | 1151300 | 19 | 86613 | 0 | 0 | 4 |
| 东莞市 | 2677 | 2084 | 592 | 2 | 2361 | 599 | 2538801 | 67 | 102477 | 0 | 0 | 5 |
| 中山市 | 1475 | 734 | 741 | 5 | 1197 | 792 | 2350431 | 58 | 554959 | 0 | 5 | 1 |
| 潮州市 | 206 | 105 | 101 | 1 | 131 | 107 | 559700 | 3 | 17367 | 0 | 0 | 1 |
| 揭阳市 | 198 | 51 | 147 | 1 | 73 | 144 | 634610 | 45 | 474511 | 0 | 0 | 0 |
| 云浮市 | 449 | 283 | 166 | 4 | 378 | 161 | 814500 | 1 | 2300 | 0 | 0 | 0 |

注：数据来源于国家卫生健康监督信息平台。

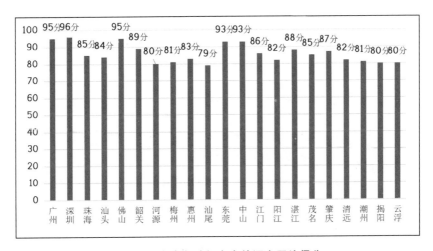

图1　广东省各地级市案件评查平均得分

### 三、广东省卫生行政执法工作内容及考察方式

广东省卫生行政执法工作的考察主要从以下三个板块开展：第一，业务工作，包括卫生行政许可、经常性卫生监督、专项整治和抽查、查处违法行为、宣传培训、卫生监督信息报告工作、突发公共卫生事件应急处置和计划外任务；第二，综合管理，包括内部考核、政务公开、稽查管理、信访举报和档案管理；第三，作风建设，包括职业道德和惩防体系建设、满意度调查和受到表彰奖励情况。具体工作内容和考察方式如表 12 所示。

表 12　广东省卫生行政执法工作内容及考察方式

| 项目 | 工作内容 | 考察方式 |
|---|---|---|
| 一、业务工作 | | |
| （一）卫生行政许可 | 1. 在法定的权限范围内开展相关卫生行政许可工作 | 查阅许可档案，抽查 20 份审批材料；查看许可窗口公示材料和告知制度 |
| | 2. 卫生行政许可实行一次性告知制度，实行一个窗口对外 | |
| | 3. 依法履行职责、程序合法；资料完整，文书规范，许可建档率、按时办结率 100% | |
| | 4. 对申报的新改扩建项目预防性审查按时办结率 100% | |
| （二）经常性卫生监督 | 1. 每年公共场所直管单位监督覆盖率、建档率、量化分级实施率，使用集中空调通风系统单位建档率 | |
| | 2. 每年集中式供水、二次供水直管单位监督覆盖率、建档率 | |
| | 3. 每年健康相关产品直管生产企业监督覆盖率、建档率 | |

| 项目 | 工作内容 | 考察方式 |
|---|---|---|
| | 4. 每年公共场所、供水单位等直管单位从业人员有效健康合格证明持证率 | 随机抽查几家各业务类型许可单位，现场查看并检查相关台账、相关资料、相关卫生制度执行情况 |
| | 5. 每年直管职业健康检查机构和职业病诊断机构监督覆盖率、建档率 | |
| | 6. 每年直管医疗机构放射工作场所监督覆盖率、建档率 | |
| | 7. 每年直管医疗卫生机构传染病防治监督覆盖率、建档率 | |
| | 8. 每年直管医疗机构医疗服务监督覆盖率、建档率 | |
| | 9. 每年直管采供血机构监督覆盖率 | |
| | 10. 每年直管学校监督覆盖率、建档率 | |
| | 11. 完成重大活动卫生监督保障，方案、记录、总结评估报告健全 | 抽查 1 份重大活动档案 |
| | 12. 现场快检设备完好率 100% | 抽查 5 件现场快检设备，并抽 5 名卫生监督员现场操作使用 |
| | 13. 卫生监督执法文书书写规范 | 抽查各专业共 20 份文书 |
| （三）专项整治和抽检 | 1. 完成上级下达的专项整治和卫生监督抽检任务 | 查阅年度专项整治和卫生监督抽检相关资料 |
| | 2. 制订年度专项整治和卫生监督抽检计划，并组织实施 | |
| | 3. 按要求上报专项工作总结 | |

续表

| 项目 | 工作内容 | 考察方式 |
|---|---|---|
| （四）查处违法行为 | 1. 符合立案条件的违法行为查处率100% | 查阅以下案件受理记录：（1）卫生监督管理中发现的；（2）卫生机构检测报告的；（3）社会举报的；（4）上级卫生行政机关交办的及下级卫生行政机构报请的或者有关部门移送的 |
| | 2. 行政处罚事实清楚，证据充分，适用法律法规正确，程序合法，处罚适当 | 抽查不同类别行政处罚案卷共10件 |
| | 3. 行政处罚文书完整、准确、规范 | |
| | 4. 行政处罚办案时限规范，结案率100% | |
| （五）宣传培训 | 1. 有工作计划、相应的工作记录和宣传培训资料 | 查阅相关材料和台账；查阅宣传资料、声像资料、展牌等 |
| | 2. 开展卫生监督员经常性业务培训，新录用卫生监督员岗前培训不少于50学时；卫生监督员（经常性培训）集中培训每年不少于10学时 | |
| | 3. 组织开展宣传活动，省级每年不少于1次，地市级每年不少于2次，县级每年不少于4次 | |
| | 4. 举办服务相对人集中培训班，省、地市级每年不少于4次，县级每年不少于6次 | |
| | 5. 媒体对卫生监督机构和执法工作的正面宣传报道情况 | |

续表

| 项目 | 工作内容 | 考察方式 |
|------|---------|---------|
| （六）卫生监督信息报告工作 | 1. 有健全的卫生监督信息报告管理制度，明确信息报送流程、信息安全管理、资料的保存与利用、培训和考核评估等内容 | 查阅相关资料、记录；现场检查和抽查 |
| | 2. 有专（兼）职卫生监督信息报告管理员 | |
| | 3. 按照《卫生监督信息报告管理规定》要求，及时、准确、规范、完整完成信息报告 | |
| （七）突发公共卫生事件应急处置 | 1. 有组织、有预案 | 查阅相关台账资料、记录 |
| | 2. 年度内组织开展培训和演练各不少于1次 | |
| | 3. 突发事件卫生应急信息报告及处置工作及时规范，有相应的处理记录 | |
| （八）计划外任务 | 按要求及时完成上级交办的其他任务 | 结合日常检查的情况，查阅相关台账 |
| 二、综合管理 | | |
| （一）内部考核 | 1. 对内设机构实行综合目标管理，制定目标管理责任书和目标管理的实施细则，每个人有明确的岗位职责 | 查阅考核制度、考核指标、要求和档案 |
| | 2. 建立人员考核制度，健全德、能、勤、绩、廉等方面的考核指标和要求，人员年度考核记录健全 | |
| （二）政务公开 | 1. 卫生监督机构基本情况、执法依据、卫生监督制度、工作动态、卫生行政许可、卫生监督监测情况、大要案查处、听证等情况向社会公开 | 查看网站、公示栏、图书资料、媒体资料、指示牌、文书等；查看许可窗口公示材料 |

续表

| 项目 | 工作内容 | 考察方式 |
|---|---|---|
| （三）稽查管理 | 1. 制订年度稽查工作计划<br>2. 对本单位卫生监督员行政执法行为进行系统稽查，每年不少于2次<br>3. 对下级卫生监督机构及其卫生监督员行政执法行为进行专项稽查，每年不少于1次 | 查阅相关台账资料；现场检查卫生监督员着装风纪；结合文书抽查；检查监督员持证情况 |
| （四）信访举报 | 1. 建立24小时信访举报电话处理制度 | 检查制度执行情况 |
| | 2. 有专门部门负责投诉举报的受理<br>3. 规范处理，记录完整，及时反馈，按时办结率100% | 查阅相关台账，抽查10份投诉举报案卷 |
| （五）档案管理 | 每年6月前完成上年度文件材料归档 | 查阅相关台账资料 |
| 三、作风建设 | | |
| （一）职业道德和惩防体系建设 | 1. 实行首问负责制；使用文明礼貌用语；卫生行政执法人员遵守职业道德规范 | 查阅相关台账资料；结合平时工作检查有无违法违规违纪行为 |
| | 2. 建立完善党风廉政建设责任制和惩防制度；签订工作责任状；开展宣传教育活动；对违纪人员按有关制度处理 | 查阅相关台账资料、职工座谈走访 |
| （二）满意度调查 | 1. 服务相对人满意度达85%以上 | 召开服务相对人座谈会；查阅许可目录，随机抽取30～50家发放满意度调查表进行问卷调查 |
| | 2. 职工满意度达85%以上 | 抽取20名职工召开座谈会，并发放满意度调查表进行问卷调查（人数少于20人的机构全体参加） |
| （三）受到表彰奖励情况 | 获得地市（厅）级以上党委、政府表彰（文明单位、先进集体、五一劳动奖章等）；获得地市级三等以上科技进步奖 | 查阅相关文件、证书、奖牌等 |

### 四、广东省卫生行政执法保障条件要求及考察方式

广东省卫生行政执法保障条件的考察主要从以下五个方面进行：第一，机构设置，包括机构建立、机构性质、科室设置、派出机构（县、涉农区）和规章制度；第二，人员配备，包括人员编制、人员培养、人员录用和卫生监督聘任；第三，经费保障，包括人员经费、工作经费、业务经费和农村公共卫生服务专项资金（县级）；第四，设备装备，包括房屋建设、现场快速检测设备、车辆配备、执法取证工具及办公设备和信息化建设；第五，加分项目。具体保障条件要求及考察方式如表13所示。

表13 广东省卫生行政执法保障条件要求及考察方式

| 项目 | 保障条件要求 | 考察方式 |
| --- | --- | --- |
| 一、机构设置 | | |
| （一）机构建立 | 1. 当地政府加强卫生监督工作的领导，建立职责明确、行为规范、执法有力、保障到位的卫生监督体系，并将卫生监督体系建设纳入当地经济社会发展规划和公共卫生建设规划 | 查阅相关文件、规划、编制、组织机构代码证、财务及劳动工资报表 |
| | 2. 机构独立设置，人、财、物实行独立管理 | |
| （二）机构性质 | 1. 卫生监督机构是行政执法机构 | 查阅人事、编制部门文件 |
| | 2. 人员按照公务员管理或参照公务员管理 | |
| （三）科室设置 | 1. 根据承担的职责设置综合管理、卫生许可、监督检查、食品安全综合协调、稽查等相应职能的专业处（科）室 | 查阅人事、编制部门批复、本单位有关内设科室职责的文件、人员名录以及工作台账等 |
| | 2. 科室职责明确、分工合理、运行协调 | |

续表

| 项目 | 保障条件要求 | 考察方式 |
|---|---|---|
| （四）派出机构（县、涉农区） | 1. 常住人口超过 10 万的乡镇设立 1 个卫生监督派出机构；对于常住人口不足 10 万的乡镇，若干个乡镇设 1 个卫生监督派出机构，达到每 10 万人口有 1 个卫生监督派出机构 | 查阅有关机构建立的文件、工作制度、岗位职责、人员名录、固定资产台账等材料；实地抽查 1 个派出机构查看运行情况 |
|  | 2. 工作职责明确，运行有序 |  |
|  | 3. 人员配置合理，每个派出机构不少于 3 人；经费保障到位；有不小于 80 平方米的专用工作用房；有电脑、数码相机、机动车或助力车 |  |
| （五）规章制度 | 建立健全规章制度和工作程序，规范卫生监督行为，完善内部制约机制 | 查阅台账资料 |
| 二、人员配备 |  |  |
| （一）人员编制 | 1. 根据辖区人口、工作量、服务范围和经济水平合理制定<br>省级：辖区常住人口 7000 万以上，不少于 150 人；辖区常住人口 4000 万以上，不少于 120 人；辖区常住人口 1000 万以上，不少于 70 人；辖区常住人口 1000 万以下，不少于 50 人<br>地市级：辖区常住人口 500 万以上，不少于 100 人；辖区常住人口 300 万以上，不少于 60 人；辖区常住人口 100 万以上，不少于 50 人；辖区常住人口 100 万以下，不少于 40 人<br>县级：不少于辖区常住人口的 1 人/万人，并且最低不少于 15 人调整因素：西部地区根据地形地貌因素上调 10%，东部地区根据流动人口因数和经济水平因数上调 10%，直辖市上调 15%；以城镇人口为主的地区上调 15% | 查阅人事、编制部门文件、统计年鉴 |
|  | 2. 实有在编人员数不少于核定编制数的 80% |  |

| 项目 | 保障条件要求 | 考察方式 |
|---|---|---|
| （二）人员培养 | 1. 制订人才队伍建设规划 | 查阅机构人才队伍建设规划、机构人员人事档案、学历证明 |
| | 2. 卫生监督员大专以上学历达到98%（省级）、95%（地市级）、80%（县级）以上 | |
| | 3. 2006年后新录用专业人员均为专科以上学历 | |
| | 4. 卫生监督员人数不低于本机构在职在编人数的85% | |
| （三）人员录用 | 1. 新录用人员参照国家公务员录用管理规定执行 | 查阅相关公开招考制度、招考公告及相关材料 |
| | 2. 有录用管理制度，并发布招考公告，进行考试考核 | |
| | 3. 发布录用公示 | |
| （四）卫生监督聘任 | 1. 实行卫生监督员聘任制度，聘任率100% | 查阅卫生监督员聘任前培训和考试记录、有关管理制度、证件及相关资料 |
| | 2. 考试合格并取得资格 | |
| 三、经费保障 | | |
| （一）人员经费 | 人员经费按照当地人事、编制部门核定的编制内实有人数、政府规定的工资、补贴标准，由同级财政纳入预算内全额核拨 | 查阅人事、编制部门文件、年度预决算报告等 |
| （二）工作经费 | 公务费按照当地财政部门核准行政执法机关的定额标准，由同级财政纳入预算内定额核拨 | 查阅规定公务费定额标准的财政部门文件及年度预决算报告等 |
| （三）业务经费 | 1. 卫生行政执法等专项业务经费，根据卫生监督执法工作需要，列出明细项目，合理安排，逐项落实 | 查阅年度预决算报告；财政部门的卫生事业经费预决算报告等 |
| | 2. 增长幅度不低于当地政府卫生总支出的增长幅度 | |

续表

| 项目 | 保障条件要求 | 考察方式 |
|---|---|---|
| （五）农村公共卫生服务专项资金（县级） | 按有关规定要求，农村公共卫生服务专项资金总额的一定比例，用于县以下（含县级）基层开展公共卫生监管和医疗服务监督等 | 查阅财政、卫生部门的资料 |
| 四、设备装备 | | |
| （一）房屋建设 | 1. 人均工作用房不少于40平方米 | 查阅有关建设资料、房屋产权证或长期使用权证明文件，实地查看 |
| | 2. 具有办公室、会议室、办理发证大厅、投诉接待室、询问调查听证室（陈述告知室）、快速检测分析室、计算机房、档案室、文印室和应急处置室、值班室、样品室、罚没物品暂存室、图书资料室、库房、司机值班室、更衣室、消毒室、车库等相应的功能用房，布局合理，配套设施齐全，运行正常 | |
| | 3. 拥有相应的房屋产权证明或长期使用权证明 | |
| | 4. 无危房或临时搭建房 | |
| （二）现场快速检测设备 | 1. 公共卫生与医疗服务监督等现场快速检测设备的数量和性能符合标准要求 | 查阅固定资产台账、凭证和规章制度；现场核查设备储存场所并调试相关设备，查验性能是否完好 |
| | 2. 设备的保管和维护制度健全 | |
| | 3. 设备能正常使用，完好率100%，人员会使用 | |
| （三）车辆配备 | 1. 执法车辆每4~8名卫生监督员配1辆 | 查阅车辆行驶证明，现场核查 |
| | 2. 配备1辆现场快速检测车，车载设备满足现场工作需要（省、地市级） | |
| | 3. 车辆性能良好 | |
| | 4. 执法车外观标识符合卫生行政部门统一要求 | |

续表

| 项目 | 保障条件要求 | 考察方式 |
|------|------------|---------|
| （四）执法取证工具及办公设备 | 按标准要求配置录音、照相、摄像等相应执法取证工具及办公设备，并能正常使用 | 查阅固定资产台账，随机抽查设备配置、使用情况 |
| （五）信息化建设 | 1. 按标准要求配置信息化设备，设备完好、正常使用率均达100%（省级） | 查阅固定资产台账，现场查看设备配置及运行情况 |
| | 2. 建立内部局域网络系统 | |
| | 3. 使用国家统一开发或省（市）自行开发的卫生监督业务管理软件 | |
| | 4. 建立门户网站（省、地市级），信息及时更新 | |
| | 5. 内设专门的信息化管理机构（省级） | |
| 五、加分项目 | 政府加强机构建设，提升监督机构及其内设机构行政级别适应执法需要的 | |

## 第三节 广东省卫生行政执法案例

### 一、研究对象

在北大法宝数据库中，以《中华人民共和国执业医师法（2009修正）》检索案例与裁判文书，选择案由为"行政"，审理法院选择广东省范围，查找案例自2014年起，共得4134条结果。引用单条，逐条检索案例，找出广东省近五年的案例共229条结果。其中，引用单条第 39 条进行检索，共得到 135 条。由检索结果可见，对《执业医师法》第 39 条的引用是最多的。数据足够引起案例间可比性。如表 14 所示。

表 14　2014 年起北大法宝数据库行政案例与裁判文书中对执业医师法逐条引用情况

| 引用条数 | 广东省 | 全国 |
| --- | --- | --- |
| 2 | 1 | 28 |
| 4 | 9 | 243 |
| 8 | 1 | 227 |
| 13 | 3 | 244 |
| 14 | 50 | 1250 |
| 19 | 6 | 125 |
| 21 | 2 | 19 |
| 23 | 7 | 47 |
| 30 | 2 | 12 |
| 37 | 13 | 152 |
| 39 | 135 | 1787 |
| 总计 | 229 | 4134 |

## 二、检索方法

此次检索得到上百条结果，引用法律不一定代表案例特征，因此进一步人工阅读、手动筛选，记录案例题目，防止重复筛选，将这些案例按照机构类型、处罚对象、违法事实、违法场所、处罚力度进行分析。

## 三、分析和结果

其中约 130 个行政非诉审查与执行行政裁定书是对非法行医相关人的行政处罚；另外少数是医疗机构违反《执业医师法》第 14 条的案

例，主要是诊所、按摩中心这样的小型医疗机构，也不乏基层医院；来源为群众举报的案例仅有三起，其他均为卫生行政机构监督检查执法中发现。未发现广东省医疗机构用实习生等无医师执照人员的情况，说明广东省卫生行政执法普遍及时性、常规化，并不是都等到出了问题才去取证判罚。

### 四、案例反思

1. 由非法行医行政处罚文书难以知晓行政裁量标准

根据《执业医师法》第三十九条规定，未经批准擅自开办医疗机构行医或者非医师行医的，由县级以上人民政府卫生行政部门予以取缔，没收其违法所得及其药品、器械，并处十万元以下的罚款。行政机构依法作出罚款金额虽都在十万元以下，但是金额从五元到十万元不等。其中部分区县的案例文书未有提及具体违法行为；未发现有对患者造成伤害的案例；记录有非法所得金额的案例，其数量也不足以发现规律；再找出其中有记录非法行医时间的，罚款金额与非法行医持续时间之间也没有发现关联性。

显然，由于文书包含的要素不尽相同，由非法行医行政处罚文书难以知晓确切的行政裁量标准。如在本研究的案例中，并未发现罚款金额与非法行医持续时间之间存在相关性。深圳市龙岗区卫生行政部门对杨某某罚款八万元，但是杨某某非法行医时间为2015年12月2日至2016年3月21日，仅有三个多月时间，对比被判罚两万元而非法行医持续时间长达一年多的邹某某，明显有差异，后者由罗湖区卫生行政部门作出，同属深圳市。而且杨某某一例文书中未提及违法所得金额，也未提及被申请人杨某某对患者、对社区、对社会造成的影响；文书中明确写出其开展诊疗活动地点，不属于从重裁量因素中的"非医师无固定地点执业"。

如果说杨某某可能是属于违法所得数额两万元以上而只是文书未提

及，则中山市有两起文书内容明确，处罚却差异明显的案例：黄某某违法所得630元，非法行医时间为2017年3月1日至4月18日，处罚3000元；而詹某某违法所得553元，时间为2015年8月30至12月9日，却处罚20000元。笔者通过百度检索查到詹某某在非法行医前在同一街道注册一口腔用品店，现已是注销状态，后者可能会造成更大的社会影响而导致处罚金偏高。

2. 各地市、各区级卫生行政部门处罚金额尺度不统一

为进一步规范广东省卫生行政处罚自由裁量权的行使，广东省卫生行政部门于2012年发布并实施《广东省卫生厅关于规范行政处罚自由裁量权的试行规则》，其中第十九条规定，各级卫生行政部门在实施行政处罚时，应当按照《广东省卫生行政处罚自由裁量权细化标准（试行）》（下称《细化标准》）行使自由裁量权，确定处罚种类、幅度。根据细化标准第二条，对于违法情节较轻的非法行医案件，即初次非医师行医，未造成危害后果且主动改正的，裁量标准为取缔，没收违法所得及其药品、器械，并处四万元以下罚款。具体内容如表15所示。

本研究检索的三起深圳市福田区卫生行政部门提出的处罚申请案例，都详细说明了非法药品名称及数量，而提及的非法行医时间均为具体某一天，即行政执法人员监督检查的当天，没有提及查明违法持续时长和违法所得，结果都是处罚一万元，而深圳市其他区判罚多为两万或三万元；检索的29起中山市行政处罚非法行医文书，其中情节较轻的处罚在三千到五千元之间，与深圳市相比，地区差异明显；检索得到59例惠州市案例，由于该市文书均没有说明具体非法行医时长、违法所得，无法深入分析，但其中罚款五万元的有24例，罚款三万元的有16例，罚款一万元的有11例。

### 表15　行政处罚自由裁量权细化标准（试行）第2条

| 序号 | 违法行为 | 违反规定 | 处罚依据 | 行政处罚种类及幅度 | 裁量因素 | | | | 裁量标准 |
|---|---|---|---|---|---|---|---|---|---|
| 2 | 非医师行医 | 《中华人民共和国执业医师法》第十四条：医师经注册后，可以在医疗、预防、保健机构中按照注册的执业地点、执业类别、执业范围执业，从事相应的医疗、预防、保健业务。未经医师注册取得执业证书，不得从事医师执业活动。第十九条：申请个体行医的执业医师，须经注册后在医疗、预防、保健机构中执业满五年，并按照国家有关规定办理审批手续；未经批准，不得行医。县级以上地方人民政府卫生行政部门对个体行医的医师，应当按照国务院卫生行政部门的规定，经常监督检查，凡发现有本法第十六条规定的情形的，应当及时注销注册，收回医师执业证书 | 《中华人民共和国执业医师法》第三十九条：未经批准擅自开办医疗机构行医或者非医师行医的，由县级以上人民政府卫生行政部门予以取缔，没收其违法所得及其药品、器械，并处十万元以下的罚款；对医师吊销其执业证书；给患者造成损害的，依法承担赔偿责任；构成犯罪的，依法追究刑事责任 | 取缔，没收违法所得及其药品、器械，罚款，吊销执业证书 | 非医师无固定地点执业的 | 违法所得数额两万元以上 | 造成严重后果的 | 第三次非医师行医的 | 取缔、没收违法所得及其药品、器械，并处六万元以上十万元以下罚款，吊销医师执业证书；涉嫌违法犯罪的，依法移送司法机关 |
| | | | | | 违法所得数额5000元以上的，或者第二次非医师行医的 | | | 一般 | 取缔、没收违法所得及其药品、器械，并处四万元以上六万元以下罚款 |
| | | | | | 初次非医师行医，未造成危害后果且主动改正的 | | | 从轻 | 取缔、没收违法所得及其药品、器械，并处四万元以下罚款 |

## 第四节　基于案例的制度反思

### 一、卫生行政执法体系不完善

目前，广东省卫生行政执法体系建设滞后，各地卫生行政执法机构未纳入政府行政执法序列（5＋1），机构设置五花八门，人员编制严重不足，执法方式十分落后，执法设备十分短缺，直接影响执法效能。各级卫生健康行政部门对卫生行政执法体系建设的认识不一，各地机构设置不统一，有独立设置卫生监督机构的，有卫生健康行政部门内设执法支队的，有卫生健康行政部门直接承担监督执法职责的，有卫生健康行政部门设置派出机构承担监督执法职责的。从 2000 年机构改革至今仍有 19 个市辖区未成立卫生监督机构，2019 年机构改革又撤销了 6 个地市级和 14 个县区级卫生监督机构，目前广东省仅有省、市、区三级卫生监督机构 106 家，卫生行政执法体系建设明显滞后于经济社会发展的要求，滞后于健康广东战略实施的需求。卫生监督部门仍采取"委托下属事业单位执法"的模式，按医疗、公共场所、职业健康、放射卫生等职能划分进行分工执法，没有形成整体执法机制。从目前广东省已进行改革的六个地市级卫生监督机构的情况来看，不但未能增强执法队伍建设，反而削弱了卫生行政执法的力量和权威。

近年来各级政府进一步简政放权到基层，各镇街卫监分所在近年来不断承接上级下放的各项职能，镇卫监分所的工作面更广，执法任务更繁重，责任更重大。如果把镇街卫监分所撤并，纳入社区卫生服务中心，卫监分所人员不可避免会承担社区卫生服务中心的其他服务工作，与上级政府在近年来提倡要不断加强镇（街道）卫生监督体系建设的政策方向相违背，不符合"加快推进广东省突发公共卫生事件应急管理体系和能力建设"等相关政策指导意见。同时，镇社区卫生服务中心是镇卫监分所的监管对象，如果镇卫监分所合并到社区卫生服务中心，日后在履行对社区卫生站的医疗监督执法工作职责中，基层卫生监督的角色很难定位，难免有"同室操戈"的现象，会造成社区卫生服务中心医疗监督执法举步维艰的尴尬局面。

### 二、卫生行政执法权责利不匹配

卫生行政执法工作涉及医疗卫生机构、学校、宾馆酒店、商场超市等各类公共场所，共计50多个行业，按照《国务院办公厅关于改革完善医疗卫生行业综合监管制度的指导意见》文件精神，卫生行政执法机构将对医疗卫生行业实施全行业的综合监管，监管内容将扩展到医疗卫生机构运行所有环节和相关因素。尤其是职业健康职能重新移交卫生健康行政部门后，虽然近年广东省职业健康工作取得积极成效，但广东省是经济大省、工业大省和流动人口大省，工业企业数量大，接触职业危害因素从业人员多，职业病防治形势依然严峻，劳动者职业健康保障水平与全面建成小康社会还不相适应，存在职业危害风险的企业和接触职业危害因素的劳动者数量庞大。

广东省原安全监管部门建立省、市、县三级监管执法队伍并在职业健康监督检查执法方面发挥了重大作用，省、市、县三级职业健康专职专编人员502名，并且矿山、危化、工贸和执法监察等科（处、股）室将职业健康作为日常监督执法的重要内容。但本轮机构改革职业健康工作职能调整到卫生健康行政部门，各级划转至卫生健康行政部门人员编制仅178名，仅占原职业健康专职专编人员的35.5%。其中长期从事职业健康监管执法的人员转隶118名，仅占23.5%。机构改革"编随事走，人随编走"的原则要求在部分基层地区落实不够到位，原有人员编制没有随同职能一并转隶。各级卫生健康行政部门下属卫生监督机构职业卫生监督执法力量薄弱。作业场所由原各级安全监管部门负责的近 10 年间，依托各级党委、政府实行"一岗双责"制度，省、市、县、镇街四级网络近 2 万人（其中乡镇街道配备有专职安全巡查员 1.6 万人），负责安全生产与职业健康的日常监管执法和巡查工作。

### 三、卫生行政执法人员与能力无法满足监管需求

卫生行政执法人员匮乏，卫生法学教育没有得到重视，缺乏从立法、执法、司法和守法各环节去解决公共卫生问题的能力。截至 2019 年年底，广东省仅有卫生行政执法人员 3032 名，每万人口卫生监督员仅 0.27 人，远低于全国平均数（每万人口卫生监督员 0.44 人），排全国倒数第一。而监管的单位数多达 150 万家，为全国监管单位数最多的省份。卫生监督执法人员与执法工作量严重不匹配，无法满足当前日益繁重的卫生监督执法工作需求，无法及早发现卫生健康领域的重大风险。

### 四、硬件建设滞后和投入不足

卫生行政执法机构财政资金得不到有效保障，越到基层，政府对卫生行政执法机构的投入比重越少，经济欠发达地区的政府投入更少，机构难以维持日常运作，如汕尾市、清远市等市的县级卫生监督机构一年办公经费为 4800 元/人。广东省 80% 的卫生监督机构办公场所面积达不到要求，无法设置执法辅助用房；大部分县区级卫生监督机构只有一至两台执法车，相当部分达到报废期也无法更新；监督执法取证装备、快速检测设备得不到良好的保障。

### 五、公共卫生应急管理的执法机制亟待健全

按照《广东省突发公共卫生事件应急办法》，省和地级以上市卫生行政主管部门应当设立由疾病预防控制、职业中毒防治、医疗救治和卫生监督等专业技术人员，以及高等院校、科研院所科研人员参加的不同

类别的应急处理专家组，负责进行突发事件的流行病学调查、事故分析、应急评估以及医疗救治和现场应急处理的指导。但在新冠肺炎疫情处置过程中，各级卫生监督机构仅作为疫情防控措施落实的执行机构，均未纳入疫情防控指挥体系成员参与疫情防控决策部署，使疫情防控决策部署到防控措施落实监督检查之间出现一定的时空交叉缺位。

### 六、卫生行政执法行为定性的合法性依据不明确

《基本医疗卫生与健康促进法》第九十四条明确了卫生健康监督机构的法律地位，赋予卫生健康监督机构行政执法职责，但实际工作中卫生监督行政执法的性质一直不明确，容易造成越权或失职。因此需进一步强化并合理划分各级疾控机构职能，研究《行政强制法》以及《传染病防治法》修改后赋予疾控机构必要的行政监督执法权限。

### 七、系统配置无法满足信息化监管需求

广东省卫生行政执法信息管理系统的部署和使用需进一步完善和推进。目前虽已建成省级卫生监督信息系统和数据中心，但信息系统以收集日常监督和执法数据为主，无法满足"互联网＋监管"模式的需求，系统数据分析功能还有待建设，不能满足现代信息化管理的要求。

## 第五节　广东省卫生行政执法体系建设的必要性

### 一、卫生法律体系要求建立卫生健康综合执法体系

《基本医疗卫生与健康促进法》第九十四条规定，"县级以上地方人民政府卫生健康主管部门及其委托的卫生健康监督机构，依法开展本行政区域医疗卫生等行政执法工作"，明确了卫生健康监督机构依法开

展本行政区域医疗卫生等行政执法工作，赋予卫生健康监督机构行政执法职责。

**二、医疗体制改革需要卫生健康监管体系的支撑**

党的十八大以来，以习近平同志为核心的党中央高度重视卫生健康工作，党的十九大提出实施"健康中国"战略，从党和国家事业发展全局的高度对实施"健康中国"战略作出了一系列重大部署。

2018年8月，国务院出台了《关于改革完善医疗卫生行业综合监管制度的指导意见》（国办发〔2018〕63号），明确到2020年，建立职责明确、分工协作、科学有效的综合监管制度，健全机构自治、行业自律、政府监管、社会监督相结合的多元化综合监管体系，形成专业高效、统一规范、文明公正的卫生健康执法监督队伍，实现医疗卫生行业综合监管法治化、规范化、常态化。

中共广东省委广东省人民政府《关于建设卫生强省的决定》（粤发〔2015〕15号）要求"理顺卫生计生综合监督体制，整合监督执法力量和资源，进一步加强行政许可和行政处罚等制度建设，建立健全综合监督执法保障机制"。此外，《关于进一步加强我省公共卫生人才队伍建设的若干措施》的通知（粤办发〔2020〕3号）、《关于完善重大疫情防控体制机制健全公共卫生应急管理体系的若干意见》、《广东省改革完善医疗卫生行业综合监管制度实施方案的通知》（粤府办〔2019〕6号）等文件，均要求健全卫生健康行政执法体系，整合公共卫生、医疗卫生、计划生育、中医药、职业安全健康等卫生行政执法职能和队伍，组建卫生健康综合行政执法队伍。

**三、机构改革要求加强卫生健康监管综合执法**

党的十九大、十九届三中全会明确提出要全面深化党和国家机构改革，全面推进依法治国。国家卫生计生委、中央编办等六部委联合下发

《关于进一步加强卫生计生综合监督行政执法工作的意见》（国卫监督发〔2015〕91号），要求："改革和完善卫生计生综合监督行政执法工作。各地可根据中央精神，结合实际，因地制宜推进改革。卫生计生、中医药行政部门应整合卫生、计生现有行政执法机构和职责，明确行政执法工作任务。整合后的卫生计生综合监督行政执法机构负责监督检查卫生计生法律法规的落实情况，依法开展公共场所卫生、饮用水卫生、学校卫生、医疗卫生、职业卫生、放射卫生、传染病防治、计划生育和中医服务等综合监督行政执法工作，查处违法行为。"

## 第六节  广东省卫生行政执法体系建设对策建议

我国的行政组织体系是"条块分割又条块交叉"的体系。一方面，从中央到地方，不同层级政府内部是块状的管理体制，卫生行政部门只是政府的其中一个职能，政府要真正实现社会福利和公平性，就需要多部门协作；另一方面，国家法律与地方性法规、卫生部门自身自上而下的政策传递和指导，又是典型的纵向管理体系，即"条"管理。应以条块畅达、执行有力为目标，不断加强卫生行政执法体系的建设。

### 一、卫生行政执法的机构改革

落实国家事业单位改革要求，统一公共卫生行政执法模式，可借鉴深圳市卫生监督局模式，进行机构改革，实行三级架构二级管理的运作模式，实现卫生行政执法独立化运作；或者参考南海模式，设镇（街道）建制的卫生监督分所，提高卫生监督效能，建设坚固的网底。也可内设卫生健康行政部门行政执法机构，对部门执法资源进行整合，在卫生健康领域推进行政执法职能和机构整合，实行部门内部综合执法。

## 二、建立全覆盖、科学、稳定的卫生行政执法网络

依托现有卫生监督机构架构，按照深圳市卫生监督局模式，建立省、市、县（区）、街（镇）四级卫生健康监督机构为主，社区（村、居）卫生健康监督协管站为补充的执法网络，市、县（区）级卫生健康执法机构可根据实际工作需求设置派出执法机构（为派出机构的内设机构）。各政府部门、行业、企业等设立专门的卫生监督工作人员，与卫生行政执法网络对接。各级卫生健康执法机构性质为行政执法机构，人员为行政执法编公务员。未设卫生监督机构的地级以上市、县（县级市、区）恢复卫生监督机构39家；租借办公用房且面积达不到标准的机构，按《卫生监督机构建筑参考图集》标准迁址新建56家；自有办公用房但面积达不到标准的机构，迁址新建28家；租借办公用房面积达到标准需转产权并修缮的有6家；自有办公用房但面积达不到标准，需修缮的有2家；自有办公用房且面积达到标准需修缮机构有14家。

## 三、规范卫生行政执法职能定位

按照《中华人民共和国基本医疗卫生与健康促进法》第九十四条，将各地卫生监督机构纳入政府行政执法序列予以明确，各级卫生健康执法机构在同级卫生健康行政部门领导下承担卫生健康监督执法工作。要整合执法资源，全面下沉卫生行政执法力量，彻底打破卫生计生监督所原有按医疗、公共场所、职业健康、放射卫生等职能划分的"上有职能科室，下有执法队伍"分工执法模式，调整机构设置，明确和整合执法职责，开展综合执法，形成"职能综合管理、一街一镇一站"的工作格局。

### 四、充实卫生行政执法人员配置

按照《中共广东省委广东省人民政府关于建设卫生强省的决定》及其建设指标体系，达到全省每万人口配备 1 ~ 1.5 名卫生行政执法人员。其中，省级卫生健康执法机构按全省每万人口配备 0.02 名执法人员；市级按全市每万人口配备 0.15 名执法人员且每机构不少于 50 人；县级按辖区每万人口配备 1 名执法人员且每机构不少于 30 人；街（镇）级按每街（镇）配备 2 名执法人员（东莞、中山市的镇级卫生健康执法机构按每万人口配备 1 名执法人员且每机构不少于 10 人配备执法人员）；社区（村、居）级按每社区（村、居）配备 1 名卫生健康监督协管员。短期内可考虑参照公安部门聘用编外辅警的做法，聘用一批编外卫生行政执法协管人员，协助卫生监督员开展工作，从长远考虑可按照省规划要求逐步增加卫生行政执法人员编制。

### 五、建立健全卫生行政执法责任制

建立健全卫生行政执法责任制和过错责任追究制度，加大对违规行为的通报和追责力度，同时明确尽职履责免于追究责任的条款。同时健全执法考核体系，突出主责主业，科学设置考核标准，加大对内部执法人员和下级卫生健康监督执法机构执法考核力度，树立正确执法导向。为解决以条块联动为基础的卫生行政执法体制问题，在研究—制定—实施—监督—解困—推进—落实各方面形成责任闭环，落实"全行业"联防联控和群防群治督察责任，设置一定程度的容错纠错机制。

### 六、完善执法程序标准

需完善执法程序标准，进一步规范卫生健康监督执法具体操作流程，制定行政执法规范，健全监督执法工作指引。建立健全双随机抽查、行政执法全过程记录、行政执法公示、行政处罚决定法制审核等监督执法核心制度，完善卫生健康综合监督执法与刑事司法衔接机制，实现阳光执法、规范执法。

### 七、实施严格的卫生行政执法人员培训和准入制度

健全完善省级实训基地和依托高校合作的培训机制，开展实践学习，不断提升执法队伍的整体素质能力。结合放管服工作要求，在广州、深圳、韶关等多个地级市建设 20 个实训基地（10 个市级、10 个县区级），按照分级培训原则，加强对基层卫生行政执法人员的培训。加强新入职卫生行政执法人员初任培训、卫生行政执法人员轮训、卫生行政执法人员日常培训、卫生行政执法人员专业培训（专家、首席）、紧缺专业人才培训（医疗卫生、职业卫生）、卫生行政执法管理干部培训以及卫生监督协管员培训，适应公共卫生事件处置的需求。

遴选传染病防治、医疗卫生、公共场所卫生等重点专业首席卫生监督员；健全完善省级实训基地和依托高校合作的培训机制，区别不同专业类别、不同层次、不同岗位的卫生行政执法人员和协管员，开展培训教育，不断提升执法队伍的整体素质和能力。

### 八、加快卫生行政执法智能化建设

加快卫生行政执法智能化建设，按照"互联网＋卫生行政执法"的建设思路，完善全省卫生行政执法信息平台；完善移动执法设备、执法全过程记录设备、在线监督监测设备的配备和使用，提高卫生行政执法综合监管效能。结合广东省"互联网＋监管""数字广东"等信息化要求，总结推广深圳市"智慧卫监"系统，建成集应急指挥、移动执法、在线监测、医疗服务智能监管、绩效考核、信息管理、指挥调度等功能一体化的信息化系统。

### 九、提升应急综合执法能力

提升卫生行政机构的应急能力，卫生监督部门定期组织临床和公卫专家对医院发热门诊、院感部门以及疾控中心的医护人员进行群体性不明原因发热处理和报告等工作进行培训，提高医务人员的前哨预警意识、能力和效率。市场监管管理机构与卫生监督机构联合执法对农贸市场的卫生及合法经营等问题进行监督管理，在对其进行卫生行政执法的同时也应该联合城市规划发展部门，合理安排好摊位密度、市场位置等问题。

### 十、落实卫生行政执法经费保障

各级财政部门（卫生健康行政部门）要根据实际工作需要，保障卫生健康执法机构所需各项经费，落实各级卫生健康执法机构办公用房配置，严格按照原卫生部办公厅《关于印发〈卫生监督机构建筑参考图集〉的通知》要求配置办公用房，保证各业务辅助用房科学合理配置。

### 十一、发挥社会主体的社会责任和行业规制功能

对接"社会共治"的要求，制定公共卫生监管的行业标准。参考食品安全、生产安全和市场监管领域的行业认证标准化的做法，针对企业、政府机构和公共场所制定公共卫生管理的认证标准。认证机构需要获得政府认可，推动形成地方行业标准，指导其他企业公共卫生的监管，发挥各主体的社会责任和行业规制、自我监管功能。建立医疗卫生诚信体系，建立卫生健康诚信"红名单"和失信"黑名单"制度和公示制度，并与政府的社会征信体系并轨，建设包含基础信息库、不良信息库、黑名单信息库、联合惩戒信息推送等的信用信息系统，对接发改部门信用信息系统，发挥卫生行政执法处罚应有的作用。

# 第三章　传染病防治执法

## 第一节　传染病防治的理论概念

### 一、传染病防治的概念

（一）传染病的概念及特点

传染病是一类由各种病原体引起的能在人与人、动物与动物以及人与动物之间相互传播的疾病。这些病原体主要包括细菌、病毒、立克次体、螺旋体、寄生虫等，它们一般通过感染的人、动物或储存宿主直接或间接的在易感者之间引起传播（董晨等，2018）。现代传染病学普遍认为，传染病与其他疾病相比，有如下几个特征：有病原体，每一种传染病都有特异的病原体，主要是微生物或寄生虫；有传染性，这是传染病与其他感染性疾病的主要区别；有流行病学特征，在质的方面有外来性和地方性之分，在量的方面有散发性、流行和大流行之分；有感染后免疫（彭文伟，2018），有些传染病还有季节性或地方性。传染病传播是病原体从已感染者身体排出，经过一定的传播途径，传入易感者而形成新的传染的全部过程。

传染病的分类尚未统一，可以按病原体分类，也可以按传播途径分类，还可以按是否纳入法定管理范畴进行分类。《中华人民共和国传染病防治法》（以下简称《传染病防治法》）根据传染病的危害水平和应采取的监督、监测、管理措施，参照国际上统一分类标准，结合我国的实际情况，将全国发病率较高、流行面较大、危害严重的 39 种急性和慢性传染病列为法定管理的传染病，依法进行监管。这些传染病称为法定传染病（陈云良，2019）。

（二）传染病防治的概念

传染病防治法是指由国家制定并且颁布的，由国家强制力保证实施的，调整预防、控制和消除传染病的发生与流行、保障人体健康活动中产生的各种社会关系的法律规范的总称。

涉及传染病防治的法律法规包括《传染病防治法》《国境卫生检疫法》《传染病防治法实施办法》《国境卫生检疫法实施细则》《国境口岸卫生监督办法》《艾滋病防治条例》《血吸虫病防治条例》《疫苗流通和预防接种管理条例》《预防接种实施工作实施办法》《性病防治管理法》《结核病防治办法》《病原微生物实验室生物安全管理条例》等专门的传染病防治法律、法规和规章。同时，我国《水污染防治法》《生物安全法》《食品安全法》《药品管理法》《疫苗管理法》《母婴保健法》《献血法》《血液制品管理条例》等法律法规中，也有有关传染病防治的法律条文；甚至在《职业病防治法》中也涉及传染病防治，如职业性森林脑炎、布氏杆菌病、炭疽病。

（三）传染病防治的方针和原则

国家对传染病防治实行预防为主的方针，防治结合、分类管理、依靠科学、依靠群众的原则（全国人大常委会，2013）。

1. 预防为主

是指传染病防治要把预防工作放在首位，通过采取各种防治措施，使传染病不发生、不流行。预防为主是我国卫生工作的基本方针。预防为主并不是不要重视医疗，而是要求无病防病，有病治病，立足于防。

2. 防治结合

是指在贯彻预防为主方针的前提下，实行传染病的预防措施和治疗措施相结合。这既符合管理传染源、切断传播途径、保护易感人群等传染病防治要求，又适应由过去单纯的生物医学模式向生物—心理—社会医学模式的转变。

3. 分类管理

是指根据传染病不同病种的传播方式、传播速度、流行强度以及对人体健康和社会危害程度的不同所确定的一种科学管理原则，以便有计划地采取不同的措施，更好地降低防控成本，提高防控水平和效果。

4. 依靠科学

是指在传染病防治工作中，要发扬科学精神，坚持科学决策；普及科学知识，加强科学引导；做好科学预防，实行科学治疗；依靠科学技术，组织科学攻关。

5. 依靠群众

是指传染病防治工作的依靠力量是群众，工作对象也是群众，所以传染病防治工作离不开群众的支持和配合，必须以群众自觉参与和积极配合为条件。

（四）传染病的预防

采取切实可行的预防措施做好预防工作，切断传播途径，保护易感人群，控制传染源，对防止传染病的发生和流行具有重要意义。对此，《传染病防治法》规定了下列几项预防措施（全国人大常委会，2013）：

1. 地方各级人民政府的预防措施

各级人民政府组织开展群众性卫生活动，进行预防传染病的健康教育，倡导文明健康的生活方式，提高公众对传染病的防治意识和应对能力，加强环境卫生建设，消除鼠害和蚊、蝇等病媒生物的危害。各级人民政府农业、水利、林业行政部门按照职责分工负责指导和组织消除农田、湖区、河流、牧场、林区的鼠害与血吸虫危害，以及其他传播传染病的动物和病媒生物的危害，铁路、交通、民用航空行政部门负责组织消除交通工具以及相关场所的鼠害和蚊、蝇等病媒生物的危害。地方各级人民政府应当有计划地建设和改造公共卫生设施，改善饮用水卫生条件，对污水、污物、粪便进行无害化处置。

县级以上地方人民政府应当制定传染病预防、控制预案，报上一级人民政府备案。传染病预防、控制预案应当包括以下主要内容：传染病预防控制指挥部的组成和相关部门的职责；传染病的监测、信息收集、分析、报告、通报制度；疾病预防控制机构（以下简称疾控机构）、医疗机构在发生传染病疫情时的任务与职责；传染病暴发、流行情况的分级以及相应的应急工作方案；传染病预防、疫点疫区现场控制，应急设施、设备、救治药品和医疗器械以及其他物资和技术的储备与调用。地方人民政府和疾控机构接到国务院卫生行政部门或者省、自治区、直辖市人民政府发出的传染病预警后，应当按照传染病预防、控制预案，采取相应的预防、控制措施。

各级人民政府应当加强艾滋病的防治工作，采取预防、控制措施，防止艾滋病的传播。具体办法由国务院制定。

县级以上人民政府农业、林业行政部门以及其他有关部门，依据各自的职责负责与人畜共患传染病有关的动物传染病的防治管理工作。与人畜共患传染病有关的野生动物、家畜家禽，经检疫合格后，方可出售、运输。

2. 国家实行有计划的预防接种制度

国务院卫生行政部门和省、自治区、直辖市人民政府卫生行政部门，根据传染病预防、控制的需要，制定传染病预防接种规划并组织实施。用于预防接种的疫苗必须符合国家质量标准。国家免疫规划项目的预防接种实行免费。医疗机构、疾控机构与儿童的监护人应当相互配合，保证儿童及时接受预防接种。具体办法由国务院制定。

3. 国务院卫生行政部门制定国家传染病监测规划和方案

省、自治区、直辖市人民政府卫生行政部门根据国家传染病监测规划和方案，制定本行政区域的传染病监测计划和工作方案。各级疾控机构对传染病的发生、流行以及影响其发生、流行的因素进行监测；对国外发生、国内尚未发生的传染病或者国内新发生的传染病，进行监测。

4. 国家建立传染病预警制度

国务院卫生行政部门和省、自治区、直辖市人民政府根据传染病发生、流行趋势的预测，及时发出传染病预警，根据情况予以公布。

5. 国家建立传染病菌种、毒种库

对传染病菌种、毒种和传染病检测样本的采集、保藏、携带、运输和使用实行分类管理，建立健全严格的管理制度。对可能导致甲类传染病传播的以及国务院卫生行政部门规定的菌种、毒种和传染病检测样本，确需采集、保藏、携带、运输和使用的，须经省级以上人民政府卫生行政部门批准。具体办法由国务院制定。

## 二、传染病防治法的立法宗旨

每个公民生存和发展的基本前提是生命健康，生命健康权也是每个公民重要的基本人权。传染病的流行发展迅速，影响范围大，对广大人民群众的生命健康造成威胁。我国坚持以预防为主，防治结合，分类管理，依靠科学，依靠群众的原则，积极开展传染病防治工作。

传染病防治的意义可从两方面去探讨。

第一，传染病的危害程度。因为传染病会散播，继续蔓延，而且传播速度很快，会导致许多人在短时间内遭受相同的病痛或死亡威胁；而且传染病引发的经济损失也很大，即如在病人的患病期间，自然人不仅无法进行生产工作，还需要不少医疗费用来救治，有时甚至引发残障，使社会和个人蒙受损失。另外，来自疫区的产品也可能因此而滞销，从而造成更多不可估计的经济损失。以 2003 年非典疫情（SARS）为例，世界卫生组织（WHO）估计，非典疫情给世界造成的经济损失高达 300 亿美元，给全球经济和社会带来沉重打击。

第二，预防传染病的效应。一般而言，预防传染病所得的效益，远较预防一般疾病更可能节省因疾病导致的经济损失（陈云良，2019）。我国实施计划免疫以来，通过疫苗接种，减少结核、脊髓灰质炎、麻疹、百日咳、白喉、破伤风等疾病发病三亿多人，减少死亡 400 万例（陈曦，2012）。


### 三、流行病学调查

流行病学调查（以下简称流调）指对人群中疾病或者健康状况的分布及其影响因素进行调查研究，提出疾病预防控制措施及保健对策（北京预防医学会，2020）。

#### （一）流行病学调查的分类

##### 1. 观察性研究

观察性研究是指研究者不对被观察者的暴露情况加以限制，通过现场调查分析的方法，进行流行病学研究。在概念上与实验性研究相对立。观察性研究主要包括横断面研究、病例对照研究和队列研究三种方法。

2. 实验性研究

实验性研究是指在研究者的控制下，对研究对象施加或消除某种因素或措施，以观察此因素或措施对研究对象的影响。实验性研究可划分为临床试验、现场试验和社区干预试验三种试验方式。

3. 数学模型研究

又称理论流行病学研究，即通过数学模型的方法来模拟疾病流行的过程，以探讨疾病流行的动力学，从而为疾病的预防和控制、卫生策略的制定服务。例如，人们通过模拟 AIDS/HIV 在不同人群中和社会经济状况下的流行规律来预测 AIDS/HIV 对人类的威胁并比较不同干预策略预防和控制 AIDS/HIV 的效果。

（二）流行病学调查方案

实施流调方案前，首先要制定流调设计方案，它包括资料的搜集、整理和分析计划。搜集资料的计划在整个设计中占主要地位，包括以下内容：（1）明确调查目的和指标。（2）确定研究对象和观察单位。（3）选择调查方法。（4）决定采取的调查方式。（5）设计调查项目和调查表。（6）估计样本含量。

传染病流调方案包括调查目的、调查对象、调查内容和方法、组织与实施等。掌握传染病发病情况、暴露史、接触史等流行病学相关信息，做好密切接触者的排查，才能防范传染病的蔓延和传播。以下以新冠疫情的流调指南为例，介绍如何开展传染病流调。

1. 调查目的

（1）调查病例的发病和就诊情况、临床特征、危险因素和暴露史。

（2）发现和管理密切接触者。

2. 调查对象

（1）散发病例：包括散在发生的疑似病例、确诊病例和无症状感染者。

（2）聚集性病例：通过流行病学个案调查，查找有密切接触或共同暴露史的确诊病例、疑似病例或无症状感染者。

3. 调查内容和方法

（1）个案调查

区级疾控机构接到报告后，应于24小时内完成流调，可通过查阅资料，询问病例、知情人和接诊医生，查看监控影像资料和大数据轨迹分析等方式开展。

（2）聚集性疫情调查

区级疾控机构根据网络直报信息和病例个案调查情况，依据相关方案的定义，判定聚集性疫情后，应当立即开展调查。

4. 组织与实施

按照"属地化管理"原则，由病例就诊医疗机构所在的区级卫生行政部门组织疾控机构开展传染病病例的流调。

5. 信息的上报与分析

区级疾控机构完成确诊病例、无症状感染者个案调查或聚集性疫情调查后，应当于两小时内，将个案调查表或调查报告及时通过网络报告系统进行上报。同时将流调分析报告报送本级卫生行政部门和上级疾控机构。

# 第二节　传染病防治执法的概述

## 一、我国传染病防治执法的历史溯源

### （一）传染病防治的历史

中华人民共和国成立之初，天花、鼠疫、霍乱、血吸虫等传染病在我国肆虐流行，严重危害人民群众的健康。20 世纪 80 年代，随着经典传染病逐步得到控制，病毒性肝炎、肝病的诊治成为感染科医生主要的工作内容。20 世纪 90 年代至 21 世纪初，随着乙肝疫苗接种纳入计划免疫以及各种抗病毒治疗的普及，感染科开始回归大感染本质，工作重点逐渐由病毒性肝炎、肝病诊治转向以细菌、真菌诊疗能力提升为重点的大感染学科建设。

1. 消灭天花

天花是一种由天花病毒引起的烈性传染病，死亡率高达 25%。早在 10 世纪，中国即发明了人痘接种术。1688 年，俄国派医生到北京学习人痘接种，人痘接种术开始传向全世界（马合木提，2020）。人痘接种保护了许多人的生命，但被接种者仍有 2% 的死亡率。1796 年，英国医生爱德华·琴纳为一名 8 岁男孩接种牛痘成功，开创了牛痘接种预防天花的新时代。

1950 年 1 月至 8 月，中国境内天花患者有 44211 例，分布在全国广泛的地域，这一年，因天花而死亡者有 7765 人。为消灭天花，1950 年 10 月，中央人民政府发布周恩来总理签发的《关于发动秋季种痘运动的指示》，作出在全国推行普遍种痘的决定。随后，原卫生部颁布《种痘暂行办法》，在全国推行免费普种牛痘。

1950 年，北京天花疫苗接种率达到 80%，成为中国首先消灭天花的城市。到 1952 年，全国各地接种牛痘达五亿多人次。到 1958 年，全国天花病例数锐减为 300 多例。

1959 年，有 6 个人从缅甸把天花带到云南省沧源县担甲区单甲大寨。随后，又有 2 个人从境外把天花带到了云南省沧源县，这一次天花流行共造成 672 人发病，96 人死亡。这是中国最后一次天花暴发流行。随着 1961 年我国最后一例天花病人的痊愈，中国境内再未见到天花病例。

1966 年，WHO 在第 19 次世界卫生大会上决定开展全球性扑灭天花运动，并通过了消灭天花的决议。1977 年 10 月 26 日，全球最后一例天花患者，索马里炊事员阿里·马奥·马丁被治愈。1980 年 5 月 8 日，WHO 在肯尼亚首都内罗毕召开的第 33 次世界卫生大会上宣布，危害人类数千年的天花已被根除。此后，全球停止了牛痘接种。我国消灭天花比全世界消灭天花早了十几年（董铎，2007）。

2. 防治血吸虫

血吸虫病在我国有 2100 多年的历史，是一种严重危害人类健康和社会经济发展的人畜共患寄生虫病。1949 年初期，血吸虫病在我国南方 12 省、市、自治区的 370 个县（市）流行，累计感染者达 1160 万，有钉螺面积为 148 亿平方米，受威胁人口达一亿以上。

从 1949 年至 20 世纪 70 年代初，我国主要采取了以灭螺为主、辅以酒石酸锑钾治疗的综合措施，虽然钉螺滋生地显著减少，感染人群数量大幅下降，但并未消灭血吸虫病，且酒石酸锑钾疗程长，对心脏和肝脏毒性大。20 世纪 70 年代中期，高效低毒的治疗药物吡喹酮问世，血吸虫病防控得到极大改善，流行率和患病率大幅下降。从 20 世纪 90 年代开始，我国血吸虫病防治策略调整为大规模人群服用吡喹酮以及健康教育等措施。

防治血吸虫病是一项长期工程。2001 年 WHO 认为全球控制血吸虫病的总策略是减少疾病危害而非消灭，但将血吸虫病作为可局部消灭的一种疾病。传染源控制为主的综合防控措施，以及《全国预防控制血吸虫病中长期规划纲要（2004—2015 年）》的有效实施，有力推动了我国血吸虫病消除工作进程。2008 年，全国达到血吸虫病疫情控制标准，2015 年达到血吸虫病传播控制标准。此后我国血吸虫病防治工作已全面向传播阻断乃至消除迈进。

2016 年以后，我国血吸虫病流行区继续坚持"预防为主、标本兼治、分类指导、综合治理、联防联控"的工作方针，因地制宜实施以传染源控制为主的综合防治策略（张键锋等，2019），力争实现《"十三五"全国血吸虫病防治规划》确定的截至 2020 年年底，全国 96.5%的血吸虫病流行县（市、区）达到传播阻断或消除标准，其中达到消除标准的县（市、区）占流行县（市、区）的 75% 以上，以及《"健康中国 2030"规划纲要》提出的到 2030 年全国所有流行县（市、区）达到血吸虫病消除标准的目标（《光明日报》，2019）。

3. 防治结核病

结核病是伴随人类历史最长，造成死亡人数最多的慢性传染病。在 20 世纪 40 年代链霉素等抗结核药物发明之前，结核病几乎是不治之症。

早在 1933 年，中国就成立了中国防痨协会，在一些城市开设防痨诊所。1937 年，中华医学会结核病学分会成立。1949 年，全国有防治机构 12 个，床位 600 余张，X 线机 29 台，专业从事防痨工作的医护人员 120 名。当时，我国结核病患病率高达 1750/10 万，死亡率 200/10 万。

中华人民共和国成立后，在北京先后成立了中央结核病防治研究所和卡介苗推广委员会。各级防痨机构逐步充实与发展。到 20 世纪 60 年代中期，北京、上海等大城市结核病患病率、死亡率已降至与日本同期相当。1979 年第一次全国结核病流行病学抽样调查结果显示，我国活动性肺结核患病率为 717/10 万，涂阳肺结核患病率 187/10 万，较 1949 年大幅下降。

自 1981 年开始，国家制定并实施了三个全国结核病防治十年规划。2005 年 1 月，启动了结核病管理信息系统。2011 年国务院办公厅又下发了《全国结核病防治规划（2011—2015 年）》。2013 年，原卫生部发布《结核病防治管理办法》。

近年来，我国结核病疫情上升势头得到有效遏制，结核病防治取得了举世瞩目的成就。2010 年第五次全国结核病流行病学抽样调查显示，我国活动性肺结核患病率为 459/10 万，其中传染性肺结核患病率为

66/10 万，较 1979 年下降了 64%。

4. 乙肝疫苗接种纳入国家免疫规划

中国是乙型肝炎高流行区，1992 年第二次全国乙肝血清学调查显示，人群乙肝病毒表面抗原（HBsAg）阳性率为 9.75%。

20 世纪 90 年代初，田庚善教授、庄辉院士等向国家谏言，强调乙肝疫苗接种的重要性。1992 年，原卫生部正式将乙肝疫苗接种纳入计划免疫管理，同时颁布了《全国乙肝疫苗免疫接种实施方案》。2002年，又将乙肝疫苗纳入国家免疫规划，免费为新生儿提供乙肝疫苗接种，并要求新生儿出生后 24 小时内接种乙肝疫苗。

2006 年，为评价国家将乙肝疫苗纳入免疫规划的效果，原卫生部组织开展了全国乙肝血清流行病学调查，结果显示，出生儿童 HBsAg 阳性率从 1992 年的 9.67% 降至 2005 年的 0.96%，降幅达 90%。2012年 5 月，我国通过 WHO 西太区验证，实现了将 5 岁以下儿童 HBsAg 携带率控制在 2% 以下的目标，并提前实现了到 2017 年将 5 岁以下儿童 HBsAg 携带率控制在 1% 以下的目标。

近年来，我国新生儿乙肝疫苗接种率持续保持在 95% 以上，儿童感染率逐年显著下降。2014 年第四次全国乙肝血清学调查显示，全国一至四岁儿童 HBsAg 阳性率为 0.3%，较 2006 年下降超六成。

5. 病毒性肝炎、肝病防治

病毒性肝炎、肝病领域近年来的发展与国内感染病学界一大批专家的奉献是分不开的。

2000 年，在西安召开的全国病毒性肝炎大会上，中华医学会感染病学分会第六届委员会主任委员斯崇文教授主导对《病毒性肝炎防治方案》进行了更新。2005 年，中华医学会感染病学分会第七届委员会主任委员翁心华教授与中华医学会肝病学分会主任委员庄辉院士共同牵头编写并发布了《慢性乙肝防治指南》和《丙型肝炎防治指南》。这两部指南的发布为推动我国病毒性肝炎防治做出了积极贡献，指导了全国的临床实践。

6. 防控流行性出血热

流行性出血热又被称为肾综合征出血热，是由归属于汉坦病毒的一组病毒引起，以鼠类为主要传染源，经多种方式传播，以发热、低血压休克、充血出血和肾损害为主要表现。20 世纪 80 年代在我国暴发流行，年发病人数达 10 万例以上，病死率超过 10%。

党和国家高度重视流行性出血热防治工作，在原卫生部组织领导下，中华医学会传染病与寄生虫病学分会成立了流行性出血热学组，由于丹萍教授担任组长，组织国内临床专家开展出血热临床诊断和治疗研究，制订了我国《流行性出血热防治方案》，提出预防性治疗等一系列行之有效的诊疗方案，大大降低了出血热的发病率和病死率。

（二）传染病防治法的历史

1. 第一部传染病防治法的诞生

1988 年，上海大规模暴发甲肝疫情。自 1988 年 1 月 19 日起，上海地区急性甲肝疫情骤然上升，开始每天约为一两百例病人，接着三四百例，后来是每天一两千例，数日之内发病数成倍增长，高峰期持续 16 天，2 月 1 日达到顶峰，病例数超过 19000 例，截至 3 月 18 日，收到急性甲肝报告病例数为 292301 例，平均罹患率 4082.6/10 万，为常年发病率的 12 倍。该疫情的发生和扩散既有人口密集、易感人群多、市民爱食用毛蚶等客观原因，也有传染病监测、预警不足，政府对公共卫生重视不够等主观原因（康来仪等，1989）。该事件直接推动了我国公共卫生领域第一部法律——《中华人民共和国传染病防治法》（以下简称"1989 年《传染病防治法》"）的诞生。1989 年《传染病防治法》实施后，对于预防、控制和消除传染病的发生和流行，为保护公众不被传染病侵害、保护公共利益起到了极其重要的作用。

2. 新传染病防治法的出台

2002 年 11 月，在广州突然出现首例急性呼吸窘迫的病例，随即重症甚至死亡病例涌现，并且疫情相继在包括首都北京在内的一些城市和地区蔓延，大有急速扩张之势。世界卫生组织于不久正式将该病定名为"SARS"，中文名为非典型性急性呼吸窘迫综合征。突如其来的 SARS 疫情考验着我国的法律制度。中央以及地方各级政府采取了许多措施对抗疫情（上海人大，2013）。这些措施的法律效果分别涉及诸多方面，其中留验观察、隔离治疗等抗 SARS 措施涉及人身自由。这些涉及法律保留的权利限制措施受到各界的议论，甚至是诟病（杜国明等，2007）。从当时可适用的 1989 年《传染病防治法》第二十四条规定可见，抗 SARS 疫情中的情况显然并非是可从既存的实定法中寻找到有效的应对措施。以实定法为根据，抗 SARS 措施的合法性存疑是显而易见的。支撑抗 SARS 措施的，尤其是其中涉及人身自由的措施的，并不是适用于平常状态的实定法体系，而是在非常状态下的其他因素，即人们对"必要性"的认识起着决定性的作用，即如果不采取现行的抗 SARS 措施则难以预防或遏制 SARS 的疫情发展。处于非常状态的当前，是人们对采取抗 SARS 措施"必要性"的认识为这些措施提供了正当性基础，使其有效的作用得以维持（朱芒，2003）。2003 年 5 月中旬，经国务院第七次常务会议通过的《突发公共卫生事件应急条例》颁布。这个条例根据防控 SARS 的经验，相对于 1989 年《传染病防治法》，实际上扩大了强制性隔离措施的适用范围，同时扩大了政府及有关部门在适用强制性防控手段方面的权力。

2004 年，对 1989 年《传染病防治法》的修订被列入全国人大当年的立法计划。从 4 月初到 8 月底，传染病防治法的整个修订工作用时五个月全部完成，经中华人民共和国第十届全国人民代表大会常务委员会第十一次会议审议通过，于 2004 年 12 月 1 日起实施（以下简称 2004 年《传染病防治法》）。

2013 年 6 月 29 日第十二届全国人民代表大会常务委员会第三次会议《关于修改〈中华人民共和国文物保护法〉等十二部法律的决定》

修正《传染病防治法》，通过一揽子修改法律的方式，对传染病防治法中有关调整法定传染病种类和分级的职责、程序等规定进行了完善，将第三条第五款修改为："国务院卫生行政部门根据传染病暴发、流行情况和危害程度，可以决定增加、减少或者调整乙类、丙类传染病病种并予以公布。"；第四条增加一款，作为第二款："需要解除依照前款规定采取的甲类传染病预防、控制措施的，由国务院卫生行政部门报经国务院批准后予以公布。"

## 二、传染病防治执法的法律体系及主要职能

### （一）传染病防治执法的法律体系

在进行传染病防控的过程中，我国逐渐形成了初具规模的，包括法律、法规、部门规章制度、地方性法规和规范性文件在内的传染病防治法律体系。表 16 对我国主要的传染病防治相关法律法规进行了梳理。

**表 16  传染病防治相关法律体系梳理**

| | 名称 | 通过时间* | 实施时间 | 规范内容 |
|---|---|---|---|---|
| 法律 | 中华人民共和国国境卫生检疫法 | 2007. 12. 29 | 2007. 12. 29 | 防止传染病由国外传入或者由国内传出，实施国境卫生检疫，保护人体健康。 |
| | 中华人民共和国传染病防治法 | 2013. 06. 29 | 2013. 06. 29 | 预防、控制和消除传染病的发生与流行，保障人体健康和公共卫生。 |
| | 中华人民共和国疫苗管理法 | 2019. 06. 29 | 2019. 12. 01 | 加强疫苗管理，保证疫苗质量和供应，规范预防接种，促进疫苗行业发展，保障公众健康，维护公共卫生安全。 |

续表

|  | 名称 | 通过时间* | 实施时间 | 规范内容 |
|---|---|---|---|---|
| 法规 | 中华人民共和国传染病防治法实施办法 | 1991.12.06 | 1991.12.06 | 预防、控制和消除传染病的发生与流行。 |
|  | 中华人民共和国国境卫生检疫法实施细则 | 2016.02.06 | 2016.02.06 | 防止传染病由国外传入或者由国内传出，实施国境卫生检疫，保护人体健康。 |
|  | 艾滋病防治条例 | 2019.03.02 | 2019.03.02 | 预防、控制艾滋病的发生与流行，保障人体健康和公共卫生。 |
|  | 病原微生物实验室生物安全管理条例 | 2018.03.19 | 2018.03.19 | 加强病原微生物实验室生物安全管理，保护实验室工作人员和公众的健康。 |
|  | 突发公共卫生事件应急条例 | 2011.01.08 | 2011.01.08 | 有效预防、及时控制和消除突发公共卫生事件的危害，保障公众身体健康与生命安全，维护正常的社会秩序。 |
| 规章 | 结核病防治管理办法 | 2013.02.20 | 2013.03.24 | 预防、控制结核病的传播和流行，保障人体健康和公共卫生安全。 |
|  | 突发公共卫生事件与传染病疫情监测信息报告管理办法 | 2006.08.22 | 2006.08.22 | 加强突发公共卫生事件与传染病疫情监测信息报告管理工作。 |
|  | 传染性非典型肺炎防治管理办法 | 2003.05.12 | 2003.05.12 | 有效预防和控制传染性非典型肺炎的发生与流行，保障公众的身体健康和生命安全。 |

续表

| | 名称 | 通过时间* | 实施时间 | 规范内容 |
|---|---|---|---|---|
| | 医疗机构传染病预检分诊管理办法 | 2005.02.28 | 2005.02.28 | 规范医疗机构传染病预检、分诊工作，有效控制传染病疫情，防止医疗机构内交叉感染，保障人民群众身体健康和生命安全。 |
| | 传染病病人或疑似传染病病人尸体解剖查验规定 | 2005.04.30 | 2005.09.01 | 为了及时查明传染病病因，提高传染病诊疗水平，有效控制传染病流行，防止疫情扩散。 |
| | 人间传染的高致病性病原微生物实验室和实验活动生物安全审批管理办法 | 2016.01.19 | 2016.01.19 | 加强实验室生物安全管理，规范高致病性病原微生物实验活动。 |
| | 性病防治管理办法 | 2012.11.23 | 2013.01.01 | 预防、控制性病的传播流行，保护人体健康。 |
| 地方法规 | | | | |
| 北京 | 北京市突发公共卫生事件应急条例 | 2020.09.25 | 2020.09.25 | 建设统一高效的公共卫生应急管理体系，预防、有效控制和应对突发公共卫生事件。 |
| 上海 | 上海市公共卫生应急管理条例 | 2020.10.27 | 2020.11.01 | 提高公共卫生应急能力，预防和减少公共卫生事件发生，控制、减轻和消除其社会危害，保障公众生命安全和身体健康。 |
| 广东 | 广东省突发公共卫生事件应急办法 | 2003.11.27 | 2003.11.27 | 提高公共卫生应急能力，预防和减少公共卫生事件发生。 |

续表

| | 名称 | 通过时间* | 实施时间 | 规范内容 |
|---|---|---|---|---|
| | 深圳经济特区突发公共卫生事件应急条例 | 2020.08.31 | 2020.10.01 | 全面提高应对突发公共卫生事件的能力,保障公众生命安全和身体健康,维护正常的社会秩序。 |
| 浙江 | 浙江省突发公共卫生事件应急办法 | 2020.10.27 | 2020.12.01 | 提高全社会预防、控制和处理突发公共卫生事件的能力和水平,减轻或者消除突发公共卫生事件的危害,保障公众生命安全和身体健康。 |
| 规范性文件 | | | | |
| 国家 | 国务院办公厅关于加强传染病防治人员安全防护的意见 | 2015.01.06 | 2015.01.06 | 高度重视传染病防治工作,关心爱护防治人员的职业安全和身心健康。 |
| | 国家卫生健康委办公厅关于进一步加强学校传染病防控监督工作的通知 | 2020.05.20 | 2020.05.20 | 贯彻落实中央关于抓好常态化疫情防控措施落地见效的决策部署,督促学校做好疫情防控工作。 |
| | 关于做好老年人新型冠状病毒感染肺炎疫情防控工作的通知及解读 | 2020.01.28 | 2020.01.28 | 进一步做好老年人新型冠状病毒感染的肺炎疫情防控工作,助力打赢疫情防控阻击战。 |
| | 关于做好儿童和孕产妇新型冠状病毒感染的肺炎疫情防控工作的通知 | 2020.02.02 | 2020.02.02 | 进一步做好儿童和孕产妇新型冠状病毒感染的肺炎疫情防控工作、助力打赢疫情防控阻击战。 |

注:*或最新修订时间

(二) 卫生监督机构的职能

1. 传染病防治卫生监督职责及要求（全国人大常委会，2013）

省级卫生行政部门及其综合监督执法机构职责：（1）制订全省（区、市）传染病防治卫生监督工作规划、年度计划，以及相应工作制度；根据传染病防治卫生监督工作情况，确定年度重点监督工作；（2）组织实施全省（区、市）传染病防治卫生监督工作及相关培训；（3）对下级传染病防治卫生监督工作进行指导、督查；组织协调、督办、查办辖区内传染病防治重大违法案件；（4）承担国家卫生监督抽检任务，组织实施辖区内卫生监督抽检；（5）负责全省（区、市）传染病防治卫生监督信息管理及数据汇总、核实、分析和上报工作；（6）承担上级部门指定或交办的传染病防治卫生监督任务。

设区的市、县级卫生行政部门及其综合监督执法机构职责：（1）根据本省（区、市）传染病防治卫生监督工作规划、年度计划，结合实际，制订辖区内传染病防治卫生监督计划，明确重点监督内容并组织落实；（2）组织开展辖区内传染病防治卫生监督培训工作；（3）组织开展辖区内医疗卫生机构预防接种、传染病疫情报告、传染病疫情控制措施、消毒隔离制度执行情况、医疗废物处置及病原微生物实验室生物安全管理等传染病防治日常卫生监督工作；（4）组织查处辖区内传染病防治违法案件；（5）负责辖区内传染病防治卫生监督信息的汇总、核实、分析和上报工作；（6）设区的市对县级传染病防治卫生监督工作进行指导、督查；（7）承担上级部门指定或交办的传染病防治卫生监督任务。

省级和设区的市级综合监督执法机构应当明确具体科（处）室，负责传染病防治卫生监督工作；县级综合监督执法机构应当有负责传染病防治监督的科室或指定专人从事传染病防治卫生监督工作。实施现场卫生监督前，监督人员应当明确传染病防治卫生监督任务、方法、要求，检查安全防护装备，做好安全防护。实施现场卫生监督时，发现违法行为，应当依法收集证据；在证据可能灭失或以后难以取得的情况下，应当依法先行采取证据保全措施。

县级以上地方综合监督执法机构应当建立传染病防治卫生监督档案，掌握辖区内医疗卫生机构的基本情况及传染病防治工作情况。

## 2. 传染病疫情报告的卫生监督（全国人大常委会，2013）

监督检查疾病预防控制机构传染病疫情报告情况时，主要采取以下方法：（1）查阅设置疫情报告管理部门或明确疫情报告管理职责分工的文件资料，核查疫情报告管理部门和专职疫情报告人员，查阅传染病疫情报告管理制度；（2）查阅传染病疫情报告和审核记录、各类常规疫情分析报告等文字资料，核查设置疫情值班、咨询电话的情况；核查收到无网络直报条件责任报告单位报送的传染病报告卡后，进行网络直报的情况；（3）查阅传染病疫情通报制度，与港口、机场、铁路疾病预防控制机构以及国境卫生检疫机关互相通报甲类传染病疫情的记录；与动物防疫机构互相通报动物间和人间发生的人畜共患传染病疫情以及相关信息的记录；（4）检查传染病疫情网络直报设备运行情况，疫情报告人员现场演示传染病的报告、审核确认、查重等情况；（5）查阅与传染病疫情报告相关的其他记录情况。

监督检查医疗机构传染病疫情报告情况时，主要采取以下方法：（1）查阅设置疫情报告管理部门或明确疫情报告管理职责分工的文件资料，核查专职疫情报告人员；查阅传染病报告管理制度，内容应当包括传染病诊断、登记、报告、异常信息的快速反馈、自查等方面。（2）查阅诊疗原始登记（包括门诊日志、出入院登记、检验和影像阳性结果）、传染病报告卡、传染病网络直报信息等资料，核查未按照规定报告传染病疫情或隐瞒、谎报、缓报传染病疫情报告的情况；（3）查阅开展传染病疫情报告管理内部自查的记录及有关资料；（4）查阅定期组织临床医生、新上岗人员开展传染病报告管理专业培训与考核的资料；（5）检查传染病疫情网络直报专用设备及运转情况，专职疫情报告人员演示传染病网络直报操作；（6）对不具备网络直报条件的县级以下医疗机构，查阅传染病报告登记记录。

监督检查采供血机构传染病疫情报告情况时，主要采取以下方法：（1）查阅传染病疫情报告管理制度；（2）查阅 HIV 抗体检测两次初筛阳性结果登记情况，以及献血者或供浆员登记簿，核查 HIV 初筛阳性结果报告情况及送检确认情况；（3）对于设置疫情网络直报系统的机构，检查疫情报告人员演示网络直报操作，检查传染病疫情网络直报系统的运转情况；（4）对不具备网络直报条件的机构，查阅传染病报告登记记录。

3. 传染病疫情控制的卫生监督（全国人大常委会，2013）

监督检查医疗机构传染病疫情控制时，主要采取以下方法：（1）查阅传染病预检、分诊制度和应急处理预案等管理文件；（2）检查感染性疾病科或分诊点设置情况和预检、分诊落实情况；（3）检查医疗卫生人员、就诊病人防护措施落实情况；（4）检查对传染病病人、疑似传染病病人提供诊疗服务情况；（5）检查对法定传染病病人或者疑似传染病病人采取隔离控制措施的场所、设施设备以及使用记录。查阅对被传染病病原体污染的场所、物品以及对医疗废物实施消毒或者无害化处置的记录。

4. 传染病防治卫生监督——消毒产品、饮用水、学校和公共场所（全国人大常委会，2013）

对用于传染病防治的消毒产品及其生产单位进行监督检查，对传染病菌种、毒种和传染病检测样本的采集、保藏、携带、运输、使用进行监督检查。《传染病防治法》第五十五条规定，县级以上地方人民政府卫生行政部门在履行监督检查职责时，发现被传染病病原体污染的公共饮用水源、食品以及相关物品，如不及时采取控制措施可能导致传染病传播、流行的，可以采取封闭公共饮用水源、封存食品以及相关物品或者暂停销售的临时控制措施，并予以检验或者进行消毒。经检验，属于被污染的食品，应当予以销毁；对未被污染的食品或者经消毒后可以使用的物品，应当解除控制措施。

（四）疾病预防控制机构的职能

1. 疾病预防控制机构在传染病预防方面的职能（全国人大常委会，2013）

各级疾病预防控制机构在传染病预防控制中履行下列职责：（1）实施传染病预防控制规划、计划和方案；（2）收集、分析和报告传染病监测信息，预测传染病的发生、流行趋势；（3）开展对传染病疫情和突发公共卫生事件的流行病学调查、现场处理及其效果评价；（4）开展传染病实验室检测、诊断、病原学鉴定；（5）实施免疫规划，负责预防性生物制品的使用管理；（6）开展健康教育、咨询，普及传染病防治知识；（7）指导、培训下级疾病预防控制机构及其工作人员开展传染病监测工作；（8）开展传染病防治应用性研究和卫生评价，提供技术咨询。

国家级、省级疾病预防控制机构负责对传染病发生、流行以及分布进行监测，对重大传染病流行趋势进行预测，提出预防控制对策，参与并指导对暴发的疫情进行调查处理，开展传染病病原学鉴定，建立检测质量控制体系，开展应用性研究和卫生评价。

　　设区的市和县级疾病预防控制机构负责传染病预防控制规划、方案的落实，组织实施免疫、消毒、控制病媒生物的危害，普及传染病防治知识，负责本地区疫情和突发公共卫生事件监测、报告，开展流行病学调查和常见病原微生物检测。

2. 疾病预防控制机构在疫情报告方面的职能（全国人大常委会，2013）

　　疾病预防控制机构应当主动收集、分析、调查、核实传染病疫情信息。接到甲类、乙类传染病疫情报告或者发现传染病暴发、流行时，应当立即报告当地卫生行政部门，由当地卫生行政部门立即报告当地人民政府，同时报告上级卫生行政部门和国务院卫生行政部门。疾病预防控制机构应当设立或者指定专门的部门、人员负责传染病疫情信息管理工作，及时对疫情报告进行核实、分析。

3. 疾病预防控制机构在疫情控制方面的职能（全国人大常委会，2013）

　　疾病预防控制机构发现传染病疫情或者接到传染病疫情报告时，应当及时采取下列措施：（1）对传染病疫情进行流行病学调查，根据调查情况提出划定疫点、疫区的建议，对被污染的场所进行卫生处理，对密切接触者，在指定场所进行医学观察和采取其他必要的预防措施，并向卫生行政部门提出疫情控制方案；（2）传染病暴发、流行时，对疫点、疫区进行卫生处理，向卫生行政部门提出疫情控制方案，并按照卫生行政部门的要求采取措施；（3）指导下级疾病预防控制机构实施传染病预防、控制措施，组织、指导有关单位对传染病疫情的处理。

### 三、国外传染病防治执法的应对机制

（一）美国传染病防治的应对机制

美国疾病控制和预防中心（Centers for Disease Control）是负责美国民众传染病防治的主要部门。CDC 主要职责是与美国政府部门以及其他机构合作，提供健康监视和预防体系，落实疾病预防的计划和措施，管理全国健康的统计数据，提供检疫指导、工作场地安全和环境疾病预防等服务，并与众多国家合作提供国际疾病传播监管服务。CDC 下辖国家敏感疾病和传染病研究所（NIAID）、公众健康预防中心（CPHP）、全国职业安全和健康研究所（NIOSH）等机构，为 CDC 提供各项强有力的支持（张黎明等，2003）。

美国很早就建立了重大突发公共卫生事件"国家—州—地方"三级应对管理体系。即以国家层面的美国疾控中心（CDC）、地区/州层面的医院应急准备系统（HRSA）和地方层面的大都市医疗应对系统（MMRS）为主干形成的一个立体化、多层次的综合应急管理网络（全球技术地图，2020）。

（二）英国、法国等欧洲国家传染病应对机制

1. 英国

1988 年，英国修订了《传染病防治法》。在传染病管理方面，英国按照分类对传染病进行报告和管理。医疗机构和诊所除了发现疑似和确诊的国际检疫传染病需要立即报告外，麻风、疟疾、狂犬病、病毒性出血热及任何疾病引起的暴发疫情也需要立即上报，上报的个案按照现住址管理的原则发送至英格兰或威尔士的首席医疗官。而其他法定上报的传染病则上报至地区或港口的医疗官就可以了，地方或港口每周统计传染病的情况汇总后再上报国家原卫生部。对病例的管理也是细化到每种疾病，部分疾病的患者需要隔离治疗，部分疾病的接触者可以自愿免费接受免疫接种（The Secretary of State for Health，1988）。

2. 法国

法国 1990 年对《传染病管理条例》进行了全面修订，将传染病分为国家级国际级管理的 A 类及省一级管理的 B 类，分别采取不同的报告及管理标准。法国对白喉、百日咳、脊髓灰质炎、麻疹、风疹、腮腺炎和猩红热等传染病设置了具体的隔离期限，在病例返回学校或工作岗位前要开具无传染性证明文件。

3. 欧盟

2003 年 12 月欧洲议会和欧盟委员决议成立了欧洲疾病预防控制中心（ECDC），以加强欧盟各国在传染病防控方面的协作。欧洲疾病预防控制中心的工作网络实际包含了各国的公共卫生研究所、院及负责传染病防控的其他机构。

欧洲疾病预防控制中心的主要任务就是动员加强欧洲各国传染病防控机构的共享和合作，建立全欧洲的流行病学监测和实验室网络，在监测的基础上开展早期预警和反应，并给予各国科学建议，提高各国在突发公共卫生事件上的应对能力（黎新宇等，2007）。

（三）日本、韩国的传染病应对机制

1. 日本

日本国立感染病研究所（相当于中国 CDC）负责全国传染病疫情的监测工作，基层医疗机构将监测信息报告当地的基层保健所，然后由保健所上报至国立感染症研究所。发生群发性症状，一般先由当地的保健所组织调查处理。日本的《感染症预防法》制定了 100 多年，2003 年修订后将传染病分为六类管理，同时对传染病的密切接触者也分为浓厚密切接触者、高危密切接触者和低危密切接触者三类进行管理，对于不同的传染病和不同级别的密切接触者实行不同的防护处置措施。除《感染症预防法》外，还有一些与传染病防治有关的单行法律，如《狂犬病预防法》和《检疫法》等（杜红，2004）。

2. 韩国

2015 年韩国暴发中东呼吸综合征（MERS）疫情，保守估计经济损失将达到 180 亿美元（搜狐重庆资讯，2015）。韩国政府决定由保健福祉部下属的韩国疾控中心（KCDC）掌管传染病管理工作。韩国发生大规模传染病疫情时，KCDC 内部的应急行动中心（EOC）全面负责防疫工作。EOC 是根据 2015 年 9 月 1 日重组的国家疾病控制系统建立的，旨在加强该国应对传染病的能力。EOC 每天 24 小时运作，以接收通知，并收集有关新出现和重新出现的传染病暴发的信息，如可能导致公共卫生危机的 MERS 疫情（Korean Disease Control and Prevention Agency，2015）。在韩国的 MERS 疫情过后，政府正式向公众公布了《国家防疫体系改编案》。此案主要包括了切断流入途径，加强早期现场及时应对，提升疫情扩散时应对能力和专业治疗水平，改善医疗环境以及保健当局适度放权几个方面。韩国《传染病预防法》将传染病分为五类进行管理，不同类别控制措施不同。韩国传染病防控也实行属地管理，任何医生在诊疗过程中发现传染病疑似病例都要向该地区的保健部报告。

# 第三节　传染病防治执法的现状

## 一、我国传染病防治监督抽查工作概况

传染病防治工作关系到人民群众的身体健康和生命安全，关系到经济社会发展和国家安全稳定。要继续紧扣党中央决策部署，按照传染病防治法各项规定，坚持问题导向，推动影响法律实施、制约工作发展、损害群众利益的突出问题得到有效解决，充分发挥执法检查、法律监督作用。要增强法治意识，加强法律贯彻实施，用法治规范保障传染病防

治工作。

近年来，特别是 2003 年抗击非典以来，党中央、国务院高度重视传染病防治工作，将其纳入国民经济和社会发展规划，全国人大对传染病防治法进行了修订并加强监督指导，各地区、各部门认真贯彻实施传染病防治法，坚持以人为本、预防为主、防治结合，通过健全体系、提升能力、完善机制、强化保障，初步形成了政府领导、多部门合作、全社会参与的工作格局，传染病防治法得到了较好的贯彻实施，传染病防治工作取得明显成效。在全面了解和评估传染病防治法实施情况的基础上，执法检查重点包括传染病防治法普法宣传教育情况、传染病防治体系建设和工作机制情况、传染病防治能力情况、传染病防治保障情况、重大传染病防治工作情况、疫苗免疫接种情况、疫苗质量监督和管理情况等在内的十方面情况（新华网，2019）。

（一）传染病防治国家随机监督抽查工作完成概况

2019 年卫生监督中心按照 30% 的抽检比例抽取辖区二级以上医院、10% 一级医院、5% 其他医疗机构、40% 疾病预防控制机构和 40% 采供血机构。检查内容主要包括二级以上医院检查预防接种、消毒隔离及病原微生物实验室生物安全等相关内容；一级医院检查预防接种、消毒隔离和医疗废物处置等相关内容。2019 年，国家随机监督抽查工作抽取了 43797 个传染病被监督单位。传染病防治专业抽查任务总体完成 42278 件，完成率 96.53%，完结率 99.99%。其中抽取二级以上医院 3256 个（完成率 98.50%），一级医院 1208 个（完成率 95.28%），其他医疗机构 38010 个（完成率 96.31%），疾病预防控制机构 1093 个（完成率 98.90%），采供血机构 230 个（完成率 100.00%）。如表 17 所示。

表17 2019年国家随机监督抽查工作传染病防治专业完成概况

| 单位类别 | 任务数 （件） | 任务完成数 （件） | 任务关闭数 （件） | 未完成数 （件） | 完成率 （％） | 完结率 （％） |
|---|---|---|---|---|---|---|
| 合　计 | 43797 | 42278 | 1516 | 3 | 96.53 | 99.99 |
| 二级以上医院 | 3256 | 3207 | 46 | 3 | 98.50 | 99.91 |
| 一级医院 | 1208 | 1151 | 57 | 0 | 95.28 | 100.00 |
| 其他医疗机构 | 38010 | 36609 | 1401 | 0 | 96.31 | 100.00 |
| 疾病预防控制机构 | 1093 | 1081 | 12 | 0 | 98.90 | 100.00 |
| 采供血机构 | 230 | 230 | 0 | 0 | 100.00 | 100.00 |

从省（市、区）来看，完成率较高的地区为宁夏（99.62％）、重庆（99.52％）和安徽（99.06％），较低的为北京（90.78％）、河北（92.96％）和福建（94.27％）。如表18所示。

表18 2019年各省、自治区、直辖市及新疆生产建设兵团国家随机监督
抽查工作传染病防治专业抽检情况

| 地　区 | 任务数 （件） | 任务完成数 （件） | 任务关闭数 （件） | 未完成数 （件） | 完成率 （％） | 完结率 （％） |
|---|---|---|---|---|---|---|
| 全　国 | 43797 | 42278 | 1516 | 3 | 96.53 | 99.99 |
| 北　京 | 553 | 502 | 51 | 0 | 90.78 | 100.00 |
| 天　津 | 295 | 292 | 3 | 0 | 98.98 | 100.00 |
| 河　北 | 4459 | 4145 | 314 | 0 | 92.96 | 100.00 |
| 山　西 | 1993 | 1935 | 58 | 0 | 97.09 | 100.00 |
| 内蒙古 | 958 | 917 | 41 | 0 | 95.72 | 100.00 |
| 辽　宁 | 1784 | 1721 | 63 | 0 | 96.47 | 100.00 |
| 吉　林 | 1144 | 1079 | 65 | 0 | 94.32 | 100.00 |
| 黑龙江 | 1116 | 1076 | 40 | 0 | 96.42 | 100.00 |
| 上　海 | 324 | 308 | 16 | 0 | 95.06 | 100.00 |

续表

| 地　区 | 任务数（件） | 任务完成数（件） | 任务关闭数（件） | 未完成数（件） | 完成率（%） | 完结率（%） |
|---|---|---|---|---|---|---|
| 江　苏 | 1690 | 1626 | 64 | 0 | 96.21 | 100.00 |
| 浙　江 | 1527 | 1459 | 68 | 0 | 95.55 | 100.00 |
| 安　徽 | 1385 | 1372 | 13 | 0 | 99.06 | 100.00 |
| 福　建 | 1327 | 1251 | 76 | 0 | 94.27 | 100.00 |
| 江　西 | 1765 | 1677 | 88 | 0 | 95.01 | 100.00 |
| 山　东 | 1264 | 1237 | 27 | 0 | 97.86 | 100.00 |
| 河　南 | 4261 | 4220 | 41 | 0 | 99.04 | 100.00 |
| 湖　北 | 1914 | 1857 | 57 | 0 | 97.02 | 100.00 |
| 湖　南 | 1291 | 1258 | 33 | 0 | 97.44 | 100.00 |
| 广　东 | 2097 | 2019 | 78 | 0 | 96.28 | 100.00 |
| 广　西 | 1511 | 1449 | 62 | 0 | 95.90 | 100.00 |
| 海　南 | 287 | 282 | 4 | 1 | 98.26 | 99.65 |
| 重　庆 | 1036 | 1031 | 5 | 0 | 99.52 | 100.00 |
| 四　川 | 3001 | 2916 | 85 | 0 | 97.17 | 100.00 |
| 贵　州 | 1408 | 1373 | 35 | 0 | 97.51 | 100.00 |
| 云　南 | 1369 | 1341 | 28 | 0 | 97.95 | 100.00 |
| 西　藏 | 77 | 74 | 3 | 0 | 96.10 | 100.00 |
| 陕　西 | 1662 | 1614 | 48 | 0 | 97.11 | 100.00 |
| 甘　肃 | 973 | 954 | 19 | 0 | 98.05 | 100.00 |
| 青　海 | 319 | 312 | 7 | 0 | 97.81 | 100.00 |
| 宁　夏 | 263 | 262 | 1 | 0 | 99.62 | 100.00 |
| 新　疆 | 606 | 583 | 21 | 2 | 96.20 | 99.67 |
| 兵　团 | 138 | 136 | 2 | 0 | 98.55 | 100.00 |

（二）传染病防治监督抽检工作概况

2019 年，国家随机监督抽查工作检查传染病防治单位 42273 个。监督抽检合格率由高到低依次为：预防接种（88.42%）、病原微生物实验室生物安全（83.53%）、疫情报告（66.02%）、疫情控制（50.20%）、医疗废物（46.82%）和消毒隔离（34.32%）。其中消毒隔离、疫情控制、医疗废物和疫情报告四项的监督抽检合格率同比下降较大。如表 19 所示。

表 19　2019 年国家随机监督抽查工作各类传染病防治单位抽检情况

| 监督对象 | | 检查机构个数（个） | 合格率（%） | | | | | |
|---|---|---|---|---|---|---|---|---|
| | | | 预防接种 | 疫情报告 | 消毒隔离 | 疫情控制 | 医疗废物 | 病原微生物实验室生物安全 |
| 合计 | | 42273 | 88.42 | 66.02 | 34.22 | 50.20 | 46.82 | 83.53 |
| 疾控机构 | 省级 | 9 | 100.00 | 66.67 | – | 44.44 | 88.89 | 77.78 |
| | 市级 | 153 | 97.66 | 69.74 | – | 78.17 | 52.63 | 76.09 |
| | 县级 | 919 | 96.55 | 78.02 | 100.00 | 74.71 | 52.42 | 64.60 |
| | 累计 | 1081 | 96.74 | 76.75 | 100.00 | 74.93 | 52.75 | 66.36 |
| 医疗机构 | 三级 | 632 | 89.12 | 86.74 | 75.20 | 84.64 | 63.68 | 74.18 |
| | 二级 | 2574 | 84.76 | 79.81 | 66.77 | 74.22 | 55.44 | 72.15 |
| | 一级 | 36606 | 88.50 | 63.84 | 30.27 | 47.11 | 45.40 | 88.00 |
| | 累计 | 40962 | 87.92 | 65.56 | 34.03 | 49.51 | 46.54 | 84.93 |
| 采供血机构 | | 230 | – | 92.48 | 66.08 | – | 67.84 | 77.43 |

注：“–”率的分母为 0，计算无意义。

从省（区、市）来看，合格率大于 80% 的检测项目数较多的地区为湖南、上海和浙江，合格率小于 50% 的检测项目数较多的为辽宁、山东和河南等七个地区。如表 20 所示。

表20 2019年各省、自治区、直辖市及新疆生产建设兵团国家随机监督
抽查工作传染病防治单位抽检情况

| 地 区 | 检查机构个数（个） | 合格率（%） | | | | | |
|---|---|---|---|---|---|---|---|
| | | 预防接种 | 疫情报告 | 消毒隔离 | 疫情控制 | 医疗废物 | 病原微生物实验室生物安全 |
| 全　国 | 42273 | 88.42 | 66.02 | 34.22 | 50.20 | 46.82 | 83.53 |
| 北　京 | 502 | 69.23 | 89.88 | 61.13 | 85.12 | 80.88 | 65.57 |
| 天　津 | 292 | 99.18 | 50.68 | 41.26 | 15.30 | 66.78 | 99.18 |
| 河　北 | 4145 | 58.54 | 76.65 | 32.70 | 52.80 | 52.40 | 31.31 |
| 山　西 | 1935 | 70.45 | 76.80 | 39.98 | 66.86 | 46.10 | 52.76 |
| 内蒙古 | 917 | 75.51 | 81.99 | 36.50 | 57.82 | 59.83 | 52.97 |
| 辽　宁 | 1720 | 99.21 | 26.98 | 28.73 | 14.80 | 24.01 | 98.69 |
| 吉　林 | 1079 | 70.73 | 74.70 | 48.87 | 60.68 | 58.02 | 61.32 |
| 黑龙江 | 1076 | 75.06 | 80.86 | 32.55 | 65.41 | 43.31 | 36.73 |
| 上　海 | 308 | 100.00 | 98.38 | 62.46 | 96.39 | 88.96 | 85.42 |
| 江　苏 | 1626 | 90.74 | 71.17 | 48.77 | 68.79 | 54.86 | 59.04 |
| 浙　江 | 1459 | 87.88 | 97.67 | 39.36 | 91.81 | 70.46 | 34.04 |
| 安　徽 | 1372 | 92.08 | 66.81 | 26.37 | 48.49 | 43.33 | 85.25 |
| 福　建 | 1251 | 91.14 | 86.41 | 31.16 | 79.95 | 59.63 | 70.18 |
| 江　西 | 1677 | 71.07 | 73.35 | 32.95 | 59.84 | 35.30 | 50.70 |
| 山　东 | 1237 | 95.80 | 49.59 | 40.07 | 36.27 | 42.64 | 93.40 |
| 河　南 | 4220 | 98.55 | 26.90 | 19.49 | 8.09 | 26.77 | 98.15 |
| 湖　北 | 1857 | 98.59 | 37.73 | 24.25 | 16.59 | 38.42 | 98.98 |
| 湖　南 | 1258 | 92.31 | 96.96 | 91.50 | 89.66 | 92.73 | 91.97 |
| 广　东 | 2019 | 78.62 | 77.83 | 29.51 | 69.95 | 45.10 | 61.11 |
| 广　西 | 1451 | 80.49 | 83.18 | 31.12 | 73.45 | 45.55 | 49.23 |
| 海　南 | 282 | 91.87 | 35.32 | 18.18 | 16.16 | 56.30 | 91.83 |
| 重　庆 | 1031 | 78.64 | 76.04 | 17.91 | 83.33 | 46.65 | 36.21 |
| 四　川 | 2916 | 57.61 | 80.22 | 40.41 | 76.86 | 39.71 | 41.11 |
| 贵　州 | 1373 | 65.27 | 78.08 | 29.24 | 61.66 | 45.52 | 33.63 |
| 云　南 | 1336 | 81.00 | 42.59 | 21.04 | 14.59 | 46.18 | 82.52 |

| 地　区 | 检查机构个数（个） | 合格率（%） | | | | | |
|---|---|---|---|---|---|---|---|
| | | 预防接种 | 疫情报告 | 消毒隔离 | 疫情控制 | 医疗废物 | 病原微生物实验室生物安全 |
| 西　藏 | 74 | 82.35 | 75.68 | 41.46 | 69.44 | 75.68 | 17.39 |
| 陕　西 | 1613 | 98.08 | 45.41 | 26.10 | 21.63 | 39.02 | 97.75 |
| 甘　肃 | 954 | 71.03 | 77.99 | 29.39 | 46.25 | 38.89 | 44.14 |
| 青　海 | 312 | 78.28 | 77.24 | 29.66 | 43.14 | 64.95 | 60.83 |
| 宁　夏 | 262 | 64.34 | 85.88 | 35.71 | 83.01 | 45.42 | 46.81 |
| 新　疆 | 583 | 81.91 | 78.04 | 46.94 | 56.64 | 56.78 | 67.22 |
| 兵　团 | 136 | 86.21 | 88.24 | 40.20 | 71.64 | 58.82 | 56.41 |

**1. 预防接种**

2019 年，国家随机监督抽查工作针对预防接种，检查传染病防治单位 16301 个，总体检查合格率 88.42%（同比减少了 0.07 个百分点），合格率由高到低依次为：疫苗接收、购进、分发、供应、使用登记报告记录（99.80%），工作人员经预防接种专业培训和考核（95.85%），接种前告知（询问）受种者或监护人有关情况（95.43%），经卫生行政部门指定（95.11%），公示第一类疫苗的品种和接种方法（89.15%）和购进、接收疫苗时索取疫苗生产企业的证明文件（82.56%）。如表 21 所示。

**表 21　2019 年国家随机监督抽查工作各类传染病防治专业预防接种抽检情况**

| 监督对象 | | 检查机构个数（个） | 合格率（%） | | | | | | |
|---|---|---|---|---|---|---|---|---|---|
| | | | 合计 | A | B | C | D | E | F |
| 总　计 | | 16301 | 88.42 | 95.11 | 95.85 | 99.80 | 89.15 | 95.43 | 82.56 |
| 疾控机构 | 省级 | 9 | – | – | 100.00 | – | – | – | 80.00 |
| | 市级 | 128 | – | – | 97.66 | – | – | – | 96.00 |
| | 县级 | 782 | – | – | 96.55 | – | – | 100.00 | 93.11 |
| | 累计 | 919 | – | – | 96.74 | – | – | 100.00 | 93.45 |

续表

| 监督对象 | | 检查机构个数（个） | 合格率（%） | | | | | | |
|---|---|---|---|---|---|---|---|---|---|
| | | | 合计 | A | B | C | D | E | F |
| 医疗机构 | 三级 | 430 | 99.77 | 99.77 | 100.00 | 92.33 | 97.44 | 96.44 | － |
| | 二级 | 1555 | 98.52 | 98.33 | 100.00 | 89.65 | 97.81 | 90.88 | － |
| | 一级 | 516 | 96.71 | 95.35 | 100.00 | 92.11 | 94.57 | 83.82 | － |
| | 其他 | 12881 | 94.20 | 95.44 | 100.00 | 88.71 | 95.11 | 80.11 | 100.00 |
| | 累计 | 15382 | 95.11 | 95.85 | 100.00 | 89.15 | 95.43 | 82.55 | 100.00 |
| 采供血机构 | | － | － | － | － | － | － | － | － |

注：A－经卫生健康行政部门指定；B－工作人员经预防接种专业培训和考核合格；C－疫苗接收、购进、分发、供应、使用登记报告记录；D－公示第一类疫苗的品种和接种方法；E－接种前告知（询问）受种者或监护人有关情况；F－购进、接收疫苗时索取疫苗生产企业的证明文件。"－"率的分母为0，计算无意义。

从省（区、市）来看，抽检合格率较高的地区为上海（100.00%）、辽宁（99.21%）和天津（99.18%），较低的为四川（57.61%）、河北（58.54%）和宁夏（64.34%）。如表22所示。

**表22　2019年各省、自治区、直辖市及新疆生产建设兵团国家随机监督抽查工作传染病防治专业预防接种抽检情况**

| 地　区 | 检查机构个数（个） | 合格率（%） | | | | | | |
|---|---|---|---|---|---|---|---|---|
| | | 合计 | A | B | C | D | E | F |
| 全　国 | 16301 | 88.42 | 95.11 | 95.85 | 92.40 | 89.15 | 95.43 | 82.56 |
| 北　京 | 39 | 69.23 | 100.00 | 75.00 | 74.36 | 69.44 | 75.00 | 72.22 |
| 天　津 | 243 | 99.18 | 100.00 | 100.00 | 100.00 | 98.54 | 100.00 | 100.00 |
| 河　北 | 615 | 58.54 | 72.71 | 70.20 | 66.83 | 58.76 | 69.48 | 64.27 |
| 山　西 | 352 | 70.45 | 92.18 | 92.09 | 79.49 | 78.87 | 91.14 | 75.95 |
| 内蒙古 | 196 | 75.51 | 80.13 | 80.89 | 81.63 | 77.93 | 82.17 | 76.28 |
| 辽　宁 | 1514 | 99.21 | 99.62 | 99.53 | 99.59 | 99.37 | 99.60 | 95.89 |

续表

| 地 区 | 检查机构个数（个） | 合格率（%） | | | | | | |
|---|---|---|---|---|---|---|---|---|
| | | 合计 | A | B | C | D | E | F |
| 吉 林 | 205 | 70.73 | 83.61 | 84.04 | 76.73 | 72.68 | 82.98 | 73.13 |
| 黑龙江 | 385 | 75.06 | 95.58 | 93.51 | 83.38 | 78.95 | 94.10 | 80.53 |
| 上 海 | 35 | 100.00 | 100.00 | 100.00 | 100.00 | 100.00 | 100.00 | 100.00 |
| 江 苏 | 162 | 90.74 | 100.00 | 99.29 | 96.91 | 93.18 | 100.00 | 99.29 |
| 浙 江 | 165 | 87.88 | 100.00 | 100.00 | 94.55 | 91.03 | 100.00 | 95.86 |
| 安 徽 | 505 | 92.08 | 97.31 | 97.45 | 97.31 | 92.00 | 96.81 | 92.96 |
| 福 建 | 158 | 91.14 | 96.00 | 96.00 | 95.54 | 90.24 | 96.00 | 94.69 |
| 江 西 | 356 | 71.07 | 86.79 | 85.29 | 78.37 | 73.36 | 85.29 | 78.38 |
| 山 东 | 738 | 95.80 | 99.13 | 98.97 | 96.28 | 97.91 | 98.82 | 96.45 |
| 河 南 | 3873 | 98.55 | 99.95 | 99.53 | 99.21 | 99.04 | 99.53 | 96.38 |
| 湖 北 | 1414 | 98.59 | 99.45 | 99.42 | 99.11 | 98.95 | 99.49 | 96.19 |
| 湖 南 | 260 | 92.31 | 98.31 | 97.89 | 96.54 | 94.94 | 98.31 | 95.40 |
| 广 东 | 159 | 78.62 | 96.27 | 95.52 | 89.81 | 83.97 | 95.52 | 87.31 |
| 广 西 | 205 | 80.49 | 89.60 | 90.17 | 89.27 | 82.25 | 89.60 | 84.39 |
| 海 南 | 209 | 91.87 | 92.39 | 92.65 | 91.92 | 92.35 | 92.65 | 61.36 |
| 重 庆 | 103 | 78.64 | 100.00 | 100.00 | 93.20 | 86.75 | 100.00 | 87.50 |
| 四 川 | 368 | 57.61 | 77.65 | 77.65 | 69.57 | 76.26 | 77.35 | 64.52 |
| 贵 州 | 524 | 65.27 | 93.51 | 91.89 | 79.58 | 76.54 | 87.42 | 74.44 |
| 云 南 | 879 | 81.00 | 100.00 | 99.88 | 89.19 | 90.10 | 98.06 | 89.22 |
| 西 藏 | 51 | 82.35 | 87.50 | 87.50 | 86.27 | 79.17 | 83.33 | 75.00 |
| 陕 西 | 1251 | 98.08 | 99.44 | 99.10 | 99.00 | 98.34 | 99.43 | 95.21 |
| 甘 肃 | 542 | 71.03 | 91.26 | 93.96 | 82.07 | 78.30 | 91.81 | 76.19 |
| 青 海 | 221 | 78.28 | 91.96 | 90.69 | 87.27 | 82.35 | 90.69 | 82.05 |
| 宁 夏 | 129 | 64.34 | 100.00 | 100.00 | 82.95 | 77.98 | 98.32 | 81.51 |
| 新 疆 | 387 | 81.91 | 92.55 | 92.84 | 91.25 | 83.87 | 89.97 | 84.18 |
| 兵 团 | 58 | 86.21 | 100.00 | 100.00 | 94.83 | 87.50 | 100.00 | 92.00 |

注：A－经卫生健康行政部门指定；B－工作人员经预防接种专业培训和考核合格；C－疫苗接收、购进、分发、供应、使用登记报告记录；D－公示第一类疫苗的品种和接种方法；E－接种前告知（询问）受种者或监护人有关情况；F－购进、接收疫苗时索取疫苗生产企业的证明文件。

## 2. 疫情报告

2019 年，国家随机监督抽查工作针对疫情报告，检查传染病防治单位 39763 个，总体检查合格率 66.02%（同比减少了 22.09 个百分点），监督抽检合格率由高到低依次为：未瞒报、缓报和谎报传染病疫情（99.45%），开展疫情报告管理自查（88.80%），建立传染病疫情报告制度（79.49%）和传染病疫情登记、报告卡填写符合要求（61.45%）。如表 23 所示。

表 23　2019 年国家随机监督抽查工作各类传染病防治专业疫情报告抽检情况

| 监督对象 | | 检查机构个数（个） | 合格率（%） | | | | |
| --- | --- | --- | --- | --- | --- | --- | --- |
| | | | 合计 | A | B | C | D |
| 总　计 | | 39763 | 66.02 | 79.49 | 88.80 | 61.45 | 99.45 |
| 疾控机构 | 省级 | 9 | 66.67 | 100.00 | – | 66.67 | 100.00 |
| | 市级 | 152 | 69.74 | 100.00 | – | 64.06 | 100.00 |
| | 县级 | 910 | 78.02 | 99.45 | – | 74.15 | 99.88 |
| | 累计 | 1071 | 76.75 | 99.53 | – | 72.64 | 99.90 |
| 医疗机构 | 三级 | 625 | 89.12 | 99.84 | 96.47 | 92.32 | 99.20 |
| | 二级 | 2526 | 79.81 | 98.93 | 89.49 | 88.43 | 99.25 |
| | 一级 | 1138 | 72.58 | 97.71 | 82.62 | 85.32 | 99.21 |
| | 其他 | 34177 | 63.84 | 75.96 | 89.64 | 56.05 | 99.46 |
| | 累计 | 38466 | 65.56 | 78.74 | 88.80 | 60.85 | 99.43 |
| 采供血机构 | | 226 | 92.48 | 100.00 | – | 92.48 | 99.56 |

注：A－建立传染病疫情报告制度；B－开展疫情报告管理自查；C－传染病疫情登记、报告卡填写符合要求；D－未瞒报、缓报和谎报传染病疫情。

从省（区、市）来看，抽检合格率较高的地区为上海（98.38%）、浙江（97.67%）和湖南（96.96%），较低的为河南（26.90%）、辽宁（26.98%）和海南（35.32%）。如表 24 所示。

表 24 2019 年各省、自治区、直辖市及新疆生产建设兵团国家随机监督抽查工作
传染病防治专业疫情报告抽检情况

| 地 区 | 检查机构个数（个） | 合格率（%） | | | | |
|---|---|---|---|---|---|---|
| | | 合计 | A | B | C | D |
| 全 国 | 39763 | 66.02 | 79.49 | 88.80 | 61.45 | 99.45 |
| 北 京 | 326 | 89.88 | 97.14 | 100.00 | 85.34 | 100.00 |
| 天 津 | 292 | 50.68 | 71.92 | 94.12 | 55.71 | 98.96 |
| 河 北 | 3555 | 76.65 | 92.72 | 80.82 | 73.62 | 98.17 |
| 山 西 | 1935 | 76.80 | 94.12 | 90.48 | 68.92 | 99.15 |
| 内蒙古 | 916 | 81.99 | 94.51 | 93.75 | 81.66 | 99.60 |
| 辽 宁 | 1720 | 26.98 | 40.00 | 89.64 | 31.78 | 99.94 |
| 吉 林 | 1079 | 74.70 | 90.14 | 89.78 | 64.40 | 98.94 |
| 黑龙江 | 1076 | 80.86 | 97.14 | 86.36 | 74.89 | 99.24 |
| 上 海 | 308 | 98.38 | 98.80 | 100.00 | 97.85 | 100.00 |
| 江 苏 | 985 | 71.17 | 93.91 | 86.29 | 67.95 | 100.00 |
| 浙 江 | 1459 | 97.67 | 98.90 | 97.96 | 98.66 | 99.92 |
| 安 徽 | 1371 | 66.81 | 81.86 | 79.33 | 65.74 | 99.33 |
| 福 建 | 1251 | 86.41 | 97.48 | 86.73 | 79.86 | 99.78 |
| 江 西 | 1677 | 73.35 | 93.05 | 84.83 | 65.94 | 98.42 |
| 山 东 | 1234 | 49.59 | 64.38 | 90.18 | 56.13 | 100.00 |
| 河 南 | 4212 | 26.90 | 38.95 | 91.57 | 33.54 | 99.95 |
| 湖 北 | 1850 | 37.73 | 53.27 | 91.27 | 43.41 | 99.83 |
| 湖 南 | 1251 | 96.96 | 97.28 | 98.46 | 99.51 | 100.00 |
| 广 东 | 1141 | 77.83 | 95.17 | 87.05 | 70.25 | 98.76 |

| 地 区 | 检查机构个数（个） | 合格率（%） | | | | |
|---|---|---|---|---|---|---|
| | | 合计 | A | B | C | D |
| 广 西 | 1451 | 83.18 | 95.43 | 85.83 | 75.44 | 97.72 |
| 海 南 | 235 | 35.32 | 63.25 | 92.00 | 37.22 | 100.00 |
| 重 庆 | 1031 | 76.04 | 97.05 | 82.47 | 63.08 | 99.88 |
| 四 川 | 2766 | 80.22 | 97.07 | 91.71 | 70.44 | 99.80 |
| 贵 州 | 1373 | 78.08 | 95.85 | 86.91 | 73.72 | 99.36 |
| 云 南 | 1336 | 42.59 | 69.31 | 90.10 | 48.26 | 100.00 |
| 西 藏 | 74 | 75.68 | 88.89 | 90.00 | 84.75 | 91.94 |
| 陕 西 | 1612 | 45.41 | 58.20 | 90.31 | 46.54 | 99.93 |
| 甘 肃 | 954 | 77.99 | 95.39 | 81.25 | 77.88 | 99.76 |
| 青 海 | 312 | 77.24 | 91.16 | 78.38 | 80.75 | 99.30 |
| 宁 夏 | 262 | 85.88 | 98.71 | 91.43 | 82.07 | 100.00 |
| 新 疆 | 583 | 78.04 | 90.31 | 87.13 | 78.59 | 99.23 |
| 兵 团 | 136 | 88.24 | 100.00 | 81.82 | 88.43 | 99.22 |

注：A-建立传染病疫情报告制度；B-开展疫情报告管理自查；C-传染病疫情登记、报告卡填写符合要求；D-未瞒报、缓报和谎报传染病疫情。

### 3. 消毒隔离

2019年，国家随机监督抽查工作针对消毒隔离，检查传染病防治单位40244个，总体检查合格率34.22%（同比减少了28.18个百分点），监督抽检合格率由高到低依次为：医疗器械一人一用一消毒或灭菌（99.51%），建立消毒隔离组织、制度（86.71%），消毒产品进货检查验收（61.31%）、消毒隔离知识培训（59.90%）和开展消毒与灭菌效果监测（40.00%）。如表25所示。

表25 2019年国家随机监督抽查工作各类传染病防治专业消毒隔离抽检情况

| 监督对象 | | 检查机构个数（个） | 合格率（%） | | | | | |
|---|---|---|---|---|---|---|---|---|
| | | | 合计 | A | B | C | D | E |
| 总　计 | | 40244 | 34.22 | 86.71 | 40.00 | 59.90 | 61.31 | 99.51 |
| 疾控机构 | 省级 | 0 | – | – | – | – | – | – |
| | 市级 | 0 | – | – | – | – | – | – |
| | 县级 | 4 | 100.00 | 100.00 | 100.00 | 100.00 | 100.00 | 100.00 |
| | 累计 | 4 | 100.00 | 100.00 | 100.00 | 100.00 | 100.00 | 100.00 |
| 医疗机构 | 三级 | 625 | 75.20 | 99.52 | 92.88 | 89.68 | 82.72 | 99.62 |
| | 二级 | 2528 | 66.77 | 98.93 | 85.13 | 81.55 | 80.51 | 99.49 |
| | 一级 | 1140 | 56.75 | 97.89 | 70.69 | 70.30 | 77.29 | 99.88 |
| | 其他 | 35720 | 30.27 | 85.18 | 33.72 | 56.94 | 57.83 | 99.49 |
| | 累计 | 40013 | 34.03 | 86.65 | 39.78 | 59.76 | 61.20 | 99.50 |
| 采供血机构 | | 227 | 66.08 | 97.80 | 80.85 | 78.19 | 77.37 | 100.00 |

注：A–建立消毒隔离组织、制度；B–开展消毒与灭菌效果监测；C–消毒隔离知识培训；D–消毒产品进货检查验收；E–医疗器械一人一用一消毒或灭菌。

从省（区、市）来看，抽检合格率较高的地区为湖南（91.50%）、上海（62.46%）和北京（61.13%），较低的为重庆（17.91%）、海南（18.18%）和河南（19.49%）。如表26所示。

表26 2019年各省、自治区、直辖市及新疆生产建设兵团国家随机监督抽查工作
传染病防治专业消毒隔离抽检情况

| 地　区 | 检查机构个数（个） | 合格率（%） | | | | | |
|---|---|---|---|---|---|---|---|
| | | 合计 | A | B | C | D | E |
| 全　国 | 40244 | 34.22 | 86.71 | 40.00 | 59.90 | 61.31 | 99.51 |
| 北　京 | 494 | 61.13 | 98.38 | 81.17 | 71.66 | 76.11 | 100.00 |
| 天　津 | 286 | 41.26 | 81.47 | 43.16 | 98.31 | 97.14 | 100.00 |
| 河　北 | 4080 | 32.70 | 89.29 | 45.57 | 57.71 | 56.24 | 99.61 |

续表

| 地 区 | 检查机构个数（个） | 合格率（%） | | | | | |
|---|---|---|---|---|---|---|---|
| | | 合计 | A | B | C | D | E |
| 山 西 | 1886 | 39.98 | 89.85 | 42.12 | 54.93 | 58.67 | 99.72 |
| 内蒙古 | 874 | 36.50 | 93.59 | 45.59 | 64.21 | 67.21 | 99.37 |
| 辽 宁 | 1695 | 28.73 | 73.86 | 32.17 | 72.29 | 86.19 | 98.79 |
| 吉 林 | 1058 | 48.87 | 95.49 | 60.86 | 58.45 | 65.29 | 99.67 |
| 黑龙江 | 1020 | 32.55 | 96.92 | 41.31 | 54.97 | 60.47 | 99.05 |
| 上 海 | 301 | 62.46 | 99.34 | 91.58 | 77.44 | 68.35 | 99.66 |
| 江 苏 | 1585 | 48.77 | 93.19 | 49.91 | 55.00 | 52.48 | 99.91 |
| 浙 江 | 1433 | 39.36 | 98.95 | 61.34 | 63.01 | 62.53 | 99.13 |
| 安 徽 | 1335 | 26.37 | 87.36 | 39.08 | 54.69 | 59.19 | 99.90 |
| 福 建 | 1213 | 31.16 | 89.77 | 34.41 | 57.68 | 53.81 | 99.81 |
| 江 西 | 1648 | 32.95 | 88.13 | 36.75 | 53.50 | 50.75 | 98.96 |
| 山 东 | 1173 | 40.07 | 90.62 | 43.39 | 84.53 | 84.79 | 99.69 |
| 河 南 | 4145 | 19.49 | 68.97 | 21.80 | 87.71 | 92.10 | 99.14 |
| 湖 北 | 1810 | 24.25 | 73.48 | 24.46 | 88.64 | 90.04 | 99.48 |
| 湖 南 | 1212 | 91.50 | 96.37 | 93.46 | 97.55 | 96.32 | 99.85 |
| 广 东 | 1115 | 29.51 | 90.95 | 48.18 | 51.42 | 52.40 | 99.71 |
| 广 西 | 1417 | 31.12 | 92.27 | 34.29 | 52.95 | 57.30 | 99.84 |
| 海 南 | 231 | 18.18 | 59.74 | 19.82 | 66.13 | 82.76 | 100.00 |
| 重 庆 | 1016 | 17.91 | 92.21 | 28.38 | 37.43 | 38.40 | 99.78 |
| 四 川 | 2868 | 40.41 | 92.22 | 43.96 | 46.61 | 43.20 | 99.07 |
| 贵 州 | 1334 | 29.24 | 89.63 | 31.66 | 54.01 | 48.48 | 98.75 |
| 云 南 | 1283 | 21.04 | 83.16 | 28.05 | 73.08 | 67.37 | 99.84 |
| 西 藏 | 41 | 41.46 | 73.17 | 59.38 | 68.75 | 75.00 | 100.00 |
| 陕 西 | 1586 | 26.10 | 76.25 | 24.49 | 70.14 | 77.70 | 99.53 |
| 甘 肃 | 922 | 29.39 | 89.12 | 37.10 | 51.82 | 55.98 | 99.74 |

| 地　区 | 检查机构 个数（个） | 合格率（%） | | | | | |
|---|---|---|---|---|---|---|---|
| | | 合计 | A | B | C | D | E |
| 青　海 | 290 | 29.66 | 87.54 | 39.26 | 59.38 | 50.89 | 99.10 |
| 宁　夏 | 252 | 35.71 | 98.40 | 53.59 | 38.21 | 49.06 | 100.00 |
| 新　疆 | 539 | 46.94 | 91.47 | 57.03 | 75.49 | 72.11 | 99.16 |
| 兵　团 | 102 | 40.20 | 100.00 | 54.08 | 62.24 | 64.29 | 98.98 |

注：A－建立消毒隔离组织、制度；B－开展消毒与灭菌效果监测；C－消毒隔离知识培训；D－消毒产品进货检查验收；E－医疗器械一人一用一消毒或灭菌。

### 4. 疫情控制

2019年，国家随机监督抽查工作针对疫情控制，检查传染病防治单位36953个，总体检查合格率50.20%（同比减少了33.21个百分点），监督抽检合格率由高到低依次为：发现传染病疫情时，采取传染病控制措施（93.45%），依法履行传染病监测职责情况（86.68%），按规定为传染病病人、疑似病人提供诊疗（75.86%），设置传染病病人或疑似病人隔离控制场所、设备设施并有使用记录（61.50%），建立预检、分诊制度（56.87%），消毒处理传染病病原体污染的场所、物品、污水和医疗废物（39.13%）。如表27所示。

**表27　2019年国家随机监督抽查工作各类传染病防治专业疫情控制抽检情况**

| 监督对象 | | 检查机构 个数（个） | 合格率（%） | | | | | | |
|---|---|---|---|---|---|---|---|---|---|
| | | | 合计 | A | B | C | D | E | F |
| 总　计 | | 36953 | 50.20 | 56.87 | 75.86 | 61.50 | 39.13 | 86.68 | 93.45 |
| 疾控 机构 | 省级 | 9 | 44.44 | － | － | － | 50.00 | 60.00 | 80.00 |
| | 市级 | 142 | 78.17 | － | － | － | 64.91 | 92.00 | 96.00 |
| | 县级 | 858 | 74.71 | 100.00 | 100.00 | 100.00 | 75.87 | 85.96 | 93.11 |
| | 累计 | 1009 | 74.93 | 100.00 | 100.00 | 100.00 | 74.38 | 86.67 | 93.45 |

| 监督对象 | | 检查机构个数（个） | 合格率（%） | | | | | | |
|---|---|---|---|---|---|---|---|---|---|
| | | | 合计 | A | B | C | D | E | F |
| 医疗机构 | 三级 | 625 | 84.64 | 99.36 | 98.47 | 85.94 | 91.03 | － | － |
| | 二级 | 2525 | 74.22 | 96.63 | 94.86 | 75.38 | 85.64 | － | － |
| | 一级 | 1134 | 42.24 | 91.34 | 73.16 | 60.00 | 36.78 | － | － |
| | 其他 | 31660 | 47.11 | 50.56 | 70.80 | 56.86 | 29.22 | 100.00 | 100.00 |
| | 累计 | 35944 | 49.51 | 56.86 | 75.85 | 61.49 | 38.24 | 100.00 | 100.00 |
| 采供血机构 | | － | － | － | － | － | － | － | － |

注：A–建立预检、分诊制度；B–按规定为传染病病人、疑似病人提供诊疗；C–设置传染病病人或疑似病人隔离控制场所、设备设施并有使用记录；D–消毒处理传染病病原体污染的场所、物品、污水和医疗废物；E–依法履行传染病监测职责情况；F–发现传染病疫情时，采取传染病控制措施。"－"率的分母为0，计算无意义。

从省（区、市）来看，抽检合格率较高的地区为上海（96.39%）、浙江（91.81%）和湖南（89.66%），较低的为河南（8.09%）、云南（14.59%）和辽宁（14.80%）。如表28所示。

表28　2019年各省、自治区、直辖市及新疆生产建设兵团国家随机监督抽查工作传染病防治专业疫情控制抽检情况

| 地　区 | 检查机构个数（个） | 合格率（%） | | | | | | |
|---|---|---|---|---|---|---|---|---|
| | | 合计 | A | B | C | D | E | F |
| 全　国 | 36953 | 50.20 | 56.87 | 75.86 | 61.50 | 39.13 | 86.68 | 93.45 |
| 北　京 | 242 | 85.12 | 96.15 | 66.04 | 55.56 | 78.81 | 100.00 | 100.00 |
| 天　津 | 268 | 15.30 | 41.98 | 88.57 | 83.87 | 16.86 | 100.00 | 100.00 |
| 河　北 | 2731 | 52.80 | 72.72 | 76.12 | 58.74 | 62.32 | 96.92 | 100.00 |
| 山　西 | 1922 | 66.86 | 72.27 | 68.25 | 53.02 | 58.06 | 89.58 | 97.92 |
| 内蒙古 | 908 | 57.82 | 74.42 | 66.96 | 50.00 | 63.20 | 92.86 | 97.62 |
| 辽　宁 | 1710 | 14.80 | 22.72 | 96.31 | 89.90 | 17.55 | 40.00 | 40.00 |

续表

| 地 区 | 检查机构个数（个） | 合格率（%） | | | | | | |
|---|---|---|---|---|---|---|---|---|
| | | 合计 | A | B | C | D | E | F |
| 吉 林 | 1058 | 60.68 | 70.98 | 62.30 | 55.26 | 58.92 | 84.21 | 100.00 |
| 黑龙江 | 1061 | 65.41 | 76.61 | 70.72 | 49.57 | 63.04 | 80.36 | 94.64 |
| 上 海 | 305 | 96.39 | 97.70 | 100.00 | 94.17 | 100.00 | 100.00 | 100.00 |
| 江 苏 | 596 | 68.79 | 86.73 | 70.62 | 63.28 | 80.31 | 92.68 | 100.00 |
| 浙 江 | 1453 | 91.81 | 98.18 | 86.99 | 90.46 | 93.59 | 92.31 | 100.00 |
| 安 徽 | 1357 | 48.49 | 48.69 | 78.64 | 56.98 | 32.35 | 93.55 | 100.00 |
| 福 建 | 1247 | 79.95 | 76.36 | 79.73 | 52.09 | 62.07 | 100.00 | 100.00 |
| 江 西 | 1666 | 59.84 | 67.34 | 67.46 | 54.96 | 62.71 | 89.66 | 100.00 |
| 山 东 | 1216 | 36.27 | 48.95 | 90.95 | 86.45 | 35.83 | 89.19 | 94.59 |
| 河 南 | 4167 | 8.09 | 19.16 | 97.20 | 94.91 | 10.44 | 100.00 | 100.00 |
| 湖 北 | 1826 | 16.59 | 27.23 | 95.16 | 86.93 | 15.47 | 70.59 | 76.47 |
| 湖 南 | 1161 | 89.66 | 90.14 | 100.00 | 96.84 | 98.89 | 100.00 | 100.00 |
| 广 东 | 1128 | 69.95 | 79.20 | 73.70 | 51.81 | 68.34 | 92.59 | 100.00 |
| 广 西 | 1435 | 73.45 | 67.97 | 69.71 | 47.60 | 65.20 | 91.18 | 100.00 |
| 海 南 | 229 | 16.16 | 20.35 | 64.29 | 65.31 | 22.33 | 100.00 | 100.00 |
| 重 庆 | 1020 | 83.33 | 73.60 | 80.88 | 42.28 | 65.83 | 73.33 | 100.00 |
| 四 川 | 1677 | 76.86 | 91.35 | 81.09 | 58.03 | 66.39 | 88.24 | 100.00 |
| 贵 州 | 1364 | 61.66 | 72.04 | 64.45 | 45.93 | 54.96 | 92.31 | 100.00 |
| 云 南 | 1330 | 14.59 | 28.74 | 79.55 | 46.41 | 24.34 | 21.15 | 21.15 |
| 西 藏 | 72 | 69.44 | 70.27 | 85.71 | 64.29 | 85.11 | 87.88 | 100.00 |
| 陕 西 | 1586 | 21.63 | 30.57 | 83.73 | 75.56 | 19.55 | 80.00 | 90.00 |
| 甘 肃 | 947 | 46.25 | 67.77 | 62.73 | 40.08 | 42.75 | 83.33 | 100.00 |
| 青 海 | 306 | 43.14 | 54.47 | 69.64 | 46.53 | 37.06 | 100.00 | 94.74 |
| 宁 夏 | 259 | 83.01 | 89.09 | 67.31 | 48.98 | 69.49 | 90.00 | 100.00 |
| 新 疆 | 572 | 56.64 | 69.12 | 75.12 | 75.57 | 55.35 | 93.94 | 96.97 |
| 兵 团 | 134 | 71.64 | 75.61 | 90.24 | 55.00 | 85.29 | 97.06 | 100.00 |

注：A－建立预检、分诊制度；B－按规定为传染病病人、疑似病人提供诊疗；C－设置传染病病人或疑似病人隔离控制场所、设备设施并有使用记录；D－消毒处理传染病病原体污染的场所、物品、污水和医疗废物；E－依法履行传染病监测职责情况；F－发现传染病疫情时，采取传染病控制措施。"－"率的分母为0，计算无意义。

### 5. 医疗废物

2019 年，国家随机监督抽查工作针对医疗废物，检查传染病防治单位 41337 个，总体检查合格率 46.82%（同比减少了 25.45 个百分点），监督抽检合格率由高到低依次为：未在院内丢弃或在非贮存地点堆放医疗废物（98.83%），医疗废物分类收集（96.02%），使用专用包装物及容器（86.05%），医疗废物交由有资质的机构集中处置（78.65%），医疗废物交接运送、暂存及处置登记完整（78.47%），自建医疗废物处置设施及时焚烧处理（78.05%）和建立医疗废物暂时贮存设施并符合要求（77.78%）。如表 29 所示。

表 29　2019 年国家随机监督抽查工作各类传染病防治专业医疗废物抽检情况

| 监督对象 | | 检查机构个数（个） | 合格率（%） | | | | | | | |
|---|---|---|---|---|---|---|---|---|---|---|
| | | | 合计 | A | B | C | D | E | F | G |
| 总　　计 | | 41337 | 46.82 | 96.02 | 78.47 | 86.05 | 77.78 | 98.83 | 78.65 | 78.05 |
| 疾控机构 | 省级 | 9 | 88.89 | 100.00 | 100.00 | 100.00 | 100.00 | 100.00 | 88.89 | － |
| | 市级 | 152 | 52.63 | 96.71 | 76.80 | 91.45 | 72.37 | 98.68 | 86.01 | 90.91 |
| | 县级 | 910 | 52.42 | 97.03 | 78.92 | 90.33 | 75.38 | 99.23 | 83.29 | 82.76 |
| | 累计 | 1071 | 52.75 | 97.01 | 78.74 | 90.57 | 75.16 | 99.16 | 83.74 | 83.67 |
| 医疗机构 | 三级 | 625 | 63.68 | 98.40 | 89.28 | 93.28 | 88.80 | 99.20 | 85.55 | 46.88 |
| | 二级 | 2527 | 55.44 | 97.51 | 87.94 | 91.61 | 84.85 | 99.01 | 80.65 | 60.40 |
| | 一级 | 1140 | 53.16 | 96.93 | 89.30 | 93.25 | 83.86 | 99.30 | 74.44 | 85.39 |
| | 其他 | 35747 | 45.40 | 95.81 | 76.84 | 85.11 | 76.91 | 98.78 | 78.30 | 78.68 |
| | 累计 | 40039 | 46.54 | 95.99 | 78.38 | 85.88 | 77.79 | 98.82 | 78.46 | 77.93 |
| 采供血机构 | | 227 | 67.84 | 96.48 | 93.12 | 94.27 | 87.67 | 100.00 | 87.04 | 84.62 |

注：A-医疗废物分类收集；B-医疗废物交接运送、暂存及处置登记完整；C-使用专用包装物及容器；D-建立医疗废物暂时贮存设施并符合要求；E-未在院内丢弃或在非贮存地点堆放医疗废物；F-医疗废物交由有资质的机构集中处置；G-自建医疗废物处置设施及时焚烧处理。

从省（区、市）来看，抽检合格率较高的地区为湖南（92.73%）、上海（88.96%）和北京（80.88%），较低的为辽宁（24.01%）、河南（26.77%）和江西（35.30%）。如表30所示。

表30 2019年各省、自治区、直辖市及新疆生产建设兵团国家随机监督抽查工作传染病防治专业医疗废物抽检情况

| 地 区 | 检查机构个数（个） | 合格率（%） | | | | | | | |
| --- | --- | --- | --- | --- | --- | --- | --- | --- | --- |
| | | 合计 | A | B | C | D | E | F | G |
| 全 国 | 41337 | 46.82 | 96.02 | 78.47 | 86.05 | 77.78 | 98.83 | 78.65 | 78.05 |
| 北 京 | 502 | 80.88 | 99.80 | 89.64 | 92.83 | 88.25 | 99.80 | 100.00 | – |
| 天 津 | 292 | 66.78 | 99.32 | 97.20 | 93.84 | 100.00 | 99.66 | 71.92 | – |
| 河 北 | 4145 | 52.40 | 93.46 | 74.89 | 83.04 | 70.40 | 97.88 | 99.78 | 87.41 |
| 山 西 | 1935 | 46.10 | 96.33 | 63.42 | 75.76 | 67.80 | 98.97 | 97.46 | 91.20 |
| 内蒙古 | 916 | 59.83 | 97.49 | 79.56 | 86.24 | 73.36 | 98.80 | 98.38 | 96.69 |
| 辽 宁 | 1720 | 24.01 | 97.85 | 90.83 | 95.58 | 94.42 | 98.95 | 25.19 | 92.45 |
| 吉 林 | 1079 | 58.02 | 97.22 | 77.51 | 81.09 | 69.88 | 99.17 | 98.12 | 89.95 |
| 黑龙江 | 1076 | 43.31 | 96.56 | 72.86 | 84.67 | 55.11 | 98.98 | 97.42 | 96.64 |
| 上 海 | 308 | 88.96 | 99.68 | 96.75 | 98.70 | 92.21 | 99.68 | 100.00 | 100.00 |
| 江 苏 | 1626 | 54.86 | 97.42 | 71.96 | 84.01 | 72.69 | 99.63 | 99.94 | 95.12 |
| 浙 江 | 1459 | 70.46 | 96.57 | 97.33 | 88.28 | 81.70 | 99.79 | 99.93 | 69.12 |
| 安 徽 | 1371 | 43.33 | 93.51 | 76.40 | 84.61 | 72.50 | 97.23 | 80.44 | 86.57 |
| 福 建 | 1251 | 59.63 | 96.40 | 83.94 | 84.17 | 74.26 | 98.72 | 99.42 | 84.62 |
| 江 西 | 1677 | 35.30 | 89.45 | 62.37 | 68.81 | 52.59 | 98.15 | 98.81 | 85.37 |

续表

| 地　区 | 检查机构个数（个） | 合格率（％） | | | | | | | |
|---|---|---|---|---|---|---|---|---|---|
| | | 合计 | A | B | C | D | E | F | G |
| 山　东 | 1236 | 42.64 | 97.90 | 88.44 | 93.28 | 93.45 | 98.95 | 52.93 | 87.76 |
| 河　南 | 4218 | 26.77 | 98.08 | 92.76 | 96.16 | 97.94 | 98.79 | 29.17 | 87.50 |
| 湖　北 | 1856 | 38.42 | 95.31 | 88.47 | 91.16 | 94.55 | 98.44 | 46.18 | 90.77 |
| 湖　南 | 1251 | 92.73 | 98.32 | 96.88 | 97.92 | 97.84 | 99.68 | 99.92 | 92.31 |
| 广　东 | 1142 | 45.10 | 93.53 | 70.78 | 76.55 | 65.09 | 98.51 | 99.54 | 94.74 |
| 广　西 | 1451 | 45.55 | 93.87 | 67.40 | 75.33 | 66.57 | 99.24 | 98.59 | 97.15 |
| 海　南 | 238 | 56.30 | 94.12 | 86.36 | 95.80 | 97.05 | 99.16 | 61.54 | 50.00 |
| 重　庆 | 1031 | 46.65 | 95.44 | 71.97 | 78.18 | 60.62 | 99.61 | 100.00 | 100.00 |
| 四　川 | 2916 | 39.71 | 97.33 | 81.00 | 87.55 | 77.09 | 99.35 | 99.46 | 30.84 |
| 贵　州 | 1373 | 45.52 | 94.68 | 71.81 | 77.79 | 60.16 | 98.98 | 99.74 | 89.34 |
| 云　南 | 1336 | 46.18 | 96.48 | 88.64 | 90.27 | 86.00 | 99.40 | 56.81 | 100.00 |
| 西　藏 | 74 | 75.68 | 100.00 | 94.59 | 95.95 | 89.19 | 98.65 | 95.83 | 73.08 |
| 陕　西 | 1612 | 39.02 | 96.15 | 88.99 | 93.55 | 89.75 | 98.70 | 50.06 | 69.33 |
| 甘　肃 | 954 | 38.89 | 96.23 | 67.07 | 71.38 | 56.18 | 98.11 | 93.29 | 90.30 |
| 青　海 | 311 | 64.95 | 96.78 | 85.38 | 90.68 | 80.71 | 98.39 | 90.84 | 83.61 |
| 宁　夏 | 262 | 45.42 | 98.47 | 74.43 | 82.06 | 55.34 | 100.00 | 98.67 | 94.44 |
| 新　疆 | 583 | 56.78 | 97.26 | 83.44 | 92.80 | 82.85 | 98.63 | 78.99 | 84.51 |
| 兵　团 | 136 | 58.82 | 97.79 | 85.29 | 91.91 | 74.26 | 97.06 | 100.00 | 98.18 |

　　注：A-医疗废物分类收集；B-医疗废物交接运送、暂存及处置登记完整；C-使用专用包装物及容器；D-建立医疗废物暂时贮存设施并符合要求；E-未在院内丢弃或在非贮存地点堆放医疗废物；F-医疗废物交由有资质的机构集中处置；G-自建医疗废物处置设施及时焚烧处理。

### 6. 病原微生物实验室生物安全

2019 年，国家随机监督抽查工作针对病原微生物实验室生物安全，检查传染病防治单位 14112 个，总体检查合格率 83.53%（同比增加了 2.96 个百分点），监督抽检合格率由高到低依次为：二级实验室备案证明（90.68%），从业人员定期培训并考核（89.80%），实验活动结束将菌（毒）种或样本就地销毁或者送交保藏机构保藏（89.33%）和建立实验档案（88.24%）。如表 31 所示。

表 31 2019 年国家随机监督抽查工作各类传染病防治专业病原微生物实验室生物安全抽检情况

| 监督对象 | | 检查机构个数（个） | 合格率（%） | | | | |
|---|---|---|---|---|---|---|---|
| | | | 合计 | A | B | C | D |
| 总　计 | | 14112 | 83.53 | 90.68 | 89.80 | 88.24 | 89.33 |
| 疾控机构 | 省级 | 9 | 77.78 | 88.89 | 100.00 | 88.89 | 100.00 |
| | 市级 | 138 | 76.09 | 90.58 | 87.68 | 84.78 | 90.58 |
| | 县级 | 822 | 64.60 | 83.94 | 82.24 | 81.02 | 82.97 |
| | 累计 | 969 | 66.36 | 84.93 | 83.18 | 81.63 | 84.21 |
| 医疗机构 | 三级 | 519 | 74.18 | 95.18 | 91.71 | 87.09 | 86.90 |
| | 二级 | 1652 | 72.15 | 91.23 | 87.72 | 84.94 | 87.24 |
| | 一级 | 560 | 76.61 | 88.39 | 85.18 | 83.04 | 88.75 |
| | 其他 | 10186 | 88.00 | 91.03 | 90.96 | 89.71 | 90.26 |
| | 累计 | 12917 | 84.93 | 91.11 | 90.32 | 88.70 | 89.67 |
| 采供血机构 | | 226 | 77.43 | 91.15 | 88.50 | 89.82 | 92.04 |

注：A - 二级实验室备案证明；B - 从业人员定期培训并考核；C - 建立实验档案；D - 实验活动结束将菌（毒）种或样本就地销毁或者送交保藏机构保藏。

从省（区、市）来看，抽检合格率较高的地区为天津（99.18%）、湖北（98.98%）和辽宁（98.69%），较低的为西藏（17.39%）、河北（31.31%）和贵州（33.63%）。如表 32 所示。

表32 2019 年各省、自治区、直辖市及新疆生产建设兵团国家随机监督抽查工作
传染病防治专业病原微生物实验室生物安全抽检情况

| 地 区 | 检查机构个数（个） | 合格率（%） | | | | |
|---|---|---|---|---|---|---|
| | | 合计 | A | B | C | D |
| 全 国 | 14112 | 83.53 | 90.68 | 89.80 | 88.24 | 89.33 |
| 北 京 | 61 | 65.57 | 100.00 | 75.41 | 72.13 | 88.52 |
| 天 津 | 244 | 99.18 | 99.18 | 99.18 | 99.18 | 99.18 |
| 河 北 | 396 | 31.31 | 43.94 | 48.99 | 47.47 | 46.72 |
| 山 西 | 199 | 52.76 | 69.35 | 66.83 | 60.30 | 68.84 |
| 内蒙古 | 185 | 52.97 | 72.97 | 72.97 | 74.59 | 69.73 |
| 辽 宁 | 1523 | 98.69 | 99.01 | 98.88 | 98.82 | 98.88 |
| 吉 林 | 212 | 61.32 | 79.25 | 72.17 | 67.45 | 74.06 |
| 黑龙江 | 226 | 36.73 | 68.58 | 62.39 | 54.42 | 61.95 |
| 上 海 | 96 | 85.42 | 100.00 | 92.71 | 89.58 | 98.96 |
| 江 苏 | 188 | 59.04 | 79.26 | 85.11 | 82.98 | 91.49 |
| 浙 江 | 141 | 34.04 | 97.87 | 95.74 | 89.36 | 41.13 |
| 安 徽 | 434 | 85.25 | 93.06 | 92.61 | 88.94 | 91.47 |
| 福 建 | 114 | 70.18 | 88.60 | 85.96 | 80.70 | 84.21 |
| 江 西 | 284 | 50.70 | 72.89 | 66.20 | 62.68 | 63.38 |
| 山 东 | 788 | 93.40 | 99.11 | 97.21 | 94.16 | 98.35 |
| 河 南 | 3845 | 98.15 | 99.09 | 98.96 | 98.41 | 98.59 |
| 湖 北 | 1379 | 98.98 | 99.42 | 99.20 | 99.35 | 99.35 |
| 湖 南 | 137 | 91.97 | 94.89 | 94.89 | 93.43 | 97.08 |
| 广 东 | 162 | 61.11 | 88.82 | 76.40 | 80.75 | 79.50 |
| 广 西 | 195 | 49.23 | 73.85 | 73.33 | 68.21 | 76.41 |
| 海 南 | 208 | 91.83 | 92.27 | 92.27 | 91.79 | 91.79 |
| 重 庆 | 116 | 36.21 | 72.41 | 62.93 | 70.69 | 83.62 |
| 四 川 | 253 | 41.11 | 62.06 | 57.71 | 50.20 | 54.94 |

| 地　区 | 检查机构 个数（个） | 合格率（%） | | | | |
|---|---|---|---|---|---|---|
| | | 合计 | A | B | C | D |
| 贵　州 | 226 | 33.63 | 58.85 | 51.77 | 45.13 | 52.65 |
| 云　南 | 492 | 82.52 | 95.12 | 90.85 | 86.79 | 90.04 |
| 西　藏 | 46 | 17.39 | 26.09 | 52.17 | 36.96 | 43.48 |
| 陕　西 | 1201 | 97.75 | 98.50 | 98.75 | 98.58 | 98.67 |
| 甘　肃 | 256 | 44.14 | 57.81 | 60.94 | 54.69 | 55.86 |
| 青　海 | 120 | 60.83 | 65.00 | 65.83 | 63.33 | 68.33 |
| 宁　夏 | 47 | 46.81 | 82.98 | 72.34 | 70.21 | 70.21 |
| 新　疆 | 299 | 67.22 | 72.24 | 78.60 | 76.92 | 76.59 |
| 兵　团 | 39 | 56.41 | 84.62 | 69.23 | 74.36 | 82.05 |

注：A-二级实验室备案证明；B-从业人员定期培训并考核；C-建立实验档案；D-实验活动结束将菌（毒）种或样本就地销毁或者送交保藏机构保藏。

### （三）传染病防治案件查处工作概况

2019 年，国家随机监督抽查工作共查处传染病防治专业违法违规案件 2379 件，案件查处率为 5.63%（同比增加了 1.06 个百分点）警告 1763 家，罚款 1454 家，罚款金额 304.19 万元。如表 33 所示。

表 33　2019 年国家随机监督抽查工作各类传染病防治专业案件查处情况

| 单位类别 | 案件数 （件） | 占比 （%） | 案件查处 （%） | 罚款金额 （万元） |
|---|---|---|---|---|
| 合计 | 2379 | 100.00 | 5.63 | 304.19 |
| 一级以上医院 | 155 | 6.52 | 4.83 | 54.09 |
| 一级医院 | 70 | 2.94 | 6.08 | 14.38 |
| 其他医疗机构 | 2133 | 89.66 | 5.83 | 234.52 |
| 疾病预防控制机构 | 16 | 0.67 | 1.48 | 1.20 |
| 采供血机构 | 5 | 0.21 | 2.17 | 0.00 |

　　从省（区、市）来看，查处案件较多的地区为广东（251 件）、四川（209 件）和河北（195 件），较少的为浙江、西藏和兵团（均为 0件）；罚款金额较多的地区为湖北（35.25 万元）、河南（28.05 万元）和河北（25.90 万元），较少的为浙江、西藏和兵团（均为 0 万元）。如表 34 所示。

**表 34　2019 年各省、自治区、直辖市及新疆生产建设兵团国家随机监督抽查工作传染病防治专业案件查处情况**

| 地　区 | 案件数（件） | 占比（％） | 案件查处率（％） | 罚款金额（万元） |
|---|---|---|---|---|
| 全　国 | 2379 | 100.00 | 5.63 | 304.19 |
| 北　京 | 15 | 0.63 | 2.99 | 1.80 |
| 天　津 | 25 | 1.05 | 8.56 | 1.95 |
| 河　北 | 195 | 8.20 | 4.70 | 25.90 |
| 山　西 | 79 | 3.32 | 4.08 | 6.50 |
| 内蒙古 | 19 | 0.80 | 2.07 | 2.21 |
| 辽　宁 | 133 | 5.59 | 7.76 | 10.38 |
| 吉　林 | 29 | 1.22 | 2.69 | 3.95 |
| 黑龙江 | 63 | 2.65 | 5.86 | 8.55 |
| 上　海 | 5 | 0.21 | 1.62 | 1.00 |
| 江　苏 | 56 | 2.35 | 3.44 | 9.46 |
| 浙　江 | 0 | 0.00 | 0.00 | 0.00 |
| 安　徽 | 123 | 5.17 | 8.97 | 13.85 |
| 福　建 | 31 | 1.30 | 2.48 | 5.41 |
| 江　西 | 159 | 6.68 | 9.48 | 21.77 |
| 山　东 | 56 | 2.35 | 4.53 | 4.53 |
| 河　南 | 193 | 8.11 | 4.57 | 28.05 |
| 湖　北 | 170 | 7.15 | 9.17 | 35.25 |
| 湖　南 | 46 | 1.93 | 3.66 | 12.63 |

续表

| 地　区 | 案件数（件） | 占比（%） | 案件查处率（%） | 罚款金额（万元） |
|---|---|---|---|---|
| 广　东 | 251 | 10.55 | 12.43 | 15.47 |
| 广　西 | 64 | 2.69 | 4.41 | 5.54 |
| 海　南 | 5 | 0.21 | 1.77 | 0.09 |
| 重　庆 | 147 | 6.18 | 14.26 | 20.72 |
| 四　川 | 209 | 8.79 | 7.17 | 14.89 |
| 贵　州 | 93 | 3.91 | 6.77 | 15.41 |
| 云　南 | 74 | 3.11 | 5.53 | 13.62 |
| 西　藏 | 0 | 0.00 | 0.00 | 0.00 |
| 陕　西 | 58 | 2.44 | 3.60 | 6.93 |
| 甘　肃 | 20 | 0.84 | 2.10 | 2.80 |
| 青　海 | 9 | 0.38 | 2.88 | 1.10 |
| 宁　夏 | 20 | 0.84 | 7.63 | 2.06 |
| 新　疆 | 32 | 1.35 | 5.50 | 12.40 |
| 兵　团 | 0 | 0.00 | 0.00 | 0.00 |

传染病防治查处的案件中违法情况较多的为违反医疗废物处置相关规定的行为（2122 件，占 89.20%）、违反消毒隔离相关规定的行为（1186 件，占 49.85%）和违反病原微生物实验室生物安全管理相关规定的行为（94 件，占 3.95%）（国家卫生健康委卫生健康监督中心，2019）。如表 35 所示。

表35　2019 年国家随机监督抽查工作传染病违法事实及占比

| 违法事实 | 查处案件数（件） | 占比（%） |
|---|---|---|
| 违反医疗废物处置相关规定的行为 | 2122 | 89.20 |
| 违反消毒隔离相关规定的行为 | 1186 | 49.85 |

| 违法事实 | 查处案件数（件） | 占比（%） |
| --- | --- | --- |
| 违反病原微生物实验室生物安全管理相关规定的行为 | 94 | 3.95 |
| 违反传染病疫情报告相关规定的行为 | 74 | 3.11 |
| 违反传染病疫情控制相关规定的行为 | 53 | 2.23 |
| 违反预防接种相关规定的行为 | 43 | 1.81 |
| 其他违法行为 | 141 | 5.93 |
| 地方违法行为 | 34 | 1.43 |

## 二、广东省实施《中华人民共和国传染病防治法》的执法现状

（一）主要举措与成效

广东省委、省政府历来高度重视公共卫生，尤其是传染病防治工作。2003年我省抗击"非典"取得重大胜利后，按照党中央、国务院战略部署，广东省委、省政府深入贯彻《传染病防治法》，把传染病防治体系建设纳入广东全省社会经济发展的总体规划，加强党委政府领导，加大投入。（《南方日报》，2012）广东全省上下齐抓共管，全面推进《中华人民共和国传染病防治法》落地实施，广东全省传染病防治工作取得了显著成效。

1. 完善法制，持续强化传染病法制保障

以传染病防治政策法规建设为抓手，持续推进《中华人民共和国传染病防治法》配套法律法规及制度完善，近年来相继制发了《广东省家禽经营管理办法》《广东省人民政府办公厅关于加强传染病防治人员安全防护的实施意见》《广东省传染病救治机构建设指引》《广东省法定传染病疫情和突发公共卫生事件信息发布方案》等相关配套政策文件。特别是2016年，广东省委、省政府作出了"建设健康广东、打造卫生强省"战略部署，提出要全面加强公共卫生体系建设，提升重

大疾病防治能力。2017 年以省政府名义出台广东省"十三五"艾滋病、结核病、职业病等重大疾病防治专项规划，原省卫生计生委联合省相关部门印发了地方病、血吸虫病防治"十三五"规划，印发《广东省活禽经营市场临时性休市指导性意见》等相关 H7N9 防控策略和意见，这一系列政策法规有效保障了广东省传染病防治工作有序开展。

2. 政府主导，建立健全传染病防治工作机制

广东省各级党委政府认真落实传染病防治的政府责任，推动形成政府组织领导、部门各负其责、全社会共同参与的传染病防治格局，在多次重大传染病疫情的处置中统筹领导，发挥了主导核心作用。2004 年，省政府成立省血吸虫病防治工作领导小组；2010 年，省政府重新组建由 30 多个厅级部门和七个地市组成的广东省人民政府防治艾滋病工作委员会。2014 年，省政府成立由省领导担任组长，省直各有关部门组成登革热防控领导小组。2015 年，省政府牵头建立埃博拉出血热防控工作联席会议。2016 年，省政府设立了由省领导牵头、42 个部门组成的省政府防治重大疾病工作联席会议，将埃博拉出血热防控工作联席会议、血吸虫病防治工作领导小组、登革热防控领导小组、人感染 H7N9 防控领导小组等职能并入，统筹广东全省重大疾病防治工作。在各地党委政府的领导下，广东省传染病防治工作已形成了政府主导、部门协同、社会参与的综合机制。

3. 强化建设，持续加强传染病防治体系的应对能力

2003 年抗击"非典"后，广东省委省政府决策部署，科学规划，狠抓落实，采取强有力措施，不断推进广东省疾病预防控制体系建设。广东省各级疾控中心无论在基础设施、仪器设备等硬件建设，还是在运行机制、人才队伍和能力建设等内涵建设方面均实现了跨越式的发展。一是各级疾控中心基础设施明显改善，工作条件明显改善。二是不断增强传染病防治体系综合应对能力。通过实施疾控中心、皮肤病、性病、结核病和麻风病防治等疾控专业机构建设项目，改善各类疾控机构的工

作条件和基础设施，更新和维护实验室仪器设备，进一步增强各类机构的传染病防控能力。三是建立霍乱等重点传染病主动监测体系。从以往被动监测转为以哨点主动监测为主，从单一病例监测转为症状、病原学和环境等综合监测，不断提升传染病监测、评估和疫情处置能力。通过强化各级疾控机构传染病实验室监测网络建设，提高实验室应对新发传染病及未知病原体的检测能力。四是加强骨干人才培训。积极实施现场流行病学、病原微生物检验技术、水质化验等骨干培训项目，检验检测能力明显提升。五是应急能力显著增强。创新了卫生应急工作方式，推进应急队伍建设，强化应急培训演练，完善卫生应急储备，形成了"横向到边、纵向到底"的突发公共卫生事件预案体系（《南方日报》，2012）。

4. 加人投入，推动建立稳定可持续的保障机制

近年来，广东省委、省政府对基层医疗卫生的投入不断加大，实施了一系列重大民生项目，各级政府对医疗卫生的投入逐年大幅提升，为传染病防治提供了可靠保障。广东省贯彻落实国家关于疾控中心机构编制的有关要求，省编办等部门制发了《关于进一步加强市县疾病预防控制中心建设的通知》，推动落实机构公益属性。目前广东全省各级疾控中心已纳入公益一类事业单位管理或由财政全额保障，部分疾控中心实行参照公务员法管理。在部分基层专业公共卫生机构实行公益一类财政保障、公益二类绩效管理的运行机制。

5. 突出重点，全面落实各项传染病防控措施

一是强化艾滋病、结核病等重大传染病防控，依托广东省防治重大疾病工作联席会议制度，密切部门协作机制，落实各项重大传染病防治措施。积极实施艾滋病综合防治实施策略，建设艾滋病综合防治示范区，推广实施"一站式服务"。

二是强化重点急性传染病防控，落实年部署、季调度、月评估、周分析和日监测工作，加强病例监测与报告管理，科学分析与评估疫情形

势，完善预警评估和应急处置机制，深入开展爱国卫生运动，强化检查督导，有效应对了登革热、流感、手足口病、诺如病毒感染等各类重点急性传染病疫情。积极落实碘缺乏病、地氟病等地方病综合防治措施，广东全省所有县（市、区）均实现了消除碘缺乏病目标。积极开展查病报病、查螺、环境改造等系统的寄生虫病防控，疟疾、血吸虫病达到消除状态。采取性病综合防治措施，加强性病监测、检测和诊疗体系建设，全省性病疫情保持平稳。广东全省原100个麻风流行县（市、区）全部通过验收，实现广东全省基本消灭麻风病目标。

三是积极防控H7N9禽流感、埃博拉、寨卡病毒病等新发和输入性传染病，联合推动"集中屠宰、冷链配送、生鲜上市"的H7N9禽流感源头防控措施，完善埃博拉出血热联防联控机制，严把埃博拉疫情入口关，实现2014年"严防病例输入、严控属地感染"的目标，成功处置我国首例输入性中东呼吸综合征病例。

6. 规范管理，开展免疫规划工作

广东省政府印发《关于进一步加强疫苗流通和预防接种工作的贯彻办法》，推动出台预防苗的采购、储运、使用等管理工作，在广东全省开展预防接种规范管理专项整理活动，印发《广东省乙型病毒性肝炎防治规划（2016—2020年)》等文件，进一步加强预防接种单位规范化管理，为14个地级市和33个人口大县（市、区）配备47辆预防接种冷藏车，纳入省政府十件民生实事推进，广东全省预防接种服务水平和质量得到全面提升。

7. 加强指导，巩固学校传染病防控基础

一是广东省各地依托重大疾病防治联席会议制度，建立健全学校传染病防控的政府领导和部门协作机制，加强部门信息沟通，及时通报监测发现的学校传染病疫情情况。通过召开多部门会议、联合发文和通报等形式，共同督促学校、托幼机构等落实传染病防控主体责任，采取有效措施防止发生重大传染病事件。二是制定学校重点疾病防控工作指引和技术方案，强化培训指导，有针对性地规范和指导各地疾控机构和学校及托幼机构开展重点疾病防控。三是各地督促指导辖区内学校和托幼机构，做好学生体检、预防接种查验证、因病缺课报告等卫生防疫基础性工作。四是加强校园健康教育工作，广东全省各地通过健康促进行动，将艾滋病、结核病、登革热、流感等疾病预防知识以及健康生活方式等健康常识送进学校，大大提高了学生预防疾病的能力。

8. 规范诊疗，全面强化传染病医疗救治方法

印发各类传染病诊疗路径和方案。多次举行广东全省医务人员全员培训，各地科学配置医疗资源，确定定点医院，对流感、手足口病等重症病例强调早识别、早诊断、早干预、早治疗，落实"集中患者、集中专家、集中资源、集中救治"原则，及时将病例转至重症病例定点收治医院治疗，提高救治率，减少病死率。

9. 监督执法，强化执法检查和普法宣传

一是持续开展《中华人民共和国传染病防治法》等法律法规落实情况的监督检查工作。原广东省卫生计生委于 2012 年、2015 年、2017年先后多次印发传染病相关执法检查方案，明确监督检查的主要内容和范围，部署广东全省监督检查工作。2017 年 5 月，印发《关于开展〈传染病防治法〉等法律法规落实情况监督检查工作现场督查的通知》，对六个地级市开展相关工作的督导。二是创新健康宣传，利用微信平台和互联网等形式，创新宣传手段，开展形式多样的传染病防治宣传教育活动，营造了良好的依法防控传染病社会氛围。

（二）传染病防控行政执法的存在问题及对策

广东省是人口经济大省，流动人口众多、地理环境复杂、气候炎热，加上对外交流频繁，造成各种病毒、细菌容易滋生繁殖，疾病容易传播流行。随着夏秋季到来，气温逐渐升高及雨水增多，蚊媒活跃，广东省又将逐渐进入登革热等虫媒传染病发病的流行期。同时，广东省还在一定程度上存在传染病防治经费保障机制不够完善、疾控人员相对不

足、传染病防治政策措施有待完善等问题，影响了对传染病防治法实施工作的全面落实。下一步，应从以下几个方面进一步加强传染病防治工作。

1. 继续完善传染病防治法治保障工作

始终坚持预防为主、防治结合，坚定不移地坚持关口前移，督促各地精细化地落实《中华人民共和国传染病防治法》中有关疾病监测预警、早诊早治、健康教育、健康管理等基础性工作，完善和巩固稳定的财政投入保障机制，确保传染病防治机构高效运转。

2. 完善政府主导和部门协作机制

传染病防治工作涉及面广、关注度高、影响范围大，按照"高度重视、积极应对、联防联控、科学处置"的原则，强化"属地、部门、单位、个人"四方责任落实，加强协作配合，形成合力，切实将防控措施落实到位。

3. 继续强化传染病防治能力建设

结合卫生强省和加强基层医疗卫生机构服务能力建设的工作要求，制定改革疾病预防控制体系的方案，落实强基创优行动计划，重点加强疾病预防控制、健康教育、妇幼保健和计划生育服务等公共卫生服务机构的能力建设。

4. 利用新媒体加强宣教和舆论引导

促进互联网技术与传染病防治深度融合，利用全媒体手段提升群众防病知识的知晓率，提高公众防病能力。卫生健康和宣传部门应紧密配合积极做好舆论应对工作，及时公开疫情处置情况，及时消除群众疑虑，避免引起社会恐慌（广东省卫健委，2018）。

## 第四节 传染病防治执法案例

### 一、"新冠肺炎"疫情典型案例概述

北大法宝数据库中，"新冠肺炎"疫情典型案例概述以各级司法机关在2020年1月1日至2020年6月30日之间发布的305例典型案例作为数据样本。在305例"新冠肺炎"疫情典型案例中，法院发布176例，检察院发布119例，法院和检察院联合发布10例。

（一）在法院发布的典型案例中，以最高院发布的数量最多

北大法宝数据库显示，在305例"新冠肺炎"疫情典型案例中，法院发布176例，其中最高人民法院发布的数量最多，有59例，总占比为33.5%；其次是上海市高级人民法院、广东法院分别发布20例、18例，总占比为11.4%、10.2%；四川省高级人民法院、山东省高级人民法院等十个发布主体案例数量均在12例以下。如图2所示。

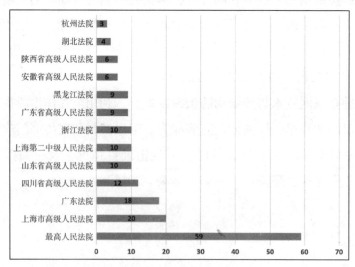

**图2 "新冠肺炎"疫情典型案例法院发布情况**（注：引自北大法宝数据库）

（二）最高检最早发布新冠"疫情"典型案例，且总体发布数量多于地方检察院

北大法宝数据库显示，由各级检察院发布的典型案例共有119例，最高人民检察院在2月份发布首批与新冠"疫情"相关的典型案例。同时，最高检总体发布的案例数量最多，有56例，总占比高达47%；其次为广东省、广西壮族自治区、贵州省、湖北省人民检察院发布的典型案例，数量均为10例，总占比均为8%；河南省、北京市、福建省、陕西省人民检察院发布典型案例的数量均在10例以下。如图3所示。

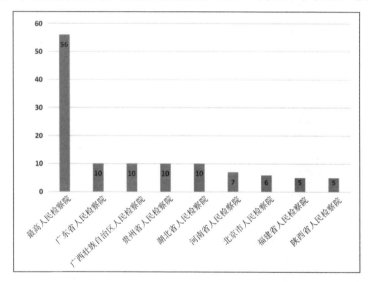

**图3**　"新冠肺炎"疫情典型案例检察院发布情况（注：引自北大法宝数据库）

## 二、"新冠肺炎"疫情典型案例的发布状况

（一）涉及四大案由，其中刑事类最多，达到六成以上

北大法宝数据库显示，在305例"新冠肺炎"疫情相关的典型案例中，所涉案由包括刑事、民事、执行、行政四类。其中，刑事类最多，有212例，总占比为69.5%；民事类次之，有62例，总占比为20.3%；执行、行政案件较少，分别有30例、1例，总占比之和为10.2%。

在212例刑事类案例中，涉及诈骗罪、妨碍公务罪、妨害公务罪、妨害传染病防治罪、非法经营罪、以危险方法危害公共安全罪等29类案由。其中，诈骗罪最多，有47例，总占比为22.3%；其次是妨碍公务罪、妨害传染病防治罪和寻衅滋事罪，依次有40例、21例、20例，总占比为19%、10%、9.5%；其余25类案由数量均在20例以下。如图4所示。

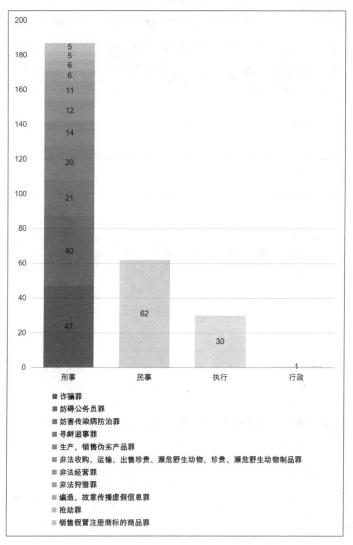

**图4 "新冠肺炎"疫情典型案例案由分布**（注：引自北大法宝数据库）

（二）案例来源于 19 个省级行政区域

北大法宝数据库显示，在 305 例典型案例中，可以明确案例来源地域的有 220 例，涉及浙江省、广东省、湖北省等 19 个省级行政区域。其中，来源于浙江省的案件数量最多，有 24 例，总占比为 11%；其次为广东省、湖北省、江苏省，有 22 例、13 例、10 例，总占比分别为 10%、6%、5%；上海市、黑龙江省、安徽省等 15 个省级行政区域案件数量均在 10 例以下。如图 5 所示。

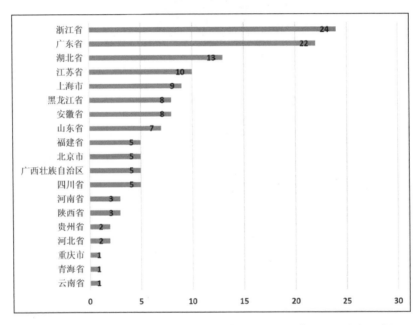

**图 5　"新冠肺炎"疫情典型案例来源地域**（注：引自北大法宝数据库）

（三）审理法院以基层人民法院为主

北大法宝数据库显示，在 305 例典型案例中，明确审理法院的有 220 例，其中，由基层人民法院审结的案件数量最多，有 187 例，总占比为 84.6%；其次是中级人民法院，有 21 例，总占比为 9.5%；专门人民法院、高级人民法院、最高人民法院审理的案件较少，分别有 6 例、4 例、3 例，总占比依次为 2.7%、1.8%、1.4%。如图 6 所示。

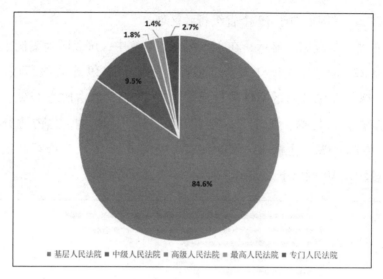

**图6　"新冠肺炎"疫情典型案例审理法院级别**（注：引自北大法宝数据库）

（四）审理程序为一审的案例占比最高，约七成

北大法宝数据库显示，在305例典型案例中，可以明确案例审理程序的有158例，未明确审理程序的有147例。其中，一审案例数量最

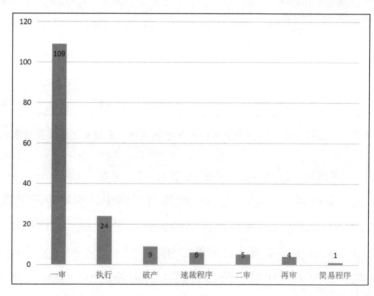

**图7　"新冠肺炎"疫情典型案例审理程序**（注：引自北大法宝数据库）

多，有 109 例，总占比为 69%；其次是执行程序，有 24 例，总占比为 15%；破产、速裁程序、二审、再审、简易程序均在 10 例以下。如图 7 所示。

（五）文书类型以判决书为主

北大法宝数据库显示，从文书类型来看，有 180 例明确了文书类型，125 例未明确文书类型。在明确了文书类型的案例中，以判决书居多，有 137 例，总占比为 76.1%；以调解书结案的案件有 31 例，总占比为 17.2%；裁定书有 12 例，总占比为 6.7%。如图 8 所示。

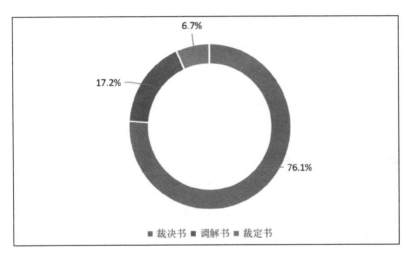

**图 8　"新冠肺炎"疫情典型案例文书类型**
（注：引自北大法宝数据库）

（六）从案件类型来看，疫情防控犯罪类案件占比近七成

北大法宝数据库显示，从案件类型来看，涉及疫情防控犯罪类有 211 例，总占比为 69.2%；其次，合同纠纷类案例有 39 例，总占比为 12.8%；执行类、破产纠纷分别有 30 例、13 例，总占比依次为 9.8%、4.3%；其他类、劳动争议类、行政纠纷类数量均在 10 例以下，总占比之和为 3.9%（訾永娟，2020）。如图 9 所示。

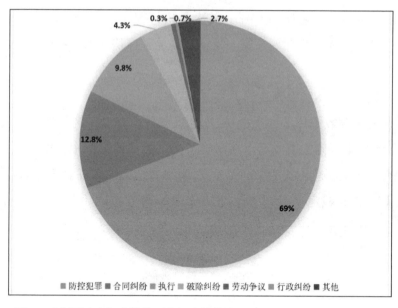

图9　"新冠肺炎"疫情典型案例案件类型（注：引自北大法宝数据库）

### 三、"新冠肺炎"疫情具体案例

（一）事实概要

案例一：2020年1月20日，湖北省武汉市某医院从事护工工作的孙某某随妻子、儿子、儿媳和孙女驾车返回四川省南充市嘉陵区吉安镇。1月21日，孙某某在嘉陵区吉安镇三社吃坝坝席，席间接触多人。1月22日，孙某某出现发热咳嗽症状，其儿子开车送其到李渡医院就诊，后孙某某乘坐客车从李渡返回吉安老家，车上接触多人。1月23日上午，孙某某病情恶化，其子开车将其送至南充市中心医院嘉陵院区就诊，医生认为其疑似"新型冠状病毒感染者"，让其隔离治疗，孙某某不听劝阻悄悄逃离医院，并乘坐客车返回吉安镇，车上接触多人。1月23日14时许，工作人员将孙某某强制隔离治疗。其在被确诊和收治隔离后，仍隐瞒其真实行程和活动轨迹，导致疾控部门无法及时开展防控工作，大量接触人员未找回；导致21人被隔离观察，吉安镇二、三、四社三个社区被隔离观察。2月5日，南充市公安局嘉陵区分局对孙某某涉嫌妨害传染病防治一案立案侦查。南充市嘉陵区人民检察院第一时间派人员提前介入，引导侦查取证（北大法宝，2020）。

案例二：2020年2月3日上午8时许，莱芜某食品有限公司职工邓某某饮酒后未戴口罩去公司上班。因公司规定酒后不能上岗以及在防控新冠肺炎疫情期间出入公司必须佩戴口罩，故防控人员不准许其进入公司院内，邓某某不听劝阻与防控人员争吵起来，后邓某某又殴打了赶来的民警及辅警。2月4日下午，济南市公安局莱芜区分局以涉嫌妨害公务罪提请批准逮捕邓某某，济南市莱芜区检察院于2月5日对邓某某依法作出批准逮捕决定。2月6日下午公安机关将该案移送审查起诉；2月7日，在律师见证下，邓某某自愿签署认罪认罚具结书。莱芜区检察院决定对邓某某适用认罪认罚从宽制度提起公诉，建议适用速裁程序，并提出了量刑建议。济南市莱芜区法院于2月12日适用速裁程序开庭审理了该案，法院当庭作出判决：被告人邓某某犯妨害公务罪，判处有期徒刑10个月（方圆，2020）。

案例三：2020年2月28日星期二晚，浙江省乐清市城区市场监督管理所配合属地对乐成、城南两个街道辖区沿街餐饮店开展突击检查。检查中，发现位于乐成建设东路92号的百味馄饨存在堂食现象，且其经营主不配合检查，拒绝履行疫情防控责任，工作人员根据《中华人民共和国传染病防治法》，在现场对其店铺进行了查封，卫生防疫人员对店铺进行现场流行病学调查（发现乐清，2020）。

案例四：江西一中学教师在家封闭十余天后，出家门在自己小区内进行慢跑，跑步时并未戴口罩，无视政府要求居民在家自我隔离的防疫规定。根据相关视频显示，该老师正在小区跑步，四周都无人，突然有声音叫停了他，并询问他为什么没有戴口罩，该老师表示现在买不到口罩，自己家里已经没有了。他还表示，钟南山院士呼吁大家要节约使用口罩，在空旷的地方可以不戴。小区内的防疫工作人员立即对该教师进行劝阻，让其回家，并要求外出必须戴口罩。该教师不听劝阻，还与防疫志愿者发生口头争执，并以钟南山院士曾说过家中和人流不密集的地方不需要戴口罩为由强词夺理，态度蛮横。教师与防疫工作人员发生争执的视频传至各类微信群中，造成严重的不良影响。社区工作人员和派出所的民警在该教师家里，以其防疫期间不遵守政府防疫规定和不服从防疫工作人员管理为由，将该教师带至洛市强制隔离点进行强制隔离，并处罚金一万元（江西活动，2020）。

（二）判决要旨

1. 案例一：违反《中华人民共和国传染病防治法》规定，拒绝执行卫生防疫机构依照《传染病防治法》提出的防控措施，引起新型冠状病毒传播或者有传播严重危险，符合刑法第一百一十四条、第一百一十五条第一款规定的，依照刑法第三百三十条的规定，以妨害传染病防治罪定罪处罚。

2. 案例二：违反《中华人民共和国传染病防治法》规定，以妨碍公务罪定罪处理，依据《刑法》第二百七十七条第一款涉嫌妨害公务罪进行追究。

3. 案例三：违反《中华人民共和国传染病防治法》的规定，存在违规"堂食、桌食"等行为，并且还不配合执法人员进行检查，拒绝履行疫情防控责任，违反了《中华人民共和国传染病防治法》第五十四条的规定，"县级以上人民政府卫生行政部门在履行监督检查职责时，有权进入被检查单位和传染病疫情发生现场调查取证，查阅或者复制有关的资料和采集样本。被检查单位应当予以配合，不得拒绝、阻挠。"

4. 案例四：违反《中华人民共和国行政处罚法》的规定，对行为人进行行政处罚。依据《中华人民共和国行政处罚法》第四十九条规定，发生重大传染病疫情等突发事件，为了控制、减轻和消除突发事件引起的社会危害，行政机关对违反突发事件应对措施的行为，依法快速、从重处罚。

（三）评析

1. 违反《传染病防治法》规定，以妨害传染病防治罪定罪处罚

案例一中的孙某某违反了《传染病防治法》的规定，拒绝执行卫生防疫机构依照《传染病防治法》提出的防控措施，引起新型冠状病毒传播或者有传播严重危险，符合刑法第一百一十四条、第一百一十五条第一款规定的，依照刑法第三百三十条的规定，以妨害传染病防治罪定罪处罚。该罪必须具备三个条件，一是行为人引起甲类传染病传播或者有传播严重危险。行为人孙某某被医生怀疑为"新型冠状病毒感染者"，而在 2020 年 1 月 20 日中华人民共和国国家卫生健康委员会公告中"新型冠状病毒"感染的肺炎被纳入《中华人民共和国传染病防治法》规定的乙类传染病，并采取甲类传染病的预防、控制措施（中华人民共和国国家卫生健康委员会，2020），故孙某某引起了按照甲类传染病进行管理的"新型冠状病毒"感染的肺炎传播，并且此传染病有传播严重危险；二是行为人拒绝执行卫生防疫机构依照传染病防治法提出的预防、控制措施。医院对孙某某采取了隔离措施，他却不听劝阻悄悄逃离医院，在被确诊和收治隔离后，孙某某仍隐瞒真实行程和活动轨迹，导致疾控部门无法及时开展流行病学调查防控工作，大量接触人员未找回，行为人实施了拒绝配合卫生防疫工作人员工作的行为，已构成妨害传染病防治罪。孙某某违反了《传染病防治法》的规定，现行的《中华人民共和国传染病防治法》第十二条规定："在中华人民共和国领域内的一切单位和个人，必须接受疾病预防控制机构、医疗机构有关传染病的调查、检验、采集样本、隔离治疗等预防、控制措施，如实提供有关情况。疾病预防控制机构、医疗机构不得泄露涉及个人隐私的有关信息、资料。"本案卫生防疫人员进行流行病学调查的法律依据是充分的，但是对于像孙某某这样隐瞒真实行程和活动轨迹，拒不配合流行病学调查的行为，疾控中心的防疫人员确实是束手无策，法律对这种行

为缺少明确的赋予专业技术人员的现场制约手段。

2. 违反《传染病防治法》规定，以妨碍公务罪定罪处理

案例二属于典型的妨碍公务案，应根据依据《刑法》第二百七十七条第一款涉嫌妨害公务罪进行追究。该罪必须具备三个要件，一是行为人实施了故意阻碍的行为，邓某某在公司明确规定出入公司必须戴口罩的情况下，不听劝阻与防控人员争吵斯打起来，还殴打了赶来的民警及辅警等执法人员，体现了邓某某的故意阻挠和妨碍；二是行为人阻碍的是国家机关工作人员，防控人员、民警和辅警属于国家机关的工作人员；三是依法执行公务，卫生防疫人员、民警及辅警在依法执行公务，邓某某的行为严重妨碍国家机关人员的执法行为。

3. 违反《传染病防治法》规定，对现场店铺进行查封

案例三中的店铺经营主违反《传染病防治法》的规定，存在违规"堂食、桌食"等行为，并且还不配合执法人员进行检查，拒绝履行疫情防控责任，违反了《中华人民共和国传染病防治法》第五十四条的规定"县级以上人民政府卫生行政部门在履行监督检查职责时，有权进入被检查单位和传染病疫情发生现场调查取证，查阅或者复制有关的资料和采集样本。被检查单位应当予以配合，不得拒绝、阻挠"。

4. 违反《行政处罚法》的规定，对行为人进行行政处罚

案例四中的教师违反了《行政处罚法》的规定，拒绝执行卫生防疫机构提出的"硬性要求戴口罩"这一行政规定，引起新型冠状病毒传播或者有传播严重危险。依据《行政处罚法》第四十九条规定，发生重大传染病疫情等突发事件，为了控制、减轻和消除突发事件引起的社会危害，行政机关对违反突发事件应对措施的行为，依法快速、从重处罚。在江西全省启动重大突发公共卫生事件一级响应后的疫情防控的特殊时期，无视政府防疫有关规定，不服从防控工作人员管理，对江西省丰城市的防疫工作产生严重的不良影响。江西省政府已经出台对于必须戴口罩的硬性规定，此教师违反了该规范性文件的规定。

## 第五节 基于案例的制度反思

### 一、传染病防治执法的困境

《传染病防治法》自颁布实施以来，对我国预防、控制和消除传染病的发生与流行，保障人民群众身体健康发挥了重要作用。国务院及其有关部门、地方各级政府认真贯彻实施《传染病防治法》，在健全体系、提升能力、完善机制、强化保障等方面，积极采取措施，不断加大力度，传染病防治工作取得明显成效。检查过程中，各地普遍反映，"《传染病防治法》是一部好法、管用的法"。但是，目前我国传染病防治工作还存在四大薄弱环节（中国人大网，2018）。第一，疾病预防控制机构的能力与承担的职责不适应。传染病防治法对各级疾病预防控制机构在传染病预防控制中应当履行职责作出八项具体规定，但在检查中，各地普遍反映，一些基层疾控机构基础设施落后、检测设备缺乏、业务能力有待提高等问题较为突出。第二，人员队伍建设亟待加强。多地反映，部分疾控机构特别是基层人员编制多年来未做过调整，无法满足现有的需要，一些疾控机构人员和医疗机构从事传染病专业医务人员队伍不稳定，近年人才流失比较严重。第三，对疫情的及早发现、及时报告、妥善处置等能力有限。各地普遍反映，学校、托幼机构专业卫生人员配备不足，相当数量的中小学没有按规定设置校医室或保健室。有的学校主体责任意识不强，防治措施不到位，加之专业人员缺乏、能力不足，学生聚集性疫情时有发生。第四，人畜共患传染病防治存在隐患，近年来我国人感染人畜共患传染病病例不断增多，严重危及人民群众身体健康。检查发现，一些基层动物疫病防治机构基础设施、实验室诊断检测能力和队伍力量薄弱，影响了动物疫情监测和防治工作全面开展，不能适应我国动物疫病病种多、病原复杂、流行范围广的特点（中国改革网，2018）。

## 二、流行病学调查工作法律依据不周延

科学防治传染病决策的基础是进行精确详细的流行病学调查，如果疾病预防控制部门不能高效、及时、准确地提供科学性数据，传染病预防监测的任务就会破灭。正如新华社记者所言（新华网，2020）：

疾控流调员，要尽量在最短时间内摸清楚每个上报病例的活动轨迹，分析出感染途径和传播链，并及时采取措施阻断病毒传播，从而将病毒的感染人群控制在最小范围。他们争分夺秒，不放过任何蛛丝马迹，犹如战斗在抗"疫"一线的"福尔摩斯"。

流行病学调查工作中遇到行为人拒绝配合调查，故意隐瞒踪迹，疾病预防控制部门为破解疫情"谜局"，只能请示上级后向公安机关请求协助，需要相关法律支持公安机关协助疾病预防控制部门进行流行病学调查。但是疾病预防控制部门遇到很紧急的突发事件需要公安机关配合时，当请示上级后再报告公安机关，这中间会涉及时效性的问题，将造成影响疫情防控风险，也许在行为人拒绝配合流调还未得到上级批准报告公安机关的情况下，增加更多人在行为人所到之处感染传染病的可能性。如果法律可以明确规定有关单位和人员拒不配合的，疾病预防控制部门有权依据法律直接报告公安机关，由公安机关依法采取强制措施，疾病预防控制部门则可以实现与公安机关的双向直接对接，增强疫情防控的及时性和高效性。

## 三、现行立法对流行病学调查的规定操作性不强

《中华人民共和国传染病防治法》第十二条规定："在中华人民共和国领域内的一切单位和个人，必须接受疾病预防控制机构、医疗机构

有关传染病的调查、检验、采集样本、隔离治疗等预防、控制措施，如实提供有关情况。疾病预防控制机构、医疗机构不得泄露涉及个人隐私的有关信息、资料。"这说明在法律条文中疾病预防控制部门进行流行病学调查具有明确的法律依据，而疾控中心的防疫人员面对拒不配合流行病学调查的行为束手无策是因为依据《中华人民共和国传染病防治法》对流行病学调查规定操作性不强，法律对拒绝配合流行病学调查行为缺少明确的制约手段。显然，法律规定了一切单位和个人必须接受疾病预防控制机构、医疗机构有关传染病预防、控制措施，但是却并没有明确的法律条文规定公民拒绝履行法律的规定时，将会按照法律法规受到处罚。这就造成处罚不分明，法律概念模糊不清，疾病预防控制部门实施执法行为时看似有法律依据，实则由于现行立法对流行病学调查的规定缺乏操作性，才导致对拒绝配合流行病学调查的行为人束手无策。

### 四、《中华人民共和国传染病防治法》中相关"措施"性质不明确

《中华人民共和国传染病防治法》中相关"措施"性质不明确，行政主体实施的措施可以分为应急措施和行政应急措施，而这两者之间的性质界限却不明确，其组织地位与其在整个传染病防治法制体系中的重要性也不相匹配。

《中华人民共和国传染病防治法》对于防疫措施的表述并没有区分医疗机构、疾病预防控制机构、卫生行政部门、各级人民政府等各类主体实施的"措施"是行政机关的行政应急措施，还是非行政机关的应急措施，例如医疗机构的医疗措施。应当承担公共管理职能的事业单位如疾病预防控制机构，依照《中华人民共和国传染病防治法》所实施的"措施"如果被定义为行政应急措施，则该组织机构在实施"措施"不力或者不当时应当承担行政责任而不仅仅是研究结果的发布和警示不当的责任。

依据《中华人民共和国传染病防治法》第四十条的规定，"疾病预防控制机构发现传染病疫情或者接到传染病疫情报告时，应当及时采取措施。"疾病预防控制机构进行研判后得出的科学结论对于整个防疫工作有至关重要的作用，甚至必须达到"一锤定音"的效果，成为卫生行政部门的决策依据。如果疾病预防控制机构仅仅是科研机构、卫生行政部门的下属事业单位，那么其组织地位与其在整个《中华人民共和国传染病防治法》中规定的至关重要性就会不相匹配。因为行政主体的不同，《中华人民共和国传染病防治法》规定的"措施"和行政应急措施性质不明确，行政应急措施的本质属性是行政管理行为，因此应该是由行政机关实施的。

## 五、政府对于新发传染病的处置措施缺乏高位阶的法律规定

部分政府应对新发传染病的处置措施是以通告、命令或者硬性规定来约束公民的行为，例如"新冠疫情"期间部分省份和城市以"名义上"的政府规定对不戴口罩的民众进行管理和处罚。但是用通告、命令或者硬性规定的形式，对新发传染病进行违法处置缺乏法律依据，体现出政府在新发传染病的处置措施上缺乏高位阶的法律规定。

当然，也有明确将不戴口罩进入公共场所作为违法行为而施以处罚的省份或者城市，如广东省疫情防控指挥部于 2020 年 1 月 26 日发布通告，"各公共场所经营者、管理者应当要求进入其场所的人员佩戴口罩后方可进入其经营的公共场所，对未佩戴口罩进入场所者应当予以劝阻，对不听劝阻的人员依照《中华人民共和国传染病防治法》和《公共场所卫生管理条例》的规定向相关主管部门报告，由各相关主管部门按照各自职责依法处理。阻碍突发事件应急处理工作人员执行职务，触犯《治安管理处罚法》，构成违反治安管理行为的，由公安机关依法予以处罚。"此份通告后来被很多地方政府效仿，原本作为行政指导的"外出佩戴口罩"由此也在很多地方演变为强制性命令，并被附上行政

处罚的惩戒后果。但一个行为是否属于应予行政处罚的违法行为,本质上属于行政处罚的创设问题。按照《行政处罚法》的规定,唯有法律、行政法规、地方性法规和规章才能创设处罚;且在创设的权限划分上,法律规范的层级越低,设定处罚的权限就越小,即便是新颁布实施的《生物安全法》,也未解决规范性文件中的禁止性规定与处罚种类和手段匹配度的问题。

## 第六节　传染病防治执法体系改革的必要性

### 一、卫生法治体系要求建立健全传染病防治执法体系

《中华人民共和国基本医疗卫生与健康促进法》第二十条规定,"国家建立传染病防控制度,制定传染病防治规划并组织实施,加强传染病监测预警,坚持预防为主、防治结合,联防联控、群防群控、源头防控、综合治理,阻断传播途径,保护易感人群,降低传染病的危害。"

### 二、政府管制要求建立传染病防治监管体系

新冠肺炎疫情下,中国各地各级政府根据本地疫情严重程度,采取了一系列的应急管理举措,其中就包括对交通运输、活动场所、特定人员的管制政策(陈武等,2020)。

针对交通管制,习近平总书记在统筹推进新冠肺炎疫情防控和经济社会发展工作部署会议上的讲话强调:"切实维护社会稳定,我们推动做好社会面安全稳定工作,妥善处理疫情防控中可能出现的各类问题,维护医疗秩序、市场秩序等,疫情防控前期,为快速阻断疫情传播蔓延,采取严格的交通管控措施是必要的。"(新华网,2020)针对人员

与场所的管制，习近平在北京调研指导新冠肺炎疫情防控工作时强调："控制源头、切断传播途径，是传染病防控的治本之策。"（《人民日报》，2020）针对人口流动性的管制，习近平总书记在会议上的讲话指出："湖北和武汉疫情防控任务依然艰巨繁重，其他地区人员流动和聚集增加带来的疫情传播风险在加大，加强疫情防控必须慎终如始，对疫情的警惕性不能降低，防控要求不能降低，继续抓紧抓实抓细。"（央视新闻客户端，2020）

### 三、医疗卫生体制改革要求加强传染病防治执法力度

《深化医药卫生体制改革 2020 年下半年重点工作任务》要求，"改革完善疾病预防控制体系。优化完善疾病预防控制机构职能设置，改善疾病预防控制基础条件。加强口岸传染病防控能力建设。完善传染病监测预警系统实行传染病报告首诊负责制，改进不明原因疾病和异常健康事件监测机制，推进建立智慧化预警多点触发机制，加强军地间和部门间传染病监测预警信息通报，推动健全多渠道监测预警机制。"

## 第七节　传染病防治执法体系改革的对策建议

### 一、明确对疾病预防控制机构的授权

面对重大疫情，疾控部门应当具有根据流行病学调查、检验和检测情况，对现场进行卫生处理，要求有关单位和人员采取场所封闭、人员隔离或者疏散、样本保护等临时应急控制措施的权力。

2020 年 8 月 26 日，深圳市六届人大常委会第四十四次会议通过《深圳经济特区突发公共卫生事件应急条例》（以下简称《深圳应急条例》），于 2020 年 10 月 1 日正式实施。这是新冠肺炎疫情发生以来全国

首部地方《深圳应急条例》（光明网，2020）。根据《深圳应急条例》规定，在出现拒不提供、故意隐瞒或者提供虚假个人健康、旅行史、密切接触史等相关信息的，拒绝接受或者逃避卫生检疫、检查、调查、隔离治疗、隔离医学观察的，阻碍有关工作人员依法履行防控救治职责等情况时，由公安机关责令立即改正，拒不改正或者情节严重的，处两百元以上一千元以下罚款；构成违反治安管理行为的，由公安机关依法给予治安处罚；构成犯罪的，依法追究刑事责任（澎湃新闻，2020）。《深圳应急条例》第五十二条规定，疾病预防控制机构应当根据流行病学调查情况，对现场进行卫生处理，并可以要求有关单位和人员采取场所封闭、人员隔离或者疏散、样本保护等临时应急控制措施。有关单位和人员拒不配合的，应当报告公安机关，由公安机关依法采取强制措施（深圳市卫生健康委员会，2020）。即地方法规授权疾控部门在必要情境下可及时"封锁现场"。深圳市此次在"新冠疫情"背景下制定的《深圳应急条例》是给疾病预防控制部门"授权"的范本，国内其他省市可以根据地方特点和地方情况借鉴深圳对疾病预防控制部门的法律问题进行改革。

**二、明确流行病学调查具有行政性**

现行《中华人民共和国传染病防治法》第五十四条的规定应当修改，建议《传染病防治法》明确规定："县级以上人民政府卫生行政部门在履行流行病学调查、监督检查职责时，有权进入被调查、检查单位或者个人的传染病疫情发生现场调查取证，询问有关人员，查阅或者复制有关资料和采集样本。被调查、检查单位或者个人应当予以配合，不得拒绝、阻挠。必要时，调查、检查人员有权请求公安机关协助。"

流行病学调查行为其实质是行政行为，疾病预防控制机构执行《传染病防治法》也是政府规制的询证过程，它与其他的行政行为有所区别的是流行病学现场调查取证时询问有关人员，查阅或者复制有关资料和采集样本等行为会涉及侵犯公民隐私权的问题。但是如果没有明确的法律规定或授权给疾病预防控制机构可因流行病学调查需要，询问公民与流行病学调查相关的问题并必须如实陈述配合调查，疾病预防控制机构则缺乏实施政府行为的法律依据，对于高效、及时、精确开展流行病学调查工作是有困难的。流调是与疾病的传播抢时间，任务紧迫，刻不容缓，在立法上应当给予更加强有力的支撑。尤其是被调查人觉得自己的行踪、与他人接触等信息属于隐私，不必要向他人透露，就可能使得流调陷入僵局。在立法时明确被调查人具有如实陈述和配合调查的义务并不是对人权的忽视，而是从根本上保障人权。如果立法时不明确被调查人具有如实陈述和配合调查的义务，流调就会流于形式（汤啸天，2020）。

### 三、规定配合流行病学调查是每个公民的义务

流行病学调查是疫情应对中的一项基本工作，是根据《中华人民共和国传染病防治法》和《突发公共卫生事件应急条例》等依法依规开展的。

疾控人员除了有采样、检测、消毒人员之外，还有负责现场调查和疫情分析的流行病学专业人员。他们到现场开展调查，与患者面对面交流，询问患者在发病前后的一些暴露情况、接触情况以及活动轨迹、就医情况等，寻找与传染源、传播途径有关的蛛丝马迹（环球网，2020）。为判定密切接触者、采取隔离措施、划定消毒范围提供依据，配合流调工作，向流调人员提供真实、详细的信息，是对自己和他人的健康负责，让密切接触者尽快得到排查，让患者尽快得到救治，是防止更多人感染的一个关键措施（环球网，2020）。进行流行病学调查的疾病预防控制机构对被调查对象的个人隐私信息已经在新颁布的《个人信息法》中得到保护，患者隐瞒行程、病情的行为，不仅不利于自身治疗，对疫情防控工作也带来不利影响。应该对配合流调工作予以法律

支撑，规定配合流调工作是每一位公民应尽的义务，并且在法律条文中说明如果拒绝履行配合调查应当予以处罚。

### 四、定期评估传染病预防和控制预案的能力

完善评估方式，定期对各级政府实施传染病预防、控制预案的能力进行评估，公共卫生管理尤其是相关法规重点倾向于建立传染病应急预案，但对应急预案负责单位的实施能力缺乏有效的评估。中国相关法律可增加有关评估方式的规定，定期通过实习演练、训练等方式对地方政府应急预案实施能力进行能力评估。通过定期评估，不仅能反映出政府机构、部门的应对能力，还能增加其应对传染病事件的熟练度，并且能够对传染病预防、控制预案内容的合理性进行核验并进行及时的动态调整和完善。

# 第四章　职业健康风险规制

## 第一节　职业病防治的理论概念

### 一、职业病的概念

职业病一般有广义和狭义之分。广义上的职业病是由于工作环境中有害因素作用于机体后所引起的疾病（张国华，2005）。狭义的职业病是指法定职业病。各国法律都有对于职业病预防方面的规定，一般来说，凡是符合法律规定的疾病才能称为职业病。依据《中华人民共和国职业病防治法》（以下简称《职业病防治法》）的规定，职业病，是指企业、事业单位和个体经济组织（以下统称为"用人单位"）的劳动者在职业活动中，因接触粉尘、放射性物质和其他有毒、有害物质等因素而引起的疾病。

《职业病防治法》规定，职业病的诊断应当由省级卫生行政部门批准的医疗卫生机构承担。同时，诊断为职业病的，需由诊断部门向卫生主管部门报告；职业病患者在治疗休息期间，以及确定为伤残或治疗无效而死亡时，按照国家有关规定，享受工伤保险待遇或职业病待遇。

**二、职业病的特点**

职业病是一种人为疾病，与人的职业活动相联系。职业病病因明确，在控制病因或作用条件后，可以消除或减少发病率（陈云良，2019）。

（一）职业病种类增多，患病数量大

在工业化飞跃发展的当代，中国作为发展中国家，还处于工业布局调整阶段，还有一部分人依然在从事着高污染、高风险的职业。这些职业的工作环境中存在着放射性或者是有毒的物质，使劳动者面临极大的健康危害风险，同时，这些职业有害因素还造成严重的环境污染，破坏生态安全。这一数量庞大的群体职业健康安全不容忽视，比如，与2009年相比，2016年尘肺病的发病率翻倍。除了面临有害因素的职业人群数量庞大外，职业病防治工作还面临着另外一大问题，即随着工业的发展，进入工艺流程中的新型原料和中间产物种类增多，可能产生职业健康危害的未知因素增多，最终导致职业病的种类增多。仅21世纪，我国职业病种类从2002年的115种增加到2013年的132种。

（二）职业病危害分布行业广、中小企业危害严重

职业病分布的行业范围比较广，从百强企业到作坊式小企业都存在职业病风险，尤其是中小型乡镇企业。我国中小型乡镇企业是大多数职业健康危害的来源，特别是采矿业、建筑业、化学工业和制造业，83%的受调查乡镇企业至少存在一种职业健康危害，估计至少1/3的工人暴露于健康风险中（Jennifer Holdaway，2010）。

（三）职业病危害流动性大、危害转移严重

职业病患者当中，农民工占大多数。职业病本身具有"潜伏期长""发病滞后"等特点，加上农民工流动性大、自我防护意识薄弱等因素，使得很多职业病患者往往在调换务工单位或返乡之后才发现明显症状，这给职业病的诊断、补偿和早期治疗带来很大难度。所以职业病危

害转移与劳动者职业健康保障息息相关，不容忽视。

（四）职业病具有隐匿性、迟发性，危害往往被忽视

职业病具有隐匿性和迟发性的特点。尤其是在职业安全监管越来越规范的今天，在作业场所中接触高浓度毒物导致急性中毒的情况已经很罕见。在作业场所中，劳动者更多的是长期接触相对低浓度的有害因素，这些有害因素可以在体内逐渐蓄积，达到一定毒性剂量，或者劳动者身体状况发生变化时，产生慢性毒性效应。因此，往往在接触有害因素作业一段时间后，甚至是在离开作业场所一段时间后，职业病的症状和体征才逐渐显示出来，即从量变到质变。

（五）职业病危害巨大，影响长远

职业病不仅给患者身体带来长期的疾病折磨，还加重了患者及其家庭的经济负担，同时也给用人单位带来了巨大的名誉损害和经济损失。所以用人单位应该组织工人进行就业前体检、在岗定期体检和离岗体检，从而做到职业病早发现、早诊断、早治疗，减少职业病的发生，减轻其带来的不良后果。

### 三、职业病防治的方针和原则

（一）预防为主、防治结合的方针

"预防为主，防治结合"的方针，是根据职业病可以预防，但是很难治愈这个特点提出来的。所以，职业病防治工作必须从致病源头抓起，实行前期预防（吕子璇，2018）。"预防为主"，是做好职业病防治工作的基础和前提，就是要做到"防微杜渐""防患于未然"，把职业病防治工作，由传统的发生问题后进行处理的工作模式转变为风险预防管理的模式，把工作重点放在预防上，不要等产生了职业病再被动地处理后事，而要把职业病危害消灭在萌芽状态。这就要求政府相关部门、用人单位和劳动者共同努力，严格执行《职业病防治法》所规定的有关职业病预防的措施，防止职业病的发生。

（二）分类管理、综合治理的原则

职业病防治工作的基本管理原则是"分类管理、综合治理"。由于导致职业病的危害因素很多，职业病的危害程度也不完全相同，所以，在职业病防治管理工作中需要按照不同危害类别进行职业病分类管理。"综合治理"就是要将职业病防治作为一项系统工程来抓，包括：卫生行政部门作为国家主管部门进行统一的监督管理，并按照《职业病防治法》的要求，尽快制定职业病防治规划，纳入国民经济计划，摸清职业病危害底数，明确中长期目标，制定有效的预防和控制措施；劳动和社会保障部门在职责范围内分工监督管理；工会组织从保护劳动者合法权益方面进行监督检查等。各部门要加强沟通、协调配合，形成统一的强有力的监督链，做到全方位的综合治理，才有可能实现最佳治理结果。

### 四、职业病防治的基本法律制度

《职业病防治法》的总则部分对职业病防治的基本制度作出了规定，这些基本制度主要有（全国人大常委会，2019）：

（一）劳动者依法享有职业卫生保护的权利

这是劳动者的基本权利，也是制定职业病防治法的前提，或者说是这部法律产生的基础和最充足的理由。

（二）实行用人单位职业病防治责任制

这是在立法过程中确立的职业病防治的一项基本的制度。它的核心是用人单位对职业病防治负有法定的责任，用人单位是职业病防治的第一任务单位。

（三）用人单位必须依法参加工伤社会保险

工伤，又称职业伤害、工作伤害，指劳动者在从事职业活动或者与职业责任有关的活动时所遭受的事故伤害和职业病伤害。《职业病防治法》规定，用人单位必须依法参加工伤社会保险，这是职业病防治中保护劳动者权益的一项基本措施。国务院和县级以上地方人民政府劳动保障行政部门应当加强对工伤保险的监督管理，确保劳动者依法享受工伤保险待遇。

（四）国家实行职业卫生监督制度

《职业病防治法》明确了职业卫生监督制度是由国家实行的制度，对职业卫生实施的监督管理是国家管理职能的体现。

（五）加强社会监督

职业病危害广泛存在于社会各个方面，在加强卫生行政部门监督管理的同时，还要依靠社会的力量，尤其是对分散存在于城乡各地的职业病危害现象，更需要社会各界的监督，鼓励劳动者、知情者、主张社会公正的人进行检举和控告，对违法者施加压力，在社会力量的支持下加大查处力度。所以《职业病防治法》规定，任何单位和个人有权对违反本法的行为进行检举和控告。有关部门收到相关的检举和控告后，应当及时处理。对防治职业病成绩显著的单位和个人，给予奖励。

## 第二节　职业健康风险规制背景

### 一、"开胸验肺"之殇

2009 年，河南省新密市农民张海超历经三年多职业病鉴定之路的磨难，悲愤无奈之下不惜"开胸验肺"，终于"如愿以偿"被确诊为职业病——"尘肺病"。试图通过"开胸验肺"来求得职业病鉴定结论的张海超将我国农民工职业病维权问题推向了风口浪尖。当张海超拿出郑州市二院、河南省人民医院、北京协和医院一致认定为"尘肺"的诊断证明后，当地的职业病防治所却不予认可。按照国家《职业病防治法》（2002）的有关规定，职业病的鉴定要由当地职业病防治机构进行，职业病诊断应当综合分析患者的职业史、职业病危害接触史和现场危害调查与评价。所以张海超必须到职业病防治所进行鉴定，而其所在企业的不配合，又使他无法得到去职业病防治所鉴定所需的资料。张海超前后数次上访，最后是在河南省新密市信访局的特殊安排下才得以到郑州市职业病防治所接受鉴定。然而就是这样一个合法的鉴定机构却得出了令权威医疗机构咋舌的结论——"无尘肺0期（医学观察）合并肺结核"，建议进行肺结核诊治。由此引发了活人"开胸验肺"这样令人震惊的事件（廖晨歌，2009）。

## 二、中小企业工人职业健康风险防范的现状

自中国改革开放以来，中小型企业得到蓬勃发展，尤其在广东。但这种快速增长也使"农民工"这一特殊的流动人口群体为输入地带来了较多公共卫生问题。农民工是在我国经济高速发展的背景下，由就业需求与户籍制度的矛盾所产生的一个社会阶层，多数从事低端制造业（39.6%），具有社会保险覆盖率低（56.2%未参加任何保险）以及高流动性的特点。农民工职业安全与健康（occupational safety and health）服务的利用率低且因职业病诊断、鉴定难或工伤赔偿缺位问题，容易引发群体性事件。根据原卫生部统计，超过两千万的农民工集中在中小企业。广东的中小企业占企业总数的98%，也存在众多的危险因素以及缺乏有效的管理监督，职业病、职业性工伤及职业性心理健康问题等发生率较高。而地方政府在谋求经济发展的同时采取的地方保护主义对企业的庇护现实，也在不同程度上阻碍了职业健康行政执法，使生活在职业健康高风险中的农民工的权利保护游离于正式的法律制度之外。提高农民工的健康水平和社会福利，减少群体性事件的发生，将牵制着整个和谐社会的发展。"北上广"流动人口管理的法制化是目前学界关注的

热点，广东成立社会工作管理委员会为管制主体，探寻一系列适合流动人口输入地的政策制定和实施的方案，对这一特殊群体健康权的依法保护，是不可或缺的重要组成部分。

## 第三节　职业健康风险规制立法的历史及现状

### 一、职业健康的定义

国际移民组织（ILO）和世界卫生组织（WHO）职业健康联席协调委员会于1950年对"职业健康（Occupational Health）"首次做出了明确定义：促进和保持每个工人最高水平的身体、心理和社会完美状态；预防工人因工作所致的健康问题；保护工人就业期间免受职业有害因素所致风险；安排并保持工人在适应其生理和心理能力的职业环境中工作；简言之，使工作适应工人，每个工人适应其工作（牛胜利，2010）。

### 二、我国职业健康风险规制的法律体系及实施状况

（一）我国风险规制的研究现况

风险社会已经成为全球化背景下的时代特征之一，风险规制作为现代社会政府治理中的一项新任务逐渐为我国法学界所关注，并取得了一定的研究成果。如沈岿教授从食品免检制、"甲流"防控等个案出发，探讨了风险治理任务对政府活动合法性理解的影响，风险治理的模式等问题（2009）；戚建刚教授研究了风险认知模式对行政法制的影响（2009）；周汉华教授以规制与公法作为主题，研究独立监管与大部制的关系，并从能源市场监管视角研究体制转轨时期的监管机构与法治原则的关系（2009）；刘恒教授选择政府规制与行政执法的角度研究不同行业的监管问题（2012）；朱芒教授则从抗SARS的措施中研究常态的

法律制度如何应对非常态的疫情问题（2003）；宋华琳副教授探讨了现代社会中政府风险规制任务引发的行政法学原理的转型（2007）。这些研究成果基本上完成了风险社会规制理论框架的建构，对行政实务与司法实践也产生了较为积极的影响。我国在法律上比较系统地确立职业健康预防和治疗制度应开始于 2002 年《职业病防治法》。随着该法的实施所引发的有关问题以及相关案件的不断增加，职业健康风险规制亦逐渐受到关注，但目前针对职业健康风险规制的行政法学理论及实践的研究尚不多见，多集中于劳动法、卫生法和民法等领域的探讨。

（二）我国职业病防治的法律体系

职业健康（occupational health）是对工作场所内生产或存在的职业性有害因素及其健康损害进行识别、评估、预测和控制的一门科学，其目的是预防和保护劳动者免受职业性有害因素所致的健康影响和危险，使工作适应劳动者，促进和保障劳动者在职业活动中的身心健康和社会福利。职业健康服务体系（occupational health service system）指由相关组织构成的，以各种职业健康相关法律法规为规范的，以保护劳动者在生产劳动中免受职业性危害因素影响的有机整体。职业健康服务（occupational health service）是以保护和促进职工的安全与健康为目的的全部活动。表 36 对我国主要职业健康相关法律法规进行了梳理。

**表 36　职业健康相关法律法规的体系梳理**

|  | 名称 | 通过时间 * | 实施时间 | 规范内容 |
|---|---|---|---|---|
| 法律 | 中华人民共和国职业病防治法 | 2018.12.29 | 2018.12.29 | 预防、控制和消除职业病危害，防治职业病，保护劳动者健康及其相关权益，促进经济发展。 |
| 法规 | 工伤保险条例 | 2010.12.08 | 2010.12.08 | 保障因工作遭受事故伤害或者患职业病的职工获得医疗救治和经济补偿，促进工伤预防和职业康复，分散用人单位的工伤风险。 |

续表

| | 名称 | 通过时间* | 实施时间 | 规范内容 |
|---|---|---|---|---|
| | 使用有毒物品作业场所劳动保护条例 | 2002.04.30 | 2002.05.12 | 保证作业场所安全使用有毒物品，预防、控制和消除职业中毒危害，保护劳动者的生命安全、身体健康及其相关权益。 |
| | 中华人民共和国尘肺病防治条例 | 1987.12.03 | 1987.12.03 | 保护职工健康，消除粉尘危害，防止发生尘肺病，促进生产发展。 |
| 规章 | 《职业病诊断与鉴定管理办法》 | 2020.12.04 | 2021.01.04 | 为了规范职业病诊断与鉴定工作，加强职业病诊断与鉴定管理。 |
| | 国家职业病诊断与鉴定技术指导委员会工作规则 | 2008.03.29 | 2008.03.29 | 加强对职业病诊断与鉴定工作的技术指导，进一步规范国家职业病诊断与鉴定技术指导委员会的工作。 |
| | 放射工作人员职业健康管理办法 | 2007.03.23 | 2007.11.01 | 保障放射工作人员的职业健康与安全。 |
| | 建设项目职业病危害分类管理办法 | 2006.06.15 | 2006.06.15 | 预防、控制和消除建设项目可能产生的职业病危害。 |
| | 职业健康技术服务机构管理办法 | 2002.07.19 | 2002.09.01 | 规范职业健康技术服务行为，加强对职业健康技术服务机构的管理。 |
| | 国家职业健康标准管理办法 | 2002.03.28 | 2002.05.01 | 加强国家职业健康标准的管理。 |
| | 职业健康监护管理办法 | 2002.03.15 | 2002.05.01 | 规范职业健康监护工作，加强职业健康监护管理，保护劳动者健康。 |
| | 职业病诊断与鉴定管理办法 | 2013.02.19 | 2013.04.10 | 规范职业病诊断鉴定工作，加强职业病诊断、鉴定管理。 |

续表

| | 名称 | 通过时间* | 实施时间 | 规范内容 |
|---|---|---|---|---|
| | 放射工作人员健康管理规定 | 1997.06.05 | 1997.06.05 | 加强对放射工作人员的管理,保障其健康与安全。 |
| | 核设施放射卫生防护管理规定 | 1992.10.31 | 1992.10.31 | 加强核设施的放射卫生防护监督,保障核设施工作人员及公众的健康与安全,促进核能事业的发展。 |
| 地方法规 | | | | |
| 北京 | 北京市安全生产条例 | 2004.07.29 | 2004.09.01 | 加强安全生产监督管理,防止和减少生产安全事故,保障人民群众生命和财产安全,促进经济和社会协调发展。 |
| | 北京市职业病防治卫生监督条例 | 2001.05.18 | 2001.05.18 | 加强职业病防治工作,保护劳动者的健康,促进经济发展。 |
| 上海 | 上海市安全生产条例 | 2018.05.24 | 2018.05.24 | 加强本市安全生产监督管理,防止和减少生产安全事故,保障人民群众生命和财产安全,促进经济发展和社会稳定。 |
| | 上海市职业病防治条例 | 1996.01.30 | 1996.05.01 | 防治职业病,保护劳动者的身体健康。 |
| 广东 | 广东省社会工伤保险条例 | 1998.10.18 | 1998.11.01 | 促进安全生产,保障劳动者在因工伤残或职业病伤害后获得救治和经济补偿,以及对因工死亡职工亲属进行抚恤。 |
| | 深圳经济特区工伤保险条例 | 1994.01.25 | 1994.05.01 | 保障深圳经济特区内因工伤残员工的基本生活,对因工死亡员工的亲属进行抚恤。 |

续表

| | 名称 | 通过时间* | 实施时间 | 规范内容 |
|---|---|---|---|---|
| | 广东省劳动安全卫生条例 | 1988.01.16 | 1988.05.01 | 加强劳动安全和劳动卫生管理，保障职工（包括合同工、临时工）的安全和健康，做到安全生产、文明生产。 |
| 浙江 | 浙江省安全生产条例 | 2016.07.29 | 2016.08.01 | 加强安全生产监督管理，防止和减少生产安全事故，保障人民群众生命健康和财产安全，促进经济和社会协调发展，维护社会稳定。 |
| | 浙江省劳动保护条例 | 1997.06.28 | 1997.06.28 | 保障劳动者在劳动过程中的安全和健康，防止职业危害，促进社会主义建设事业的发展。 |
| 河南 | 河南省安全生产条例 | 2019.05.31 | 2019.10.01 | 加强安全生产监督管理，防止和减少生产安全事故，保障人民群众生命和财产安全，促进经济发展，维护社会稳定。 |
| | 河南省工伤保险条例 | 2007.05.31 | 2007.10.01 | 保障因工作遭受事故伤害或者患职业病的职工获得医疗救治和经济补偿，促进工伤预防和职业康复，分散用人单位的工伤风险。 |
| | 河南省职业病防治条例 | 1998.11.25 | 1999.01.01 | 防治职业病，保护劳动者身体健康，促进经济发展。 |
| 云南 | 云南省职业病防治条例 | 2009.03.27 | 2009.05.01 | 预防、控制和消除职业病危害，防治职业病，保护劳动者身体健康及其相关权益，促进经济社会发展。 |
| | 云南省农药管理条例 | 2004.07.30 | 2007.07.30 | 加强对农药生产、经营、使用和检测的监督管理，保障人畜安全和健康，保护农业生产和生态环境，促进可持续发展。 |

| | 名称 | 通过时间* | 实施时间 | 规范内容 |
|---|---|---|---|---|
| | 云南省劳动保护条例 | 1997.01.14 | 1997.03.01 | 加强劳动保护,改善劳动条件,保障劳动者在劳动过程中的安全与健康,促进经济发展和社会进步。 |
| 地方规章 | | | | |
| 北京 | 北京市实施〈工伤保险条例〉办法 | 2003.11.25 | 2004.01.01 | 为了实施国务院制定的《工伤保险条例》结合本市实际情况,制定本办法。 |
| | 北京市建设项目职业健康监督管理办法 | 1994.12.30 | 1994.12.30 | 为实施《北京市职业病防治卫生监督条例》制定本办法。 |
| | 北京市职业病报告办法 | 1994.12.30 | 1994.12.30 | 为实施《北京市职业病防治卫生监督条例》制定本办法。 |
| | 北京市职业性健康检查管理办法 | 1994.12.30 | 1994.12.30 | 为实施《北京市职业病防治卫生监督条例》制定本办法。 |
| | 北京市职业病诊断管理办法 | 1994.12.30 | 1994.12.30 | 为实施《北京市职业病防治卫生监督条例》制定本办法。 |
| 上海 | 上海市工伤保险浮动费率管理暂行办法 | 2005.03.23 | 2005.04.01 | 促进工伤预防,完善工伤保险费率机制。 |
| | 上海市工伤保险实施办法 | 2004.06.27 | 2004.07.01 | 根据国务院《工伤保险条例》,结合本市实际情况,制定本办法。 |
| | 上海市尘肺病防治实施暂行办法 | 1990.08.30 | 1990.10.01 | 保护职工健康,消除粉尘危害,防止尘肺病发生,促进生产发展。 |

|  | 名称 | 通过时间* | 实施时间 | 规范内容 |
|---|---|---|---|---|
|  | 上海市工厂企业劳动保护技术措施计划管理试行办法 | 1982.09.04 | 1982.10.01 | 有计划地改善工厂企业劳动条件，防止伤亡事故和职业病，保护职工的安全和健康，促进生产的发展。 |
| 广东 | 广东省社会工伤保险条例实施细则 | 2000.04.05 | 2000.04.05 | 根据《广东省社会工伤保险条例》规定，制定本实施细则。 |
|  | 广东省乡镇企业劳动保护规定 | 1993.01.16 | 1993.02.01 | 保障乡镇企业职工的安全，促进乡镇企业健康发展。 |
|  | 广东省劳动安全卫生监察办法 | 1988.12.24 | 1989.02.01 | 本办法根据《广东省劳动安全卫生条例》及国家有关劳动安全卫生法规制定。 |
| 深圳 | 深圳市职工劳动能力鉴定办法 | 2007.10.31 | 2007.12.01 | 规范本市职工劳动能力鉴定工作，维护劳动者、用人单位的合法权益。 |
|  | 《深圳经济特区工伤保险条例》实施细则 | 1994.11.04 | 1994.11.04 | 为贯彻实施《深圳经济特区工伤保险条例》，根据《条例》第四十四条的规定，制定本实施细则。 |
| 浙江 | 浙江省女职工劳动保护办法 | 2004.04.22 | 2004.07.01 | 维护女职工的合法权益。 |
| 河南 | 河南省职业病防治卫生监督办法 | 1995.10.19 | 1995.10.19 | 加强职业病防治工作，保护劳动者健康，促进经济发展。 |
|  | 河南省《尘肺病防治条例》实施办法 | 1991.03.31 | 1991.03.31 | 根据《中华人民共和国尘肺病防治条例》的规定，结合我省实际情况，制定本办法。 |

续表

| | 名称 | 通过时间* | 实施时间 | 规范内容 |
|---|---|---|---|---|
| 云南 | 云南省贯彻《工伤保险条例》实施办法 | 2003.12.26 | 2004.01.01 | 为保障因工作遭受事故伤害或患职业病的职工获得医疗救治和经济补偿，促进工伤预防和职业康复，分散用人单位的工伤风险。 |
| 规范性文件 | | | | |
| 国家 | 国务院办公厅关于继续深化"安全生产年"活动的通知 | 2011.03.02 | | 进一步加强安全生产工作，有效防范和遏制重特大事故。 |
| | 国务院关于修改《工伤保险条例》的决定 | 2010.12.08 | | 《工伤保险条例》根据本决定作相应的修改，重新公布。 |
| | 国务院安委会关于印发《国务院安全生产委员会成员单位安全生产工作职责》的通知 | 2010.01.29 | | 根据国务院批准的部门"三定"规定和有关法律、行政法规及规范性文件规定，明确国务院安全生产委员会成员单位安全生产工作职责。 |
| | 卫生部办公厅关于印发《放射工作人员个人剂量监测技术服务机构资质审定条件》的通知 | 2008.02.27 | | 根据《放射工作人员职业健康管理办法》的有关规定，制定《放射工作人员个人剂量监测技术服务机构资质审定条件》。 |
| | 卫生部、中国气象局关于印发《高温中暑事件卫生应急预案》的通知 | 2007.07.19 | | 有效预防和及时处置由高温气象条件引发的中暑事件，指导和规范高温中暑事件的卫生应急工作，保障公众的身体健康和生命安全，维护正常社会秩序。 |

| | 名称 | 通过时间* | 实施时间 | 规范内容 |
|---|---|---|---|---|
| | 卫生部关于实施《建设项目职业病危害分类管理办法》有关问题的通知 | 2006.10.11 | | 贯彻落实《建设项目职业病危害分类管理办法》，加强建设项目职业健康审查，保护劳动者职业健康。 |
| | 卫生部关于印发《建设项目职业健康审查规定》的通知 | 2006.09.18 | | 贯彻执行《职业病防治法》和《建设项目职业病危害分类管理办法》，进一步加强建设项目职业健康审查，规范卫生行政许可工作。 |
| | 国务院办公厅关于印发安全生产"十一五"规划的通知 | 2006.08.17 | | 贯彻落实党的十六大和十六届三中、四中、五中全会精神，进一步强化安全生产基础，维护人民群众生命财产安全。 |
| | 卫生部关于发布《深海石油作业职业健康管理办法》的通知 | 2005.01.31 | | 加强海洋石油作业用人单位的职业病防治工作，有效地预防、控制海洋石油作业职业病危害。 |
| | 卫生部关于进一步加强职业病诊断与鉴定管理工作的通知 | 2003.12.23 | | 贯彻实施《中华人民共和国职业病防治法》和《职业病诊断与鉴定管理办法》，进一步加强职业病诊断鉴定工作的管理。 |
| | 关于开展乡镇企业、农村个体工商户职业病危害专项整治工作的通知 | 2003.08.28 | | 在全国范围内开展一次乡镇企业、农村个体工商户的职业病危害专项整治，并将其作为不断推进整顿和规范市场经济秩序的一项重要内容。 |
| | 关于印发《职业病目录》的通知 | 2002.04.18 | | 根据《中华人民共和国职业病防治法》第二条的规定，印发《职业病目录》。 |

续表

| | 名称 | 通过时间* | 实施时间 | 规范内容 |
|---|---|---|---|---|
| | 中华人民共和国卫生部关于印发《职业病危害因素分类目录》和《建设项目职业病危害评价规范》的通知 | 2002.03.11 | | 根据《中华人民共和国职业病防治法》第十五条的规定，印发《职业病危害因素分类目录》和《建设项目职业病危害评价规范》。 |
| 广东 | 印发广东省安全生产"十二五"规划的通知 | 2011.06.13 | | 根据《广东省国民经济和社会发展第十二个五年规划纲要》编制，是各地政府、各有关部门和企业履行安全生产职责的重要依据。 |
| | 广东省人民政府办公厅印发广东省各级人民政府安全生产责任制考核办法的通知 | 2000.08.17 | | 促进安全生产责任制的落实，加强安全生产管理，防止事故发生，保障社会稳定和经济健康、快速发展。 |
| 北京 | 北京市人力资源和社会保障局关于北京市2011年调整工伤职工及工亡人员供养亲属工伤保险定期待遇的通知 | 2011.06.21 | | 保障完全丧失劳动能力及大部分丧失劳动能力的工伤职工及工亡人员供养亲属的基本生活。 |
| | 关于印发《北京市工伤职工停工留薪期管理办法》的通知 | 2003.12.03 | | 规范本市用人单位的工伤职工停工留薪期管理，保障工伤职工的合法权益。 |
| | 关于印发《北京市工伤职工工伤保险待遇给付办法》的通知 | 2003.12.03 | | 根据《北京市实施〈工伤保险条例〉办法》，制定了《北京市工伤职工工伤保险待遇给付办法》。 |

|  | 名称 | 通过时间* | 实施时间 | 规范内容 |
|---|---|---|---|---|
|  | 北京市劳动和社会保障局关于印发《北京市工伤职工配置辅助器具管理办法》的通知 | 2003.12.03 |  | 加强工伤职工配置辅助器具的管理。 |
|  | 北京市劳动和社会保障局关于印发《北京市工伤职工就医和医疗费用结算管理暂行办法》的通知 | 2003.12.03 |  | 加强工伤职工就医和医疗费用结算管理。 |
| 上海 | 上海市人民政府关于外来从业人员参加本市工伤保险若干问题的通知 | 2011.06.15 |  | 切实保障外来从业人员的工伤保险权益，完善本市工伤保险制度。 |

注：*或最新修订时间

其中，《职业病防治法》是我国规范职业病防治的上位法，自 2002 年实施以来，分别于 2011 年、2016 年、2017 年和 2018 年进行了四次修正，以 2011 年修正力度最大。2010 年我国职业病病例为 27240 例，职业病诊断难，成为社会的关注焦点，如张海涛开胸验肺事件、云南水富尘肺事件、湖南籍深圳放炮工尘肺群发事件等职业风险群体事件频发，造成极大的社会影响，这些事件直接推动了《职业病防治法》的大幅度修订。与 2002 年实行的《职业病防治法》（下文称为旧法）相比，2011 年修正版（下文称为新法）主要做了如下调整。

第一，用人单位职业卫生管理职能由卫生部门移交安监部门。

第二，职业病诊断方面修改内容较多：首先，"没有证据否定职业病危害因素与病人临床表现之间的必然联系的，在排除其他致病因素后，应当诊断为职业病"修改为"没有证据否定职业病危害因素与病人临床表现之间的必然联系的应当诊断为职业病"。这一修改更有利于职业病的诊断。其次，"承担职业病诊断的医疗卫生机构不得拒绝劳动者进行职业病诊断的要求。"这一新增条文保障了劳动者进行职业病诊断的权利。复次，"劳动者可以在用人单位所在地，或者经常居住地依法承担职业病诊断的医疗卫生机构进行职业病诊断"修改为"劳动者可以在用人单位所在地、本人户籍所在地或者经常居住地依法承担职业病诊断的医疗卫生机构进行职业病诊断"。这一调整增强了劳动者的诊断选择权。最后，增加了以下条文："职业病诊断、鉴定过程中，用人单位不提供工作场所职业病危害因素检测结果等资料的，诊断、鉴定机构应当结合劳动者的临床表现、辅助检查结果和劳动者的职业史、职业病危害接触史，并参考劳动者的自述、安全生产监督管理部门提供的日常监督检查信息等，作出职业病诊断、鉴定结论。劳动者对用人单位提供的工作场所职业病危害因素检测结果等资料有异议，或者因劳动者的用人单位解散、破产，无用人单位提供上述资料的，诊断、鉴定机构应当提请安全生产监督管理部门进行调查，安全生产监督管理部门应当自接到申请之日起三十日内对存在异议的资料或者工作场所职业病危害因素情况作出判定；有关部门应当配合。"这一增补条文解决了因用人单位不配合、不愿意提供或因解散破产等原因无法提供有关诊断资料而无法进行职业病诊断的问题。

第三，在职业病患者保障方面，新增条文："用人单位已经不存在或者无法确认劳动关系的职业病病人，可以向地方人民政府民政部门申请医疗救助和生活等方面的救助。"从而更好地保障劳动者的权益。

新法施行一段时间后，虽然有所好转，但职业病诊断难依然存在，职业病发病情况依然严重。因此，2017 年对《职业病防治法》进行了第三次修正，以进一步促进职业病诊断的施行。主要变化：职业健康检查机构无须专门的认可；加强事中事后监管；职业病诊断不一定要三名职业病诊断资格的职业医师集体诊断，改为参与诊断的医师共同签署；现行《职业病防治法》为 2018 年修正版。这次的修订主要是因为国家机构改革，用人单位职业卫生管理职能由安监部门再次移交卫生部门。

（三）职业健康服务体系的内部结构及职责

职业健康服务机构职责：职业健康服务机构主要向政府、企业和社会提供职业健康服务，主要提供职业健康技术服务和职业健康检查服务。凡从事职业健康技术服务的机构，必须取得国家或者省级卫生行政部门颁发的《职业健康技术服务资质证书》，并按照资质证书规定的项目从事职业健康技术服务工作，按照资质向企业提供职业健康服务，包括职业健康评价、职业健康环境检测、职业健康监护、职业病诊断与鉴定、职业健康教育等。这将极大地提高政府机构的执政能力，能够有效地遏制用人单位推卸应承担的社会责任，也是对旧法的一个突破。

现行法律对职业健康监管主体的职责采取了分段定位的形式：现行法律赋权卫生行政部门和职业安全服务机构负责"防治"；人力资源和社会保障部门负责"保"，为政府机构依法行政提供法律基础。关于职业病待遇问题，2010 年 12 月 20 日，国务院修订了《工伤保险条例》，职业病病人可以享受的待遇得到进一步提高；2011 年 1 月 12 日，国务院常务会议又专门研究了"老工伤"问题，明确分阶段将"老工伤"纳入工伤保险统筹管理。《广东省工伤保险条例》在 2012 年 1 月 1 日开始实施。

（四）企业在职业健康服务中的法律定位

1. 国际、国内法律的规定

国际劳工组织（International Labor Organization，ILO）职业安全卫生建议书（第 164 号建议书，1981 年）明确规定了企业雇主在职业健康防护中应承担的义务包括：（1）所提供的工作场所和机器设备及所采用的工作方法，在合理、切实可行的情况下不对工人的安全和健康造成危害；（2）根据不同类别工人的职务和能力给予必要的教育和培训；

（3）对所完成的工作和操作方法及所实施的劳动安全和卫生措施进行充分的监督；（4）根据企业的规模及其活动的性质在职业安全、卫生和工作环境方面采取组织措施；（5）在无法以其他方式防止或控制危害时免费提供可能合理需要的防护服和个人防护用品；（6）确保劳动组织在工作时间和休息安排方面不对工人的安全和健康造成损害；（7）采取一切合理并切实可行措施，消灭身心的过度疲劳；（8）开展研究工作或以其他方式了解科技发展状况，以便更好地实施以上各项规定。

我国《职业病防治法》对企业在职业健康工作的前期预防和劳动过程中的防护与管理作了详细的规定：前期预防包括工作场所的职业健康要求，危害项目申报与评价；劳动过程中的防护与管理包括企业职业健康机构设置和管理制度建立完善，防护设施的提供与更新检查，对产品原料、工艺的规定，职业健康相关告知与培训宣传，事故应急准备和职业病危害因素日常监测，劳动合同中的职业危害告知和职业健康监护与档案管理。

2. 企业职业健康服务的内容

职业健康服务（Occupational Health Service）主要是通过向职工提供职业健康服务和向雇主提供咨询来保护和促进职工健康，改善劳动条件和工作环境，从整体上维护职工健康。

企业既是职业健康服务的提供方也是服务利用方，可以说企业是职业健康与安全的最直接责任方，企业对职业健康的意识和在职业健康服务实施环节中的作用直接影响职业健康服务的效果。

（五）我国职业健康服务现状与问题

1. 职业健康风险规制的现状和存在问题

新法实施后，整个职业健康风险规制的链条上并未真正形成部门—企业—工人三层次的共同保障健康权的行政执法体制（张力，2016）。

从法律规范上看，真正具有"法律"意义的，只有《职业病防治法》一部，以国务院令方式颁布的行政法规也只有三部，其余的均是效力层级较低的部门规章或者规范性文件。在行政实践方面，职业病防治的行政执法体制缺位。新法解决了程序障碍，但是否真正解决制度障碍需要研究。轻"社会性"而重"经济性"，我国《劳动争议调解仲裁法》并未从根本上改变"先裁后审，一裁两审"的单轨劳动争议处理模式，并未针对劳动争议处理模式研究特殊的救济渠道，以致极少劳动者愿意付出如此时间成本等候裁决。

2017 年全国农民工 2.87 亿人，大量农民工没有参加工伤保险。这些数据均显示我国目前职业健康风险依然面临严峻挑战。不同的行政主体、社会组织和服务主体均面临艰巨的职业健康风险的挑战。比如，职业人群面临健康意识不足、缺乏健康保障措施、社会排斥等挑战；家庭干预面临厌恶、照护剥夺等挑战；社区面临工作机会和相关资源短缺等挑战；政府面临职业健康风险监测、预警和干预等挑战；市场缺乏社会资本、社会伦理的基础和专业职业卫生人力资源；非政府组织、民间组织和社会网络的职业健康发展仍处于初级阶段，另外，媒体也很可能被其他因素影响，出现对职业健康事件报道不实的问题。如图 10 所示。

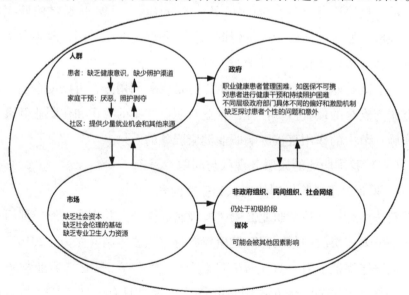

图10　不同的人群、市场、行政主体和社会组织面临的职业健康风险挑战

2. 我国职业健康服务与管理存在的问题

在张海超"开胸验肺"事件中，本应当发挥有效监管作用的新密市卫生监督所及其工作人员表现出权力本位意识，高高在上，采取事不关己的态度，监管权力与监管责任相背离，人浮于事，对自己的工作范围和职责一无所知，这样他们也就不会采取相应的防范措施，对因企业工作环境恶劣而伤害工人健康的情况听之任之；对于郑州市职业病防治所来说，漠视病人的生命权和健康权，所以也就谈不上其会用客观、公正的态度对待鉴定工作。行政伦理行为需要行政伦理意识来引导。正因为缺乏"以人为本"的行政伦理意识，才导致新密市卫生监督所的监管缺位以及郑州市职业病防治所的不作为，才导致这些公共管理部门责任意识淡薄，不能履行应有的职能。如果权力被当成随心所欲的工具，根据自己的喜好做事，则会有负于自己的使命，导致悲剧的发生。

## 第四节 职业健康行政规制的理论和实践

### 一、回应行业规制需求的行政法

与国外风险规制的理论研究相比，我国行政法学研究虽然已涉足风险规制，但具体内容与德、日等西方法治较为发达的国家之间还存在较大的差距，主要表现在：职业健康风险规制原理的阐明和制度的构建缺失，建立在科学的循证决策基础上的规制工具的研究缺乏。他们不仅因为对自己所从事的职业的稳定性产生普遍的不安，而且由此而产生的"能赚多少是多少""赚一笔就走"的短视思维，增加了他们遵守法律的障碍，在现金和保险之间，更多人选择的是更高的现金工资而不再要求企业购买工伤保险；若不幸患上职业病，在政府部门投诉或者诉讼这一"公了"途径和企业赔付一次性的现金回家医治的"私了"途径之间，更多人选择的是"私了"。

在本书中，对职业健康风险这种在风险规制中研究并不多的领域，在分析其发展过程的困境和规制体系目前面临的改革需求的基础上，我们更希望能体现这样一种思想：一种新的具体的规制模式的正常运行，需要相应的制度作保证，而且，对职业健康风险的规制，政府应该也能够承担本来应由政府分担的责任，与企业、行业协会、服务机构、非政府组织及一线工人等主体共同构建职业健康风险预防和保障这个"公共池塘"。

制度建设包括了很多内容。首先，是基于经济自由决策下的一些游戏规则，如涉及工作场所风险内容的合同的订立，相应的审查和检查制度，与职业健康相关的法律制度和纠纷解决机制等；其次，是服务和鉴定机制，如鉴定机构的确定，包括了医学专业诊断和职业病鉴定和评估等不同性质的主体和程序如何融合发展，这也是张海超事件引发的根源；最后，是整个社会的安全网，医疗保障体系、政府和工人的沟通和普法的平台、职业健康风险基金的建立等。而工伤保险制度只是整个职业安全和健康保障体系中的一个组成部分，更确切地说，是对一线工人合法正当的权利的保障，保障"病有所医"的起步。当然，制度建设不仅需要国家作为推进的力量，也包括并以市场发展需要及其自身产生的制度作为建设的基础。

"公共卫生"与"公共医疗"是不同的。制度，通常被定义为一组行事规则的集合，这些规则与社会、政治和经济活动有关，支配和约束社会各阶层的行为（Schultz，1968；Ruttan，1978；North，1990）。对职业健康风险规制的研究，则包括了在法律法规的授权下，政府对在高风险工作场所中从事一线岗位工作的劳动者在提供预防、检测、治疗服务（包括治疗、护理、社会急救和普通预防保健）的行为过程中，各方主体的责任承担模式及游戏规则的选择，以及对这些模式和选择规则的监督和激励。这属于典型的公共卫生行业，一个不仅包括医疗服务，还包括涉及整个社会与卫生相关的各个行业，还包括环保、食品安全、妇幼保健、传染病防治和公共场所的卫生保障等，属于"大卫生"的概念。笔者也希望通过针对职业健康风险规制的发展及其存在问题的深入探讨，达到对以预防和健康促进为核心内容的公共卫生行业规制窥一斑而见全豹的效果。

我国的《职业病防治法》（2011）在第一章就明确规定了职业健康的防治和保障的链条式监管分属卫生行政部门和劳动保障部门。对企业确保风险预防和工人与健康相关行为的依从，创造安全氛围和实施工作场所健康促进项目，无论是企业社会责任的承担，还是政府规制合法性的获得，都毋庸置疑。所以，政府管制的宏观视角是不可或缺的。2009年，中国新一轮的医药卫生体制改革启动，在"强基保本"的基本思路之下，毫无疑问，以科学的方式探究中国职业健康风险规制困境重重的原因，对于如何推进"四梁八柱"中的医药卫生法制体系的改革具有重大的意义。不研究管制，就无法更好地理解卫生行政的作用；研究管制，却不只是为现在的行政提供实在的辩护，更深入的是如何在行政过程中，从理念、原则和程序的方面对管制权力的运作进行分配和控制，而本书即力图在此方面作出详细分析。

行政机关依照法律的规定或者法律原则，对行政相对人进行规范、控制的一切活动，都可以称为行政规制。规制含有规则、制度这样的核心内容，如果再分解为规范、制约，则更符合行政法现象的本来意义。在美国，早期的管制集中在运输和公共部门。在这些部门，对垄断势力过度和源于规模经济、资本密集的自然垄断的担心，导致了1887年州际商业委员会（Interstate Commerce Commission）的诞生，它负责铁路和航运的管制。随后，其他联邦和州管制委员会纷纷成立，管制范围涵盖了电力汽油、电讯服务、输油管、航空以及广播在内的各种商品。管制的首要目的曾经、也将继续的是价格的制定，其基本的目标就是限制价格——成本差。尽管支持加强管制的人们对某些卫生保健市场可能存在垄断势力的滥用有所担心，但他们不是以传统的垄断势力理论为基础的。他们关注的是市场规则的缺乏，这种缺乏是由消费者信息匮乏和按服务项目付费的综合保险的盛行所带来的。而市场规则的缺乏和选择的无理性，也正是行政法对社会性管制进行约束的具体内容建构的入手点。

### 二、职业健康风险行政规制的理论和现状

（一）国外职业健康风险行政规制的理论概述

劳资双方在职业健康及安全政策的问题上，不仅限于直接的对抗。在高度发展的资本主义社会里，许多重要的政策经常是由立法机关制定出来的。立法机关是代表社会不同利益的政党、政治团体和利益团体角逐的场所。不同利益的代理人通过影响立法及政策制定的工作，去保障其自身团体的利益，在政策制定过程中扮演极重要的角色。

卡尔森和赫恩伯格（Carson，Henenberg；1988）在研究澳大利亚维多利亚省1988年制定的被形容为共责式职业健康及安全政策时，发现该省的左翼执政工党是有关法例改革的主要推动者。这个研究表明执政党的政治倾向和利益倾向会影响职业健康及安全政策体系的发展方向。格拉贝（Grabe，1991）在研究英国和联邦德国职业健康及安全法例时也发现利益团体在法例制定过程中扮演积极的角色，他的研究结果肯定了利益团体是影响职业健康及安全法例的重要因素。

上述各学者的研究结果显示，政党、执政党和利益团体的政治和利益取向、各政治力量之间的政治角力在职业健康及安全政策的形成和发展中扮演着十分关键的角色。

一些外国的研究显示，体系理论适用于探索不同国家职业健康及安全政策的形成及运作规律。

巴达拉科（Badaracco，1985）比较五个国家管理使用聚氯乙烯（vinyl chloride）的法例，他将美国的管理归类为冲突式（adversarial），

而英国、联邦德国、法国、日本的管理归类为合作式（co‐operative）。促成不同国家体系的不同职业健康及安全法例管理的原因有很多，其中一个是职业健康及安全政策体系的决策过程受政治制度设计的影响。布莱克曼（Brickman，1985）等曾研究美国、法国、英国及德国的有毒化学品管制法例，检视立法机构的结构和政治取向、法律执行的组织和过程，以及法庭的角色等。他发现不同国家体系有不同的化学品政策，主要归因于政治制度的不同。由于美国奉行立法、司法及执法权分立，使政治权力分散，各权力之间互相制衡。这种开放、复杂、分裂及多元的美国决策方式使管制者在推行化学品监管时处于脆弱的地位，容易受到其他政治及社会力量的挑战。

威尔逊（Wilson，1985）在研究美国及英国的职业健康及安全政策时发现，美国的政治决策过程中充满冲突，而英国则在同样的政策过程中建立起共责形式的制度安排。他的研究发现政治团体通过现有的政治架构影响职业健康及安全政策的决策过程。美国共和党和民主党通过权力分散的政治制度互相攻击或制衡，以影响政治决策和维护正常的利益，而英国虽然也是两党制，但执政党会通过权力较为集中的政治制度来推行符合其利益的政策，包括职业健康及安全的政策。威尔逊和布莱克曼的研究都显示，同样是民主政体的国家也会因为政治制度设计及其隐含的运作规律不同，对职业健康及安全政策产生不同的影响。

沃格尔（Vogel）曾全面地评估了美国及英国的环境保护政策，包括职业健康及安全的政策。他认为英国在处理环保问题时较倾向于以合作为本，而美国则倾向于以法令为本。他的观察与布莱克曼及威尔逊的研究结果相似。不过，他注意到两种处理方式不同的根源是英美两国历史上企业与政府之间不同的互动关系。沃格尔认定三个主要原因孕育了英国的职业健康及安全的政策模式：英国工业家较美国的同行更愿意接受政府的控制；英国的公务服务队伍较美国有较高的自律性；英国的公众较美国的公众更能容忍企业和政府的合作。沃格尔的研究特别强调国家的角色和能力、国家与权势团体之间的互动关系对环保政策和职业健康及安全政策的影响。此外，沃格尔也清楚地说明了经济力量和社会力量对职业健康及安全政策的发展有一定的影响。

布莱克曼、威尔逊、沃格尔有关职业健康及政策的研究结果显示，政治制度的安排、社会经济力量及其代理人之间的互动关系均会影响国家职业健康及安全政策的发展。换句话说，他们的研究结果显示出国家体系的运作难免影响职业健康及安全政策的运作和发展。

诺贝尔（Noble，1966）把西方民主国家的职业健康及安全政策体系分为三种类型：市场导向或新自由（market – oriented or neo – liberal model）模式、新共责模式（neo – corporative model）及社会民主模式（social democratic model）。诺贝尔对职业健康及安全政策体系的分类与安德森（Es – ping – Andersen，1990）对福利体系的分类有共同之处。

但这些比较研究把不同国家的职业健康及安全政策归类为非此即彼的典型模式的做法，过于简单。这种简单分类法可以说是用了直线的思考和分析方式，未能透视职业健康及安全政策复杂和动态的形成过程。安德森的福利体系理论的可贵之处在于它不但抽象地总结了不同体系的特点，而且还从动态的角度讨论了不同体系发展背后的历史推动力之间的互动作用。他总结出这些历史推动力包括工人阶级的动员、政治联盟的建立和制度化过程。

职业健康以保护和促进职工的安全与健康为目的的全部活动，它要求有关的部门、雇主、职工及其代表创造和维持一个安全与健康的工作环境。在立法和健康促进的规范中可以找出包括事故（accident）、伤害（injury）、危险（hazard）、安全（safety）、健康（health）、风险（risk）等。国外的相关研究包括促进职业健康的干预项目的成本效益、职业健康影响因素、促进职业健康的方案效力以及相关的方法论研究。

影响因素的研究致力于帮助政策制定者制定包含效力、效率和可行性等特征的激励方案，收集企业预防职业病、职业伤害的激励措施的案例，集中研究来自保险或政府补贴的经济利益，得出经济激励手段可行、合理、有效的结论；研究工作安全困境下的小群体工人挑战管理者们构建的"安全氛围"。该研究为我们提供的思路是工人之间、工人与环境、工人与管理者的相互作用对健康行为的控制效果巨大。

值得一提的是，以上研究的调查对象均为"工人"而非本研究中的乡城流动的"农民工"，针对这一群体的研究，萨拉库克（Sarah Cook）从正规经济和非正规经济的选择动机上分析了解政府规制在劳工领域的重要性。他提出了解进入这个领域的方式，是在规章和法律义务方面，作为避免烦琐的规章或税收的一种选择。非正规可能出现在执行正式章程的相关机构缺失的情况。我国现行的各项社会保险立法，除工伤保险外，主要围绕城镇职工进行制度设计而没有考虑农民工的持续流动和社会保险关系的转移接续等问题，实际上将农民工排斥在社会保险的门槛之外（刘子操，2006）。而劳动关系理论研究滞后，并不适合分析现实中的"劳务派遣"等前沿问题。使劳动关系的立法滞后，也给劳动监察执法带来困惑和混乱。在实践中，因劳动关系理论研究滞后，制约和影响农民工权益保护。有学者提出了工会作用的重要性（张建太，2009），维护职工合法权益是工会的基本职能。法律赋予工会的是和企业谈判签订集体合同的选择权而非法定义务，这也成为企业拒绝和工会签订集体合同的理由。

在管理学看来，职业安全与健康主要是企业的管理与经营问题。原因在于：第一，职业健康管理是一种占用企业资源的投资行为。在企业主体缺乏动机的情况下，仅从外部推行强制措施，往往会加重成本负担，产生群体性抵制，抑或敷衍对待，造成如腐败、寻租等产生。实证研究发现，"管制条件服从——职业健康绩效"之间因果关系模糊、结论相左亦支持这一论调，即企业的管理动机与行为才是提升工作场合职业健康效果的直接因素。第二，企业的组织能力的异质性是造成企业间职业健康管理效果差异的原因。沿着这条思路，当前文献主要从企业动机和管理能力两方面探讨中小企业职业健康的干预机制与管理方法。动机的考察主要从高管人口统计学特征结合外生的制度环境压力来识别。例如，管理者的人本意识、工伤事假的成本压力、改善人力资本管理的事实以及声誉的提升，是职业健康投资决策时的理性动因。也有研究表明，提升内部声誉、小区公民行为是中小企业主动实施职业健康社会责任管理的最主要原因。在管理能力的考察上，研究者主要从人力资本的价值管理而非成本导向的思路看待职业健康活动，对包括企业文化、管理承诺、管理机制、管理程序、风险管理、员工参与、外部专家、管理与能力培训等多个方面进行了讨论。此外，部分研究从结构性的观点来组织实践性的参与、支持活动。例如皮尔斯在澳大利亚的项目试验表明，把中小企业有计划地组织起来，建立一个相互支持的社群网络，并辅以帮扶和支持，可以有效地在小企业中推行职业健康系统管理。这类观点的核心思想认为，可以通过建立面向共同任务的，并且为企业家所信任、受影响的关系网络，利用集体行动开展社会性合作，以此改变企业家认知，推动职业健康管理能力的提升。

我们所要参考和调查的，一是作为医学专家和医疗机构对于疾病的认定的普遍标准和具体评判依据，二是从企业和地方政府采取的具体手段和政策探讨 CSR 的具体操作与宏观指引。从国内现有的研究来看，全国各地农民工普遍存在一定程度的抑郁现象，影响的因素包括：文化差异；社会支持与冲突；个体性因素。在接下来的研究中，我们既要结合 SCL - 90 的定量研究方法，又要使用深入访谈的方法用以定性分析，分别从疾病与病患的角度了解农民工主观健康观念与意识的重要性。

心理学者则重视心理问题的解决途径，从认知的角度来解释为什么精神疾病没有得到舒缓和帮助。有研究表明，中国约有 30% 的外来务工人员承受不同类型的精神健康问题，其中极少部分人会去寻求医疗说明。事实上有研究表明，相比于其他文化种群，中国人大多未充分利用心理健康相关服务，且在寻求精神科专业辅助上面出现不同程度的滞后性，其滞后时间在不同精神病诊断可能有七到十年之久。布格拉（Bhugra）、里派特（Lippett）和科尔（Cole）认为，影响着一个文化群体寻求心理帮助的因素有三个方面：个体因素、文化因素和社会体制因素。在个体层面，个人认知、疾病认可和对精神疾病的个人耻辱度是影响其是否愿意寻求帮助的因素；在文化层面，对于精神病的文化信仰和非正式社会网络的影响等因素形成了这些人寻求帮助的途径；"社会体制"指的是健康服务的可用性和可及性，以及具体服务提供过程的各种问题，如心理卫生工作者的拥有量。因此，个体在多大程度上了解"社会体制"是可感知的，并且人们获取正式的精神卫生服务的路径影响其寻求说明的动机。

发展中国家的职业安全与健康研究的现状是，在科学发现到决策制定的过程中缺乏核心转换机制，因此应借鉴发达国家的经验，联系社会、经济和政治因素，联合多学科进行跨学科的研究，才能从根本上解决职业安全与健康的问题。结合我国国情，职业安全与健康的研究领域可分为两部分：内部因素（主要与农民工本身相关，包括工作场所的危害、暴露的疾病谱）和外部因素（全球性、地区性及国家性政策、规则，危害及人口的流动性、职业流动性/失业/退休、残疾及补偿/经济和社会负担、工作安排、职业健康服务及计划）。研究领域概括了有关职业健康的纵、横向影响因素。研究应密切联系社会、政治和经济因素，从研究领域的外部领域开始，到研究领域的内部因素，建立一个具有宽阔视野的联盟，由科学家、经济学家、政治科学家、工会、非政府组织和人权组织等组成。

目前的研究大多是站在某一视角层面看待农民工职业安全与健康管理与服务问题，所以其提供的理论、政策指引缺乏系统性、前瞻性与针对性的思考。国内职业安全与健康的管理与服务体系缺乏探索性研究，国外的模式并不完全适合中国国情，需要结合中国的社会、经济和政策等综合因素进行探索性研究。在中国，有大量的与劳动力相关的法律法规，在"农民工"身上通常执行不力。严苛的法律和存在寻租的政府体系结合，可能导致企业回避合法化，削弱他们与政府的关系，并使政府规制趋于架空。这样一种方法还要求了解正规制度（包括非政府范围的）和非正规制度或形成劳动力关系和结果的法规形式。与制度讨论紧密连接的是，经济调节中，政府选择干预、强制时，政府的角色问题和政府行为的原因。这将为我们分析"支持"因素目前的弱控制力提供一种有力的理论。从社会空间的发展和力量冲突的角度对"公医制度"和"社会服务模式"（即"协和模式"）的生产过程的描述来看，我们可以发现，优生优种与进化的目标变成了一种集体行动的逻辑，这种逻辑在相当程度上是通过卫生行政空间的日趋独立运作而得以表现的。国家对生命控制的范围以及领地已经从公共空间渗透进了家庭私人空间，特别是防疫场合下分区的强迫接种与隔离①。

（二）国外职业健康风险行政规制的实践

1. 美国的职业健康监管和服务体系

（1）美国的职业健康法律法规

美国 1970 年颁布的《职业安全和卫生法》（*The Occupational Safety and Health Act of 1970*）通过授权执行在各州法令的基础上发展起来的各种标准。

（2）美国的职业健康监管体系

《职业安全和卫生法》（1970 年）颁布后，美国成立了三个永久性的机构，即职业安全和卫生监察局（Occupational Safety & Health Admin-

---

① 杨念群先生在医疗制度史领域的卓著贡献为本书的实证研究提供了大量理论和历史学的指引，对我国"公医制度"的发展的历史过程的了解，为我们在政府层面去分析制度形成的社会基础提供了翔实的描述和基本文献。详见《再造"病人"——中西医冲突下的空间政治（1832—1985）》，北京：中国人民大学出版社，2006 年。其探讨了晚清以来的中国人如何从"常态"变成"病态"，又如何在近代被当作"病人"来加以观察、改造和治疗的漫长历史。在这个意义上，"治病"已经不仅仅是一种单纯的医疗过程，而是变成了政治和社会制度变革聚焦的对象。

istration，职业健康 A）、职业安全与卫生复审委员会（Occupational Safety and Health Review Commission，职业健康 RC）和国家职业安全和卫生研究所（National Institute for Occupational Safety and Health，NI 职业健康）。而与职业健康统计有关的工作则由劳工统计局（BLS，Bureau of Labor Statistics）负责。如图 11 所示。

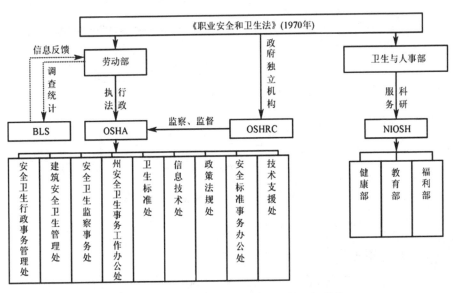

**图 11 OSHA、OSHRC 和 NDSH 的组织结构**

2. 英国的职业健康监督和服务体系

（1）英国的职业健康法规

英国在 1974 年颁布了《职业卫生安全法》（HASAW74），其出发点和目的是保障工作人员的健康、安全和福利；保障非工作人员的健康或安全不受工作人员活动的影响。该法明确规定了雇主具有保证雇员在卫生安全的环境中工作的责任，并明确了雇主、雇员和安全代表相应的权利和义务。1992 年又颁布了《职业健康安全管理条例》（MHSW92），更详细、明确地提出了雇主应承担的具体责任和 HASAW74 的各个条款的要求。

（2）英国的职业健康监管机构

1974 年英国《职业安全和卫生法》的实施成立了职业安全卫生委员会（The Health and Safety Commission，HSC）和职业安全卫生执行局（The Health and Safety Executive，HSE）及其地方机构。如图 12 所示。

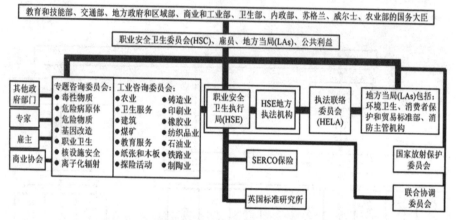

**图 12　英国的职业卫生监督管理组织机构**

3. 日本的职业健康监管和服务体系

（1）日本现行的主要职业健康法规

日本现行有效的职业健康法规主要包括：《禁止生产黄磷火柴法》，1921 年公布，是日本第一部禁止使用有毒物质的法律；《劳动基准法》，1947 年实施，该法成了现行法规体系的出发点。在安全卫生方面设立了 14 条规定，包括禁止生产有害物品、体检、职业病预防等规定；《尘肺法》，1960 年制定了该法，1977 年又对该法进行了修订，主要包括尘肺病的定义和并发症、X 光照片分类的修订、尘肺管理分类的变更、完善定期体检、工作调整的指示等；《劳动安全卫生法》，1972 年制定，分别于 1977 年、1988 年、1996 年、1999 年、2005 年针对新化学物质、中小企业职业健康管理、有害信息、危险化学品统一分类及标识制度全球协调系统（GHS）等进行了修改、完善；《作业环境检测法》，1975 年颁布，主要包括作业环境检测机构资质和检测人员资格要求，相关法规如《劳动安全卫生实施令》《作业环境检测法实施令》《劳动安全卫生规则》《四烷基铅中毒预防规则》《有机溶剂中毒预防规则》《预防电离放射线伤害规则》《高气压伤害预防规则》《特定化学物质伤害预防规则》《粉尘伤害防止规则》《石棉伤害预防规则》《铅中毒预防规则》《作业环境检测法实施规则》《尘肺法实施规则》等。

（2）日本的职业健康监督管理机构

在工厂法实施（1916）之前，日本在中央、地方设立了监督机关，分别由农商务省、警察部门负责；在1922年成立了内务省社会局，工厂法实施事务移交该局管理；在1938年又移交至刚成立的厚生省。由此可见，地方管理机关几乎没有变化，原来的监督制度由于组织体系不完善并未充分发挥作用。

1947年颁布的劳动基准法进一步完善和强化了监督组织，规定在厚生劳动省设立劳动基准局作为监督机构，成立都道府县劳动局和劳动基准监督署作为劳动基准局的下级机构。新增的劳动基准监督官需具有特殊资格，同时规定不得随意罢免。

1972年颁布的劳动安全卫生法与劳动基准法相同，也规定了劳动基准监督官的权限和司法警察的职权。同时，在需要专业知识的劳动安全卫生领域设立了产业安全专员及职业健康专员，对企业、工人等进行指导。

4. 芬兰的职业健康监督和服务体系

（1）芬兰职业健康法律法规

芬兰的职业安全健康成效得益于其健全的法制体系。芬兰1978年颁布《职业安全卫生法》，经过多次修改，现分为《职业健康服务法》和《职业安全法》，这两部法律是芬兰职业安全卫生法律体系的基础法律。除以上两部法律之外，还有《工作场所职业安全健康执行法》《事故保险法》《职业病防治法》三部法律以及相关的职业健康标准。

（2）芬兰职业健康监管模式

芬兰职业安全与健康实行垂直管理的模式。芬兰社会事务和健康部职业安全与健康司具体负责起草国家有关职业安全与健康的政策和法律法规，并指导地区性职业安全与健康监察机构的工作。芬兰设有八个地区性职业安全与健康监察机构，共有约450名工作人员，其中350名是职业安全与健康监察员。全国每年开展约2万次监察活动，2008年开展了2.05万次监察活动（任树奎，2010）。

（3）芬兰职业健康服务体系

芬兰《职业健康服务法》规定，无论企业属于何种工业部门及规模大小，所有雇主都要为雇工提供职业健康服务，包括农民在内的个体经营者也有权获得职业健康服务，得益于完善的法律体系和适当的监管。芬兰提供职业健康服务的四个模式分别为：市级保健中心模式（覆盖37%的工人）、企业内部模式（覆盖25%的工人）、企业小组联合模式（覆盖6%的工人）、私营医疗单位模式（覆盖32%的工人）（任树奎，2010）。近年来，私营职业健康中心覆盖工人数量增长非常迅速。目前，芬兰职业健康服务的重点在于确保预防性和以工作环境为导向的活动处于优先位置。

5. 俄罗斯的职业健康监管实践

（1）俄罗斯职业健康法律及法规体系

俄联邦1993年8月通过的《劳动保护基本法》明确了工人保护自己健康的权利，还规定了无论在什么所有制经济形式下，雇主与工人的关系都是劳动关系。俄联邦《劳动法》规定雇主有责任为工人提供适当的工作服和个人与集体防护用品，并为特殊行业工人（如从事有害作业者等）定期组织体检。在规定了雇主责任的同时，规定工人有责任遵守安全与健康法规。如要求劳动者参加职业安全健康培训、正确维护和使用个人防护用品、接受消防训练等（宁丙文，2010）。

（2）俄罗斯职业健康监管体系

1999年，俄联邦在卫生和社会发展部内设置劳动保护和劳动法规监察局。联邦劳动监察局实行垂直管理，下设88个联邦主体和各地区劳动监察局，共同履行国家监察和检查职能。联邦劳动监察局的主要职责是：对《劳动法》和《劳动保护基本法》的实施情况进行监督与检查；对生产安全事故和职业病进行调查与统计；撰写安全监察报告，并提出纠正违反法规行为的要求；宣传劳动法规等（宁丙文，2010）。

6. 印度的职业健康监管实践

（1）印度的职业健康法律法规体系

印度保护从业人员职业安全健康的主要立法是1948年颁布的《工厂法》和1952年颁布的《矿山法》。1987年修订的《工厂法》增加了职业安全健康章节，提出保护在危险行业中工作的从业人员。危险行业企业必须对雇员进行岗前的身体检查和在岗期间的定期身体检查，并定期对工作环境进行监控。除了上述两部法律外，还有一些其他的立法用于保护从事特殊行业的工人。这些立法包括：1986年颁布的《船坞工人（安全、健康和福利）法》、1996年颁布的《建筑和其他构建物工人法》、1966年颁布的《烟卷和香烟工人（雇用状况）法》和1968年颁布的《童工（禁止和规定）法》等。

（2）印度的职业健康监管体系

印度职业安全健康研究机构主要有：国家职业健康研究所、工业毒性研究中心、中央劳动研究所、卫生和公共健康全印研究所，以及职业及环境健康中心等。

《工厂法》由印度劳工部工厂咨询服务与劳动研究总局（DGFAS-LI）负责监督执行，印度工业卫生实验室对此予以支持。工厂咨询服务与劳动研究总局还负责港口码头和建筑业工作场所的安全健康监察，并在重大事故危害控制方面提供技术咨询和开展事故的调查。印度在全国设有11个港口码头安全监察处。《矿山法》由印度劳工部矿山安全管理总局（DGMS）负责监督执行。矿山安全管理总局的主要职能是：实施矿山安全监察；对矿山事故开展调查；发放矿山安全设备认证；起草矿山安全法律法规；审批建设项目报告和采矿规划；颁发采矿许可证。

印度在全国设有 21 个地区矿山安全监察办事处，实施垂直管理。

7. 巴西的职业健康现状

（1）巴西的职业健康法律法规

1919 年，巴西颁布了《工作场所安全条件法》（立法号 3724）。1943 年颁布《统一劳工法》，是巴西第一部系统的劳工法，后虽经不断修改，但至今仍是巴西劳工政策的基础。1968 年政府颁布了《工作场所必备的安全和卫生条件法规》（立法号 32）。

此后，联邦、州、市陆续颁布了上述法律的修改条例，也颁布一些职业健康的法律和法规。

巴西工作场所职业有害物质接触标准主要依据美国政府工业卫生联合会（American Conference of Governmental Industrial Hygienists, ACCIH）相关标准制定。不同的是：巴西的最低接触剂量较高；接触时间较美国长；巴西每周工作时间为 44 ~ 48h，美国为 40h；许多有害物质没有列入标准，包括几种致癌物（白莹等，2011）。

（2）巴西的职业健康监管体系

巴西劳动部负责职业健康管理，制定技术规范，预防职业性事故和职业病。卫生部通过"统一医疗体系"负责部分职业健康管理，主要承担保护劳动者健康和工作场所检查工作。1990 年新宪法和新政府把工作场所职业健康监管职责由劳动部转给卫生部。社会保障部负责赔偿及其他福利（陈葆春，2013）。

（三）国内职业健康风险行政规制研究现状

国内学者多采用不同行业作为现场来分析职业安全问题的特殊性。如中国建筑业安全问题，通过构建 BN（Bayesian Network）模型、实地调研，发现协调控制安全氛围因素和个人经验因素的策略是最有效的；对华东地区的调查发现企业安全氛围情况普遍不佳，大、中小企业差距明显，其中区别最大的因素是雇员获取的安全训练（其次是管理支持）；探究卫生保健和石油部门中安全氛围的定义，发展测试一个跨产业模型，同用结构方程建模（SEM）测试，结果显示安全管理支持、管理者期望与行动能间接增强安全行为。对高雄港口作业的研究也发现接受安全管理、安全培训的工人拥有最佳的安全行为。该研究测量了我们构建的控制体系中"指引"的控制效果。《新常态下中国职业安全与健康规制研究》一书提到了采用"成本—收益"法评价政府职业安全与健康规制的效果。

（四）国内职业健康风险行政规制研究的不足之处

国内研究多从医学或环境科学角度分析，从公共卫生角度探明职业健康服务资源的利用情况及法律规制角度分析职业安全与健康的著作屈指可数，法学类文献大多停留在劳动关系或规制主体变化的层面上，并没有深入探讨政府规制的影响因素的因果机制。

现有的理论并不适合分析现实中的"劳务派遣"等前沿问题，因劳动权益保障理论研究滞后，欠缺农民工权益保护的法律基础，同时在职业病防治上热衷于讨论规制主体和鉴定的变化是否合理。

社会控制论作为一种法律学说是由庞德提出来的，其最终目的是为人谋福利。劳动者职业健康权益的保护问题一直受法学界关注。按照现代控制理论，个人既是社会控制的主体，也是受控制的主体。笔者在研究过程中借鉴这一理论的思想，以农民工作为社会控制和受控制的主体，将社会事实中具有相互关联性的因果逻辑转换为抽象的指引、支持、规惩、扶持四变量间关系，勾勒因果机制，为政府制定行之有效的政策提供科学依据。

（五）国内职业健康风险行政规制的实践

以广东省为例，了解职业风险行政规制的实践情况。2019年全省职业健康监管工作综合评价前十名（含并列）的地级市分别为：广州、深圳、佛山（深圳、佛山市并列第二名）、东莞、珠海、肇庆、汕头、惠州、韶关、中山、阳江、茂名、潮州（中山、阳江、茂名、潮州市并列第十名）。

1. 职业健康相关工作具体情况

（1）职业健康监管执法人员培训。2019 年，各市积极开展职业健康监管业务培训班，共培训各类监管执法人员（含镇街兼职人员）1700 人。

（2）职业病危害项目申报。自 2019 年 8 月底国家卫生健康委启动新职业病危害项目申报管理系统以来，全省完成职业病危害项目网上申报企业 19386 家，其中东莞（5566 家）、深圳（2993 家）、广州（2465 家）、佛山（1849 家）、中山（1032 家）、珠海（909 家）、肇庆（661 家）、清远（452 家）、茂名（426 家）等市申报工作推进较快。

（3）职业病防护设施"三同时"及现状评价。2019 年，全省共完成建设项目职业病防护设施"三同时"4278 项，其中放射卫生 2822 项；职业卫生 1456 项，同比（较 2018 年同期，下同）增加 10.05%。完成职业病危害现状评价 1073 项，同比减少 48.59%。

（4）重点人群职业健康管理（含放射卫生）。2019 年全省开展职业健康检查企业 16969 家，同比（17351 家）减少 2.20%；职业健康检查人数 239.76 万人次，同比（205.90 万人次）增长 16.44%。清远、东莞、深圳、珠海、江门、河源、中山、佛山、惠州、云浮等市职业健康监护工作推进较快。

（5）职业卫生监督执法。2019 年，全省各级监管部门对用人单位及职业卫生（含放射卫生）技术服务机构、职业健康检查机构职业健康违法违规行为行政立案 1079 宗，同比减少 74.22%；经济处罚 569.13 万元，同比减少 90.93%；其中深圳立案处罚 1825 宗，罚款 282.1879 万元。广州、佛山、东莞、清远、汕头、茂名、珠海等监督执法力度较大。

（6）其他情况。2019 年，全省共报告疑似职业病 3431 例，登记申请诊断 2366 例（其中省职业病防治院登记诊断 650 例，占 27.47%；各市登记诊断 1716 例，占 72.53%），报告新发职业病 1102 例。

2. 职业健康相关工作存在的主要问题

（1）部分地区尘肺病防治攻坚工作部署较为滞后。目前，全省只有十个地级市正式印发尘肺病防治攻坚实施方案；湛江市尚未成立尘肺病防治领导小组。

（2）重点职业病监测等工作仍有待加强。职业性尘肺病随访和回顾性调查方面，接触粉尘危害劳动者及职业性尘肺病患者以外省籍人员为主、失访率较高，深圳、佛山、汕头、惠州等市随访率未达到国家要求（随访率≥75%）；工作场所职业病危害因素监测方面，湛江、茂名、汕尾、揭阳等市开展监测企业的申报率未达到国家要求（申报率≥90%）。

（3）基层职业健康监管执法能力和执法力度有待进一步加强。基层职业健康监管执法力量不足、业务不精、保障不到位的问题较为突出，执法监察力度同比下降明显。与去年同期相比，全省职业健康立案处罚数、经济处罚金额等主要指标下降明显，韶关、梅州、汕尾、中山、江门、阳江、湛江、肇庆、揭阳、云浮等市全年职业健康经济处罚不足十万元。

### 三、企业私规制理论和现状

#### （一）企业的私规制理论

作为罗本斯法的一部分，有关职业健康方面政策的制定过程已经由传统的公共服务部门制定变成了由政府、行会、雇主共同制定，有时还包括由独立的专家组成的实体进行制定。罗本斯式法律的关键部分就是雇主责任。雇主有义务提供一个相当可行（reasonably practicable）的工作环境、设备、工作体系，使员工的安全健康不会受到威胁。他们要与员工交换意见，为员工提供充分的信息、指导和培训，并将特定事故报告给相关的职业健康监管部门。根据地区的不同，雇主的职责也有所区别，但都要使全部工作场所保持整洁并且安全。可见，雇主对安全工作起着重要作用。

（二）我国企业健康私规制的现状

本书将从企业应开展的主要的职业健康服务内容梳理我国企业职业健康私规制的现状。

1. 企业职业健康管理现状

《职业病防治法》第五条规定："用人单位应当建立、健全职业病防治责任制，加强对职业病防治的管理，提高职业病防治水平，对本单位产生的职业病危害承担责任。"企业作为职业健康的责任主体应设立职业健康管理机构，建立职业健康责任制，制定相应规划和方案并设专职或兼职的职业健康管理人员。

2. 职业健康与安全防护

企业在作业环境工程实施和个人接触方面为职工提供安全防护，有助于规避安全事故和职业病的发生，也是法律明确规定了企业应该履行的义务之一。但是各研究显示，各地企业在职业健康与安全防护方面现况堪忧。

3. 其他职业健康服务现状

其他企业应该提供的职业健康服务包括职业健康培训教育、劳动合同告知等，2008 年的职业健康监督检查资料显示仅有 41.62% 的企业法人代表接受了职业健康培训，企业劳动者接受职业健康培训的比例在不同行业差异较大，石化和核工业最高，轻工、建材、纺织等最低。

（三）存在的问题

1. 政府监管不力，职业健康服务供需失衡

造成我国目前企业职业健康服务落后于发达国家的原因主要有：第一，职业健康管理行政体制复杂，职业健康监管职能在卫生部门和安监部门之间多次转移接续，衔接不顺畅，从而使得有效的监管体系未最终形成，影响相关工作的贯彻与落实；第二，对于职业健康问题典型的地方企业，地方政府的经济保护主义存在，各地为了经济发展使相当一批

职业危害严重的企业乘虚而入，未严格进行职业危害预评价和职业病危害控制效果评价，使得职业病防治工作不能从源头上开展；肖吕武等分析指出广州市部分基层领导对依法管理职业病防治观念淡薄，将职业病防治与经济发展对立起来，致使职业病防治工作处于放任自流状态；第三，法律规范不够完善，存在滞后现象，缺少用于指导和援助企业改善职业健康的文件；第四，政府对职业健康服务投入不足，设施设备与技术相对落后，职业健康服务机构数量和职能不能满足企业需求，职业健康服务体系不健全，资源配置不均衡；第五，我国缺乏有特色的职业健康服务模式，根据职业健康服务模式发展原则，不同地区不同类型的企业应有与之实际情况相符合的职业健康服务模式。

2. 企业主体意识薄弱，中小企业成为监管难点

我国自改革开放以来，随着企业体制改革国有企业关停并转，个体私营等非公有制经济发展迅猛。这些企业对职业病防治法等相关法律不重视，有的外资企业甚至根本不了解中国相关法律制度，只为片面追求经济利益，对所从事的行业职业危害因素认识不足，了解不够深入，未开展或完全开展职业健康服务相关内容。这样使得职业健康问题呈现"一广三低"的现状，即有害因素分布广，生产场所有害因素的监测率低、职业健康体检率低、检测覆盖率低。

职业健康服务基本情况出现大企业较好，小企业较差，个体企业几乎没有；正式职工较好，合同工较差，农民工几乎没有的情况。随着职业健康技术服务市场化，那些经济效益较差、守法意识较弱的用人单位特别是乡镇企业的劳动者无法得到健康监护。一些用人单位没有把流动工人、混岗工人作为健康监护对象，这些人群往往成为职业健康监护盲区。

3. 企业缺乏行业职业健康管理和行业互助

企业作为追求利润最大化的经济主体，其本质是趋利的，为了保持价格优势，企业出于内部动力会减少包括职业健康支出在内的一些与产

品没有直接关系的支出。急需引导建立区域行业职业健康安全与职业健康保障基金，建立行业内的企业监管机制，建立企业职业健康评价制度独立形成体系或纳入企业质量控制体系，使企业对职业健康的重视与产品质量一样。

**四、工人职业健康权保障的理论和现状**

我国正处于一个社会和经济快速变革和转轨时期。随着经济全球化进程的发展，社会经济结构的改革，新技术、新材料和新工作方法的推广，国内和国际劳务输出和转移，以及由此带来的人口流动性增大和就业合同多元化，职业健康服务一时难以满足实际需求，我国的职业病防治形势严峻。

（一）理论分析

中国有2.3亿流动人口，农民工已经成为中国产业人的主体，为近三十年的经济发展做出了重要贡献，但是这一人群职业健康问题尚未得到足够的重视。由于流动性强、医疗卫生服务可及性差、缺乏医疗保障，农民工面临更为严重的职业健康风险，成为罹患职业病的主要人群。

目前国内针对农民工的职业健康问题研究主要有以下不足。

第一，以职业病和工伤为主要的健康结局。以职业病和工伤为健康结局的缺陷在于：多数职业病和工伤的农民工会选择回乡治疗，而基于输入地的抽样会漏失这部分人群；无法对健康的中间过程，如职业健康行为进行研究，也不能进行有效的干预；健康概念过于狭隘，没有包括心理健康、工作福祉（work well - being）等。

第二，理论依据不足，分析也多局限于个人层面，缺乏组织层面的分析。研究方法多采用两变量分析或简单回归，缺少有层次结构的数据分析方法。

在研究过程中，我们纳入国内应用较为成熟的工作能力指数（work

ability index，WAI）、WHO 心理健康指标（WHO wellbeing index）；中间变量主要为农民工的防护用品使用行为、卫生服务与利用行为，由于中间变量对健康结局有重要影响，因此也需探讨其影响因素；针对农民工的迁移及职业特点，在影响因素的考虑上也需要纳入相应的迁移特征、工作特征、人口学特征、行为态度等变量。此外，通过分析影响健康结局的个人和组织层面因素，帮助政府和企业认识工人个人因素、企业因素对健康结局的影响，进而促进企业改进职业健康管理与服务水平，改善劳动者的健康情况，是我们的社会控制模型中"支持"因素的重要内容。

（二）工人职业健康权保障的现状

根据研究发现，接触职业有害因素的劳动者以文化程度低的青壮年男性为主，且主要分布在中小企业。企业工人对各项职业健康知识有较高的需求，其中对职业病和工作相关疾病防治知识需求最高，职业不同，职业健康知识的需求程度不同，对知识的需求随着文化程度的提高而升高。调查显示，工人们对职业病危害防护措施的认识主要集中在个人防护措施、医疗保健、清洁生产和减少接触时间上，而对替代、隔离或密闭和局部通风的认识不够。

某大型企业工人职业健康知识知晓率为 90.3%，有 71.1% 的人通过职业培训获取职业健康知识。而北京中小企业工人职业健康知识知晓率只有 42.2%，仅有 41.6% 参加过职业培训，且参加职业培训的工人职业健康知识知晓率高于没有参加职业健康培训的工人。有研究表明，农民工职业健康知识知晓率为 60.9%，且随着文化程度和工龄的增加，卫生知识知晓率增加。

# 第五节 职业健康判例分析

传统案例分析主要从事实、法律适应、裁定和评估方面进行分析，而规制分析则从规制需求、政策争点、对策和评估方面进行分析。本书以与医疗责任保险有关的医疗事件为例，对两种分析方法关注的问题进行了展示。如表 37 所示。

**表 37　案例分析与规制分析比较①**

| 传统的案例分析 | 规制分析 |
| --- | --- |
| 事实：哪些事实因素是相关的？当事人之间存在怎样的争议？ | 规制需求：为什么规制，或者说是否存在"市场失败"——市场是否产生了与经济或其他社会价值不一致的法律后果？ |
| 法律适用：哪些法律条款可以适用于该事实争点？ | 政策争点：哪种规制方式（制度和工具的运用）能够产生更为一致的市场和社会结果？对代理人使用激励的方式。 |
| 裁定：将这些法律规则适用于具体的事实后将得出怎样的结论？ | 对策：实践中哪种规制方式正在被使用？ |
| 评估：该判决是否正确适用了法律并促进了个案中公民的权利保护？ | 评估：是否存在更好的规制方法？其他规制方法的功效和政治可行性？ |

实际上，行政法学研究的一片崭新领域也已经在开拓之中：不仅仅停留于行政法的规范与程序，而是深入到政府规制行为的整个过程中；

---

① 该表是在托梅恩和夏皮罗在《分析政府规制》一文中论证规制分析是如何以与案例分析相类似的逻辑路径进行的图表的基础上改编完成的。参见，Joseph P. Tomain & Sidney A. Shapiro. Analyzing Government Regulation [J]. Administrative Law Review, 1997 (49)：377.

不仅仅满足于手拿司法的铡刀站在行政的大门外挥舞，而是进入到行政权运作的内部，了解病因，对症下药。这与森斯坦所提出的"实体行政"有着暗合之处，并且也印证着他的以下预言："下一代行政法学者应当会见证从司法维护的行政程序向着由立法者和官僚设计的管制项目的转变。"三层次分析方法大大开拓了行政法的视野，也为公法与政府规制的融合迈出了实质性的一步①。

### 一、案例描述

（一）事实概要

原告为某冶金有限公司，被告为石嘴山市劳动和社会保障局，第三人文某自 1989 年在甲合金有限公司从事冶炼工作，2005 年甲合金有限公司组织单位劳动者在石嘴山市第二人民医院进行体检，该医院对文某的诊断为"肺功能：限制性通气障碍；两肺上、中、下野内中外带多发散在的均匀分布细小结节"。早在 2005 年就发现文某患通气性障碍，为什么企业不做职业病鉴定呢？为什么不本着三早预防的原则进行早期治疗呢？法律不能只是事后的救济，能从法律制度上保护人们的健康才是根本。2005 年 9 月该公司改制为某合金有限公司。公司改制后，文某仍然在某合金有限公司工作。2006 年 9 月，第三人文某离开原告单位后，靠在不同的建筑工地打工维持生活。因常感肺部不适，2007 年 3 月 20 日，文某到宁夏医学院附属医院检查，门诊病历显示"双肺均匀一致小结节——尘肺可能性大"。2008 年 1 月 23 日，第三人文某到宁夏回族自治区疾控中心进行检查，诊断为 I 期矽肺，并出具职业病诊断证明书（编号为 2008 - 001）。2008 年 2 月 26 日，第三人文某向被告石

---

① 传统行政法学的功能定位主要在于私人权益之保障，以司法救济为中心，其基本逻辑是：行政权的庞大容易出现滥用进而侵害人民的权益，因此行政机关的行为必须受到法律的约束，此种合法性审查需要由独立且公正的法院来进行。

嘴山市劳动和社会保障局递交工伤认定申请书，被告于2008年5月19日作出石劳社工伤决字〔2008〕111号石嘴山市劳动者工伤认定决定书，根据修订前的《工伤保险条例》第十四条第（四）项之规定，认定第三人文某为工伤，用人单位是原告某冶金有限公司，原告不服提起行政诉讼。

（二）判决要旨

1. 劳动者享有劳动安全卫生保护的权利，任何用工单位或个人都应当为劳动者提供必要的劳动安全条件和保障。

2. 职业病患者依法享有国家规定的职业病待遇，根据《工伤保险条例》第十四条第四项的规定：职工"患职业病的"应当认定为工伤。构成伤残的应当根据条例规定进行伤残等级鉴定，进而享受伤残待遇。

（三）评析

在这一职业病认定案中，文某自1989年在某甲合金有限公司从事冶炼工作，这期间曾参加过公司体检并被诊断为肺功能限制性通气障碍，但因文某文化水平较低，当时自感身体无太大障碍，也可能存在公司对体检结果隐瞒现象，故没有对其是否患有职业病做进一步诊断。企业为了降低生产成本，会尽可能缩减体检次数，更别谈本着三早预防的原则对员工进行早期治疗。我国的职业病防治法律法规早已对职业病的防、治、保三环节做了具体规范，问题的症结之一就在于对执法没有真正落实。

首先，许多企业从事的是技术含量低的业务，使用的是落后的生产工艺、陈旧设备，以及许多有害生产工序，同时这些企业也是劳动力密集型企业，故频发危害工人职业健康权的事件；而这些工厂通常因为地方保护或享有政策豁免权，不配合政府的劳动卫生部门的工作已成惯例，特别是在监测工人和工作场所的职业健康和安全这一重要的执法环节上。因此，这些企业往往忽视工人的健康和安全，有些甚至回避承担工人因职业中毒、职业性外伤而导致医疗费用的责任。一些雇主更换掉年纪较大、曾在充满职业性有害因素的工作场所工作很长一段时间的工人，来逃避支付那些患有职业病工人的治疗费。

其次，这些企业的工人大多来自农村，属于中国流动人口中的大比例群体，文化素质低，卫生部门很难长期监测他们的健康水平，而且他们在进入企业工作之前并没有接受过任何专业训练及法律法规的培训。他们既缺乏职业健康相关知识，很难享有健康和安全的工作环境，又没有任何法律意识要求雇主保障自己的职业健康权或通过合法途径寻求救济。即使存在少数有此意识的工人，也因为法律诉讼耗时长、维权成本高、证据不足等原因而选择忍受或领取赔偿私了。

2005 年 9 月该公司改制后变更为原告某合金有限公司，文某继续在公司工作至 2006 年 9 月，因身体不适多次请假被裁，离职时未做离职体检（案例中未提及）。随后文某又更换了几份工作，包括到建筑工地打工，到某冶炼厂断断续续打工三个月。因常感肺部不适，到疾控中心诊断为 I 期矽肺，并附有职业病诊断证明书。同时劳动和社会保障局认定文某为工伤，用人单位是原告某冶金有限公司。原告某冶金有限公司不服提起行政诉讼，坚持认为在确诊为职业病时与文某存在劳动关系的是原公司，故责任应该由原公司的上级部门负责。

本案争议的焦点是：原告单位是不是应当作为第三人文某的用工主体，对其医疗和生活保障承担责任。矽肺是由于长期吸入大量二氧化硅粉尘所引起，以肺部广泛的结节性纤维化为主的疾病，与患者从事接尘作业、接尘年限有显著关系，且矽肺的确认具有延后性。文某在甲冶金有限公司、某冶金有限公司从事冶金工作 17 年，2005 年第三人文某已被诊断为肺功能限制性通气障碍。法院判原告某合金有限公司应当是第三人文某患矽肺这一职业病的用人单位，其对第三人文某患职业病应承担医疗和生活保障。

劳动者经常对某个具体的职业所存在的风险缺乏认知，而且即使是给予充分的信息，也不一定能作出"理性"的决定。劳动市场的竞争还存在较大的文化和制度障碍。而我们尝试使用法学控制论的模型，模拟影响政府规制效果的因素及作用。控制论作为一种法律学说是由庞德提出的，其最终目的是为人谋福利。劳动者职业健康权益的保护问题一直受法学界所关注。按照庞德的控制论，个人既是社会控制的主体，也是受控制的主体。每个人在系统之中通过自己的行为来控制社会，同时也受到社会的影响和控制。国家的职能就是由政府、立法机关、行政机关来实行的，只是人们为了更好地实现这种控制而借助的手段或者中介，而不是控制主体本身。我们借鉴这一理论的思想，以农民工作为社会控制和受控制的主体，将社会事实中具有相互关联性的因果逻辑转换为抽象的指引、支持、规惩、扶持四变量间关系，勾勒因果机制，并为政府制定行之有效的政策提供科学依据。

根据控制理论，把职业健康政府规制过程的影响因素整理为四类。

指引，是个人对政策和法律认知的深度和广度及由此而引发个人健康行为模式的改变，如职业健康政策的培训及认知。

支持，是通过法律规定的救济途径，个人权利受到侵害时能获得政府支持与保护的措施，如法律对公民权利的支持与保护。萨拉库克从正规经济和非正规经济的选择动机上分析了解政府规制在劳工领域的重要性。他提出了解进入这个领域的方式，是在规章和法律义务方面，作为避免烦琐的规章或税收的一种选择。非正规可能出现在执行正式章程的相关机构缺失的情况。在中国有大量的与劳动力相关的法律，在"农民工"身上通常执行不力。严苛的法律和存在寻租的政府体系结合，可能导致企业回避合法化，削弱他们与政府的关系，并使政府规制趋于架空。这样一种方法还要求了解正规制度（包括非政府范围的）和非正规制度或形成劳动力关系和结果的法规形式。与制度讨论紧密连接的是，经济调节中，政府选择干预、强制时，政府的角色问题和政府行为的原因。

规惩，是政府、企业、服务机构须执行具体的职业健康规范的行为模式以及违反该模式的惩罚，包括赔偿、罚款、吊销执照等。

扶持，则比支持范畴更大，是与农民工在从事职业病高发行业的过程中，作为弱势群体所受到的来自不同主体、不同层次的特殊保护所构成的与规制目标有正相关的变量，不一定通过法律而是多种方式推动的，如社会保障转移接续、工伤纠纷处理、身份认同与社会融合、税收优惠、强势工会、公共服务均等化、企业社会责任的增强等。在职业健康规制过程中，原本由全社会（不仅是企业）担负的职业病防、治、保的成本，却要由为城市化进程付出最大的农民工自身承担，这其中的扶持因素没有发挥作用是重要原因。

### 二、判例上规制与司法之间的制度反思

轻"社会性"而重"经济性"，仍然存在政府片面追求经济增长而忽视市场外部性所带来的严重的职业病问题，地方政府为了吸引投资而降低门槛，疏于职业病防治的监管。政府职能调整后导致职业安全健康这一概念中的"安全"与"卫生"分开，卫生方面依赖《职业病防治法》，安全方面依赖《安全生产法》，两者的行政部门也因此分开，不利于职业病防治工作的执行与落实。这一问题已经受到关注，在2018年国家机构改革中，职业病防治工作又统一归由卫生行政部门进行监管，从而有利于相关工作的统一执行和落实；国家财政对职业病防治投入不足，由于地方基层财政资金困难和补偿机制不健全，导致了卫生投入机构过度市场化，公共卫生和疾病防疫体系偏废薄弱；由于城乡二元的分割结构，很多农民工没有被纳入工伤保险、基本医疗等社会保障中来。《国家职业病防治规划（2009—2015）》也提出要建立政府统一领导、部门协调配合、用人单位负责、行业规范管理、职工群众监督的工作体系。

在行政管理的法律规制上看，真正具有"法律"意义的，只有《职业病防治法》一部，以国务院令方式颁布的行政法规也只有三部，

其余的均是效力层级较低的部门规章或者规范性文件。上位法的缺位也使职业病防治的法制化建设仅停留在有法可依的阶段，而面对如何打破企业职业病危害监管的地方保护和平衡经济发展与劳动者健康保护的关系，规范性文件就显得十分无助。由于我国是发展中国家，其性质决定了必须以经济建设为中心，在这种经济高速发展的环境下，发生职业损伤及生产事故是在所难免的。又因为职业健康问题关乎整个国家的形象问题，高危的职业病发病情况很可能会威胁到国家的经济安全，因此我国法定的职业病，在现实中是不会被轻易确诊。在职业安全与健康法律规制进一步完善的同时，农民工的权益保障存在程序与制度障碍。

法律上并没有明确给出职业病诊断及鉴定时限，企图规避责任的企业可利用这一"合法"程序，延迟对劳动者的鉴定和诊断。另外，我国《劳动争议调解仲裁法》并未从根本上改变"先裁后审，一裁两审"的单轨劳动争议处理模式，并未针对农民工劳动争议处理模式研究特殊扶持渠道，以致极少劳动者愿意付出如此时间成本等候裁决。劳动争议处理程序冗长，维权成本高昂以及劳动监察体制配套不完善，导致职业健康的"支持"因素的控制力只停留于法律文本的层次，未向实践文本延伸。

## 第六节　基于行政法学原理的风险规制政策选择

### 一、加强规制之辩

（一）加强规制与放松规制

社会性规制，例如安全与健康、环境保护、消费者保护等领域的规制，其公益正当性理由，一般集中于两种类型的市场失灵。与本书相关的一种，就是与提供劳务获得报酬的企业存在现实的或潜在的合同关系的个人，能够获得的工作场所的信息和风险总是不充分的。结果是，不受规制的市场很难满足他们的偏好。为了解决这个问题，管制者可以根据国家干预程度的不同而进行区分的一系列规制工具中进行选择运用，包括信息规制，强制要求提供方披露商品或服务的质量信息的细节，而这一工具，在职业健康风险管制中的具体实施便是"风险事项列入合同并说明"，由掌握信息的企业一方向处于信息弱势的劳动者一方说明工作场所的风险信息。

为了实现管制的目标，管制机构也依赖检测的手段。在工作场所的有害物质含量是否超标的检查中，检测手段运用得十分普遍。而能为该契约失灵提供专业检测和技术鉴定的组织——安全监管部门、疾病控制中心（CDC）则每每在其中的纠纷解决机制当中失效，而当公众（患者）向公共部门寻求事先的或事后的帮助以解决职业健康问题时，另一种委托代理关系形成的基础就出现了，即政府成了职业健康的保障和监督者，是劳动者的健康守门人。为其减少外部性，抑制风险规制的市场失灵，并在职业病出现后扮演保障和协调的角色，若发现企业有违反法律规定的则予以处罚，而现实中因为举证困难，真正能成功处罚的情况并不多见。从法律、法规到规范性文件，也少有从政府监管的角度对处罚的取证和标准做出规范，无法避免"规制失灵"的局面发生。前述的根据国家干预程度不同而进行区分的规制工具中，存在的一项广泛被运用的规制工具——有时候被称为"指令与控制"——标准，它以刑事惩罚为后盾，被施加于企业之上，但这种工具，较为适合运用于有形产品的规制，而对于职业健康风险的行政规制，则较少见，目前可见的一般是对有毒有害工作场所建设标准规制，如相关国家标准的公布。

整个的管制链条常常会因为契约这个核心问题而出现种种烦琐的障碍，导致执法过程的艰辛与司法案件的膨胀。公共行政任何一个领域都没有管制行政所受的批评多。管制实施的代价也很大，且经常涉及诉讼，这时法院也在公共行政中扮演越来越重要的角色。法院适用法律的过程，在一定意义上就是对管制的合法性的判断。所以，法律制度的研究视角亦不可少。而目前国内研究卫生法学还属于新兴领域，台湾的黄丁全教授是目前对此研究较多的专家。对于大陆的卫生法来说，目前仍是建立的过程。

我国已有较完善的职业健康规制政策，但相关循证研究缺乏。我国目前有关职业健康法律法规并不缺乏，如《劳动法》《劳动合同法》《职业病防治法》《工伤保险条例》《尘肺病防治条例》《使用有毒物品作业场所劳动保护条例》《社会保险法》等，但实施效果尚不理想，在严格的劳动合同与职业病防治法律法规的政策环境中，中小企业更倾向于逃避责任，选择非正规渠道用工，且工人工作场所环境恶劣。所以，指引因素并未发挥根本性的影响作用。

以上所述"农民工"问题是中国社会发展的一个典型现象，务工过程出现的职业性危害事件对输入地和输出地均带来社会、家庭、个人多层次的危害和负担。职业健康规制效果受到政府行为、工厂规范和工人认知等多层次因素的影响。当我们遇到转型一词时，必然要弄清是哪种意义上的转型。在国内外的文献中，转型一词最为普通的含义是指从计划经济向市场经济的转型，我们常常称之为体制转型。但是，对发展中国家来说，还有一个从工农和城乡经济向现代经济转型的过程，这个转型常常被我们称为发展转型。再从社会保障体系的改革来说，近 20 年来，西方许多发达的福利国家都在不同程度上改变其保障过度的福利制度，这种改革也往往被称为福利国家的转型。对当前的中国来说，既存在着体制转型和发展转型的问题，也存在着社会保障体系的改革或转型问题。无论是 OECD 国家，还是东欧国家，都不存在二元经济结构，他们的社会保障体系，包括医疗保障体系，都是城乡一体化的，而我们国家的这样面临着多重转型任务等国家社会保障体制的改革，则存在着城乡区别对待研究的问题。而将转型社会作为本研究的管制背景，结合案例所折射的管制时代和管制结构对医疗责任保险体制放在一个更为立体的环境中去分析，是本研究的一个尝试。

对于一个具体的职业健康风险规制制度来说，其发展与建立，依托着整个国家的公共卫生体制改革的发展，两者的发展思路是一种从宏观到微观的辩证统一，而整个国家的公共卫生制改革的政策选择，是一个属于宪法选择规则层面的问题。而地方政府侧重发展经济、解决就业问题，对职业健康风险预防和保障工作支持力度不足，则是宪法中的"健康权"保护是否落实的问题。另外，政府对职业健康服务的补偿机制存在缺陷，缺乏绩效考核制度，导致机构开展卫生服务意识不强或选择支付能力强的企业提供服务。在很多职业健康服务上，如体检、辅导培训等，地方政府倾向于将责任转嫁给企业。所以，在社会性规制的典型行业，职业健康的风险规制应该以适当扩权推进治理，以规制缓和实现善治。

（二）标准化管理体系的建立

职业健康服务提供缺乏行业标准，未能与国际接轨，企业职业健康管理、服务、设备等方面基本处于"空白"状态，尤其是规模较小的企业。外资企业缺乏职业健康法规知识，无法建立较为完善的符合中国法律法规的职业健康服务体系。同时外资企业缺乏相应的社会责任感，在中国设厂以营利为目的，忽视了对职业健康的能力建设，无法为员工提供安全生产环境，健康促进更无从谈起。再者，无论外国独资、合资还是国内独资企业，都不会有动力对员工进行职业健康法规培训，提高员工维权意识而增加企业被诉的风险。

（三）全程监管模式的落实

工作场所的风险控制占据了规制领域的特殊位置。它有悠久的历史和丰富的史料记载，被看成社会性规制的典型模式。自从经济体制改革和对外开放以来，中国的经济和工业经历了一个快速发展，雇员的工作条件有了很大提高。然而，由于经济和技术的制约，在大多数工作场所还存在各种职业危害，特别是在合资、外资或中小企业。职业健康规制是以保护和促进职工的安全与健康为目的的全部活动，它要求有关的部门、雇主、职工及其代表，创造和维持一个安全与健康的工作环境，使工作适合于职工的生理特点，从而维护职工的身心健康。因此，我们应该建立一套工作场所健康促进系统。在这个系统中，政策、法律、体制、实践和卫生在各级组织水平上整合为一体，并综合个人、环境、组织和社会因素共同对雇员的健康产生影响。关注工作场所健康促进的法律规制问题，追踪新法的规制影响效果，能为分析服务体系中服务对象、服务提供者、政府监管部门三者之间的关系和发展状况提供法律依据，并探讨造成目前中国职业健康工作困境的制度原因，提出解决办法，为最终建立适应中国经济发展的职业健康政策提供依据。

从农民工进入企业工作之前、之中和离职后的各个阶段和环节，职业健康服务都应该持续有力地运转。在入职前考虑其中的职业病预防问题，采取必要的对策措施，进行企业和工人对职业健康政策依从性的监管，保证项目的本质安全，真正做到"预防为主"、促进健康和消除不平等，从源头控制职业病的发生。职业健康规制的对象应该由传统的事故管理不断向隐患管理发展，在职业安全与健康规制的过程中，应该不断由事后管理向事前、事中、事后相结合的全过程、全方位的系统化管理发展。

### 二、公共卫生行政中的软规制

（一）健康促进与健康教育项目的干预措施与法律认知的提升

鉴于职业健康风险规制的复杂性和多元性，我们不可能奢侈地坐等完美的方案，我们需要更多地从社会学视角作出更多的研究，在现有的经济基础下结合更多的综合学科研究成果，在企业和工人的权利冲突外部找到最具优势的控制策略。软法（Soft Laws）是不具有任何约束力（binding force）或者约束力比传统的法律（即所谓的硬法）要弱的准法律性文件。它起源于国际关系，特点是相对灵活，能根据国际社会环境的变化迅速调整和修正，而在国内法的语境中，软法有以下几个特征。

（1）软法的形成主体具有多样性的特点；

（2）软法的表型形式既可以以文本形式存在，也可能是某些具有规范作用的惯例；

（3）软法一般无罚则，通常依靠自律和激励性的规定；

（4）通常不具有国家强制约束力，通常凭借制度、舆论导向、文化传统和道德规范等保障实施，依靠人们内心的自律和外在社会舆论的监督等发挥作用。

前文提到在政府和中小企业对流动工人的健康权保障上的态度不一致，特别是在提升他们的法律认知和权利意识上，政府很难用执法来对个体产生作用，毕竟法律只将工作场所的风险监测职能、体检和鉴定的职能及患病后的治疗职能授予了卫生行政部门，工伤保险的购买和劳动权的保障授予了人力和社会保障部门，而并未提高流动工人的健康相关行为的依从性和增加他们对法律法规的认知、认可，从而对遵守法律法规的主体和职能进行规范。

在制定硬法条件不成熟时，软法通常先行一步，尤其是在公共卫生领域已经较为成熟的健康教育和健康促进的项目管理、策略和干预措施，都是对硬法的有效补充。但其没有国家强制力保证实施，不足以应对职业健康风险规制的严峻形势，且具有不稳定性和不确定性，易受企业和地方政府偏好影响，在经过反复试错与协商后，一旦条件成熟，这些软法的规定足以成为制定硬法的重要渊源。法律约束力源于国家强制力和暴力机关的认可，其约束力与执行力与生俱来并伴随终生，对一些好的软法进行立法确认，推动了法治和社会发展，符合人类认识规律，有其必然性。

（二）软规制在健康治理中的作用

中国的软法研究有其特有的实践优势，中华传统"和合"文化中强调合作、注重和谐、淡化对抗等理念与软法的特征相合，软法在中国的发展有着传统文化的支持，结合"一带一路"在平等的文化认同框架下谈合作，体现了和平、交流、理解、包容、合作、共赢的精神，这与"软法"的本意一致。随着中国成为世界第二大经济体，"一带一路"的建设，也正是中国在向世界各国释疑解惑，向世界宣告和平崛起：中国崛起不以损害劳动者的人权为代价，对弱势群体的健康权保护也是我国在全球健康治理的卫生公平性价值追求上体现大国应有的气度和作为。只有这样，WHO 提出的"人人享有职业卫生保健"全球战略才能够在我国充分体现出来，利于我国与世界接轨、持久健康快速地发展。

## 第七节　职业健康风险规制技术规范的前景预测

### 一、探索适宜的服务模式

我国目前企业获得职业健康服务的方式主要包括：第一，经企业自主申请，从政府主办的卫生机构购买建设项目职业健康评价、环境监测和健康监护等职业健康服务；第二，职业卫生执法部门在监督检查中发现问题要求企业做出整改，企业向卫生机构或其他职业健康技术提供机构购买服务。企业的职业健康需求无法保证得到满足的原因之一是我国职业健康服务提供模式单一，第三方的职业健康服务提供市场不活跃，而政府的职业健康服务机构资源配置和能力建设相对不足。

我国应尽快完善与职业健康相关配套规章和推进企业进行健康风险管理的行政指导，进一步明确职业健康管理体制，细化职能划分落实监管，构建畅通的信息网络，合理配置职业健康资源，加强人才队伍建设。中小企业的工作场所健康促进规划如下。

（一）基础性职业健康服务

在我国推广和建立基础性职业健康服务体系，有利于进一步把职业病防治法的各项法律规定落到实处，更大范围地保护广大劳动人群。朱美芬在其研究结果中建议：为了更好地推进基础职业健康服务在我国的开展，必须加强社区卫生服务机构与人员建设，加强其职业健康服务能力，制定科学合理的社区基本职业健康服务方案，增进部门协调沟通，做好基层职业健康服务工作，确保相应政策落实到位。

（二）细化企业作为第一责任人的主体责任内容

企业应贯彻执行"安全第一、预防为主、综合治理"的方针和国家有关职业健康的法律法规标准，把职业健康作为一项长期任务，落实责任，履行职责，向职工提供高效的职业健康服务，同时配合政府部门做好相应的工作。需将政策制度贯彻落实到管理层，加强管理人员的法律意识和对职业健康知识的掌握程度。王利等对企业量化分级管理研究发现企业职业健康管理人员对职业健康的认知水平可能在很大程度上影响着企业的职业健康状况。因此，要加强职业健康法律法规和职业健康知识培训，降低因为"认知水平不同"造成的差异。刘萍等在小工业企业管理人员职业健康服务需求分析中提出：改善劳动条件，控制职业危害是企业的自身行为，企业必须将改善劳动条件，控制职业危害纳入企业管理之中，不要因小失大，影响企业的生存和发展。

（三）中小企业流动工人的健康促进计划

加大对职业健康的宣传和教育，提高职业人群的职业健康意识。如果工人能够自觉、自发地做到职业健康，那比管理者从上而下的管理会好很多。这一方面在发达国家应用的效果很好，在中国大陆内也可以尝试（孙燕，2010）。

## 二、建立与职业健康风险规制理论匹配的保障制度和技术系统

职业健康预防、治疗和保障是行政法在现代社会政府治理中的一项新任务。在现代行政法学的行政行为理论体系中为这一重要的行政活动确定一个恰当的归属，协调与其他行政行为之间的关系，从而构建一个相对比较科学的、可以作为论证职业健康风险规制的法理前提。庞德认为法律的目的就是社会控制的目的，能够实现对社会利益的保护，就是

正义。越来越多的研究开始关注弱势群体的保护，若能从一开始的规范制定就为平衡利益冲突寻找法理根源，则为职业健康风险规制奠定了坚实基础。

在法治背景下，从法律规范、行政实践、司法个案等多角度探讨职业健康的基础性理论问题，并引入风险规制理论，浓缩政府提供职业健康服务的基本原理，阐释职业健康规制工具适用的可行性。在已阐释的职业健康风险规制原理的基础上，将现有的诸如许可、处罚、价格、收费、评估等制度与职业健康有害因素检测技术、职业健康档案信息共享等规制工具结合起来，构建一个比较完整的职业健康预防、治疗和保障制度及其与之匹配的技术系统。

综上所述，笔者建议在行政法学研究领域中以"职业健康风险规制的公法原理和技术研究"作为部门规制研究的探讨重点，一方面可以进一步完善我国行政法学的基础理论，为职业健康风险规制提供原理性支持与具体制度上可操作性之保障，进而在宪法层面上落实"政府对公民的健康权保障"的人权理念；另一方面也可以为新《职业病防治法》的实施提供循证支持，从而使我国未来的职业健康风险规制工具的选择更具可操作性。相关研究的实际应用价值在于做出以证据为基础的规制效果评价（evaluate on evidence – based policy making），并促进立法机关、卫生部门和企业之间的合作。进一步应用发展为公共政策，以提高弱势群体的健康水平和流动人口输入地政府执政能力，减少流动人口个人及输出地的医疗费用的经济负担。研究成果不仅有利于本地区决策者在职业健康风险规制中做出更科学的决策，完善政府各部门的管制意愿、动力及实践，对提高政府社会管理水平亦有重要意义。"北上广"流动人口管理的法制化是我国特大型城市社会稳定和增进福祉的重要标杆。广东、上海等地成立社会工作管理委员会为管制主体，正探寻一系列适合流动人口输入地的政策制定和实施的方案，而这一特殊群体健康权的依法保护，是不可或缺的重要组成部分。

# 第五章 "代孕"行为的政府规制

随着社会不断发展，不孕不育成为一个社会焦点。国内统计数据表明，我国育龄夫妇不孕不育患者超过 5000 万，发病比例为 12.5% ～ 15%，也就是说，每八对育龄夫妻中就有一对不孕不育患者。人类辅助生殖技术的发展，造福了许多不孕不育家庭（曾文兵，2016），但该技术无法解决一些女性因子宫问题或自身患严重疾病等原因造成的不能生育问题，这使得"代孕"行为出现了。从"广州富商夫妇通过试管婴儿及'代孕'生下八胞胎"，到某明星被曝光"跨国'代孕'后弃养"，让"代孕"这个极具争议的话题再次成为舆论热点。"代孕"行为也从一种"技术"演变成为一门"生意"，甚至还催生出了一条以"代孕"委托方、"代孕"中介、"代孕"妈妈、卖卵妇女、实施"代孕"技术的医务人员或机构、"代孕"的药械和耗材提供者、开具出生证明的医院等组成的一条完整黑色产业链。由于我国严禁医疗机构和医务人员实施任何形式的"代孕"技术，因此很多不孕不育的家庭将目光投向地下"代孕"服务，据不完全统计，全国的"代孕"中介高达400 多家，这给基层卫生监督机构对"代孕"的监管执法带来巨大的压力。

# 第一节　"代孕"行为的概念及法律规制

## 一、"代孕"的概念

目前法律对"代孕"并没有明确的定义，通常认为"代孕"是指运用现代医疗技术，将委托夫妇中丈夫一方的精子或者人工培育成功的受精卵、胚胎植入"代孕"母亲的子宫内（李鑫鑫，2019），待"代孕"子女出生后由该委托夫妇取得亲权的一种人类辅助生殖技术。"代孕"一般分为四种：一是精子、卵子来自夫妻双方借用"代孕"母亲的子宫；二是精子来自丈夫，卵子由第三方捐卵志愿者提供，用试管婴儿的方式，由"代孕"母亲怀孕生育；三是精子、卵子均由第三方志愿者提供，用体外授精的方式（人工授精或者是试管婴儿），由该"代孕"母亲怀孕生育；四是精子由第三方志愿者提供，卵子由妻子提供，用试管婴儿的方式，由"代孕"母亲怀孕生育（李航，2015）。

## 二、"代孕"中受法律规制的行为

以非法"代孕"的黑色产业链条为例，参与非法"代孕"活动的主体包括"代孕"委托方、"代孕"中介、"代孕"妈妈、卖卵妇女、实施"代孕"技术的医务人员或机构、"代孕"的药械和耗材提供者、开具出生证明的医院等。受到法律规制的行为有："代孕"中介通过建立"代孕"网站，发布"代孕"信息广告，又或者通过手机短信等信息形式招徕卖卵妇女、"代孕"委托方的行为；"代孕"中介通过设立公司超范围经营"代孕"中介业务或无证照举办"代孕"中介公司的行为；"代孕"中介公司使用无合格证明文件，过期、失效、淘汰的医疗器械，或者使用未依法注册的医疗器械实施"代孕"技术的行为；

医疗机构为"代孕"妈妈所生的婴儿违规办理《出生医学证明》的行为;"代孕"中介限制"代孕"妈妈人身自由的行为;"代孕"中介组织外籍妇女偷越国边境实施卖卵"代孕"等行为。

### 三、"代孕"行为的法律规制模式

世界各国的法律、社会和伦理对"代孕"行为有着不同的态度。世界上主要国家的"代孕"行为的法律规制模式大致可以分为三种:私法自治型、政府管制型和完全禁止型。私法自治型是指国家对于"代孕"行为只是制定规则,而任由私人之间依据私法途径完成,政府不予监管;政府管制型,是指政府对于"代孕"问题进行管制,如无政府的许可,不得实施代孕,代孕行为也要受到政府的监督;完全禁止型,是指国家禁止各种形式的"代孕",甚至以刑罚加以惩罚(王贵松,2009)。美国没有全国各州一致的关于"代孕"行为的联邦立法,各个州对于"代孕"有独立的立法权,美国的大多数州法律规制模式属于私法自治型;英国针对"代孕"行为的法律规制模式是政府管制型,"代孕"是否合法取决于是否可以得到政府的许可;但更多的国家采用的是完全禁止型的法律规制模式,如中国、德国、法国、日本等,但这些国家中均存在着地下"代孕"的情况。我国对"代孕"行为的规制主要是由卫生部门规章规定的,我国政府针对"代孕"的态度是绝对禁止,不仅禁止妊娠"代孕",同时也禁止基因型"代孕"。世界各国对于"代孕"行为采用的法律规制模式,都与各国的法律体制、国情以及社会文化背景密不可分。

# 第二节 "代孕"行为的立法现状

## 一、我国"代孕"行为的立法现状

我国自 1989 年原卫生部颁布《关于禁用医疗技术鉴别胎儿性别和滥用人工授精技术的紧急通知》开始，直至 2001 年原卫生部颁布《人类辅助生殖技术管理办法》（以下简称《办法》）和《人类辅助生殖技术规范》（以下简称《规范》）等两部部门规章，人类辅助生殖技术在我国已从禁止滥用转变成现在的严格准入和严格监管。目前，我国颁布和修订了部分关于人类辅助生殖技术的行政法规、部门规章和各类规范性文件，逐步形成我国现有的人类辅助生殖技术规范体系，表 38 是按照颁布时间、重点内容、颁布主体列出在我国人类辅助生殖技术领域的部分重点规章或规范性文件。

表 38 我国人类辅助生殖技术领域的部分重点规章或规范性文件

| 颁布时间 | 规章/规范性文件 | 重点内容 | 颁布主体（效力级别） |
|---|---|---|---|
| 1989.5 | 《关于禁用医疗技术鉴别胎儿性别和滥用人工授精技术的紧急通知》 | 1. 除因遗传性疾病需诊断外，不得以任何理由用医疗技术鉴定胎儿性别<br>2. 除用于科学研究外，其他医疗保健机构一律不得开展人工授精技术 | 原卫生部（部门规章） |
| 2001.2 | 《人类辅助生殖技术管理办法》《人类精子库管理办法》 | 1. 我国第一部较为系统的人类辅助生殖技术管理的部门规章<br>2. 对申请开展人类辅助生殖技术的医疗机构采取审批许可制 | 原卫生部（部门规章） |

| 颁布时间 | 规章/规范性文件 | 重点内容 | 颁布主体（效力级别） |
|---|---|---|---|
| 2001.5 | 《人类辅助生殖技术规范》《人类精子库基本标准和技术规范》《人类辅助生殖技术和人类精子库伦理原则》 | 我国首个人类辅助生殖技术领域的规范、标准和伦理原则的部门规章 | 原卫生部（部门规章） |
| 2003.6 | 《卫生部关于修订人类辅助生殖技术与人类精子库相关技术规范、基本标准和伦理原则的通知》 | 1. 对2001年5月发布的《人类辅助生殖技术规范》、《人类精子库基本标准》和《人类辅助生殖技术和人类精子库伦理原则》进行修订 2. 明确和细化开展人类辅助生殖技术所需的设置条件、场所、人员、技术、适应人群 3. 明确人类辅助生殖技术的七大伦理原则 | 原卫生部（部门规章） |
| 2006.2 | 《人类辅助生殖技术与人类精子库培训基地认可标准及管理规定》《人类辅助生殖技术与人类精子库校验实施细则》 | 1. 制定了培训基地的标准和管理规定 2. 确立了人类辅助生殖技术与人类精子库年度校验要求 | 原卫生部（部门规章） |
| 2007.5 | 《关于加强人类辅助生殖技术和人类精子库设置规划和监督管理的通知》 | 1. 确立人类辅助生殖技术和人类精子库属于限制性应用的高新技术 2. 严格限定新开展类辅助生殖技术和人类精子库的医疗机构的准入条件，严格控制机构数量 | 原卫生部（部门规章） |
| 2013.2 | 《人类辅助生殖技术管理专项整治行政方案》 | 1. 对已获准开展人类辅助生殖技术的医疗机构进行清理整顿 2. 专项期间，暂缓审批新申请的医疗机构，对已审批的重新审核登记 | 原卫生部（部门规章） |

续表

| 颁布<br>时间 | 规章/规范性文件 | 重点内容 | 颁布主体<br>（效力级别） |
|---|---|---|---|
| 2015.5 | 《人类辅助生殖技术配置规划指导原则》 | 1. 明确配置规划的基本原则<br>2. 明确生殖技术配置测算实行分类控制 | 原卫计委<br>（部门规章） |
| 2017.9 | 《关于建立查处违法违规应用人类辅助生殖技术长效工作机制的通知》 | 1. 严厉打击非法采供精、非法采供卵、非法胎儿性别鉴定和非法代孕等违法违规行为<br>2. 制定各部门联合查处长效工作机制，规定各部门工作职责 | 原卫计委、最高院、公安部等12部门<br>（部门规章） |
| 2018.8 | 《医疗技术临床应用管理办法》 | 建立限制类医疗技术临床应用备案制度 | 卫健委<br>（部门规章） |
| 2019.8 | 《辅助生殖技术随机抽查办法》 | 1. 明确随机抽查机制<br>2. 明确抽查内容，除人类辅助生殖技术标准外，包括非法代孕、非法采供卵和非法胎儿性别鉴定等内容 | 卫健委<br>（部门规章） |
| 2019.9 | 《关于加强辅助生殖技术服务机构和人员管理的若干规定》 | 1. 对辅助生殖机构和从业人员提出了明确的管理要求<br>2. 主要包括机构资质、人员资质、医德医风、伦理监督等10个方面 | 卫健委<br>（部门规章） |

## 二、其他国家"代孕"行为的立法现状

其他国家针对"代孕"问题颁布制定了诸多法律法规，包括美国、英国、德国、瑞典、泰国，对胚胎、"代孕"、"代孕"出生的子女地位等作出详细的法律规定，表39是按照颁布时间、重点内容、颁布主体列出的其他国家人类辅助生殖技术领域的法律法规。

**表39 其他国家人类辅助生殖技术领域的法律法规梳理**

| 颁布时间 | 法律法规 | 重点内容 | 颁布主体 |
|---|---|---|---|
| 1973 | 《统一亲子法》 | 1. 妻子接受人工生殖技术需经丈夫书面同意，夫妻双方签名<br>2. 所生子女为二人的婚生子女<br>3. 人工授精记录及同意书非经法院许可不得公开<br>4. 精子捐赠者与人工授精所生子女在法律上没有任何关系 | 美国 |
| 1985 | 《代孕安排法》 | 1. 对科研机构的监督制度、生殖细胞提供者的同意权、人工生殖子女的知情权、捐赠生殖细胞的数量限制、胚胎保存期满后的处理机制、严格限制胚胎研究、人工生殖子女亲子关系认定<br>2. 代孕契约的非法性<br>3. 禁止买卖精卵及胚胎等 | 英国 |
| 1988 | 《人工生殖子女法律地位统一法》 | 1. 对人工生殖子女的法律地位问题进行了规范，针对代孕母亲问题，该法提供了两个方案，其一规定通过代孕母亲进行代孕生育仅适用于不育的已婚夫妇；而另一方案规定代孕契约是无效的<br>2. 针对如何认定人工生殖子女的父母以及代孕契约的终止均有规定 | 美国 |
| | 《体外授精法》 | 1. 对体外授精术的受术者范围作出了规定<br>2. 明文禁止代孕行为<br>3. 禁止捐精、体外授精 | 瑞典 |
| 1990 | 《人工授精与胚胎法》 | 1. 设立专门监管机构——人工生殖管理局<br>2. 遵循分娩者为母、其丈夫为父的原则确定人工生殖子女的父母，丈夫在术前表示不同意的除外<br>3. 通过代孕出生的子女，其父母为不育夫妇<br>4. 生殖细胞捐赠者不与人工生殖子女发生权利义务关系，除非其在术前表示同意<br>5. 丈夫去世后，使用其生前储存的精子，施行人工生殖技术所生子女为"无父之子"，属于非婚生子女 | 英国 |

| 颁布时间 | 法律法规 | 重点内容 | 颁布主体 |
|---|---|---|---|
| 1991 | 《胚胎保护法》 | 禁止为代孕母亲施行人工授精术或者体外授精 - 胚胎移植术 | 德国 |
| 2015 | 《保护以辅助生殖技术生产婴儿法》 | 1. 规定了代孕妇女和代孕委托夫妇的性质<br>2. 禁止外国人到泰国找代孕妇女<br>3. 禁止代孕商业化<br>4. 规定代孕合同范围 | 泰国 |

由上述两表得知，我国所出台的法律文件对非法"代孕"的监管起到了一定的作用，但是相比较其他国家和地区而言，我国在"代孕"问题的立法上呈现出空白状态，并未有对胚胎、"代孕"、"代孕"出生的子女地位等作出详细的法律规定，而现有的规定早已不能解决这一社会问题。

## 第三节　"代孕"案例评析

### 一、某女星"代孕"及弃养案例

（一）事实概要

2021年1月19日，中国青年网以"即时新闻"的形式，评述某女明星"代孕"并想弃养这一事件，引发了人们对"代孕"现象的热议和争论。女星前男友在网上发文，叙述了两人在美代孕的经过，并晒出了与两个孩子的合照、出生证明。男女双方家庭的通话录音中，还曝光了女方在分手后想要弃养的意图。中国青年网指出：

我国法律历来禁止代孕，在原卫生部出台的《人类辅助生殖技术管理办法》《人类辅助生殖技术规范》《人类辅助生殖技术和人类精子库伦理准则》中，都明确规定了禁止相关医疗机构和技术人员实施代孕的内容。尽管2015年修订《人口与计划生育法》时，已将"禁止代孕"的相关条款删除，但并不意味着代孕的合法化。

（二）评析

"代孕"所生子女出生在国外，出生后子女已经交由委托方夫妻抚养，这时，按照儿童最大利益原则，双方已然形成了抚养关系。委托方夫妻即使将孩子弃养在国外，也要承担法律责任，违法行为分民事上和刑事上两种。

第一，将子女遗弃在国外的民事责任。为了明确涉外民事关系的法律适用，合理解决涉外民事争议，维护当事人的合法权益，我国制定了《涉外民事关系法律适用法》。其中第二十五条规定，父母子女人身、财产关系，适用共同经常居所地法律；没有共同经常居所地的，适用一方当事人经常居所地法律或者国籍国法律中有利于保护弱者权益的法律。因此，即使中国父母一方将"代孕"所生子女遗弃在国外的，未成年人的监护人或组织也可以在中国起诉，要求国内的父母一方履行抚养义务，支付抚养费。

第二，将"代孕"子女遗弃在国外的刑事责任。刑事上来说，刑法规定，判处遗弃罪要达到一定的构成要件。遗弃行为必须达到情节恶劣程度的，才构成犯罪。也就是说，弃养并非一定构成遗弃罪，情节是否恶劣是区分遗弃罪与非罪的一个重要界限。根据司法实践经验，遗弃行为情节恶劣是指：由于遗弃而致被害人重伤、死亡的；被害人因被遗弃而生活无着，流离失所，被迫沿街乞讨的；因遗弃而使被害人走投无路被迫自杀的；行为人屡经教育，拒绝改正而使被害人的生活陷于危难境地的；遗弃手段十分恶劣的（如在遗弃中有打骂、虐待行为的）等

（《健康报》，2021）。负有抚养义务的人，对年老、年幼、患病或者其他没有独立生活能力的人拒绝抚养，情节恶劣的行为，构成遗弃罪，处5年以下有期徒刑、拘役或者管制。

对于"代孕"行为的规制，我国应当建立全面的体系化的法律制度，制定更高位阶的法律。一方面，"代孕"非法，代孕所生子女却是无辜的，对于代孕所生子女的法律地位和权利，应当在法律中予以明确。另一方面，"代孕"委托方应承担起自己作为父母的责任，孩子不是商品，需要倾注情感与爱来呵护（秦鹏博，2021）。

## 二、首例"代孕"事件引发监护权纠纷案

（一）事实概要

罗乙（男）与陈某（女）婚后通过购买他人卵子，并由罗乙提供精子，通过体外授精联合胚胎移植技术，出资委托其他女性"代孕"，生育一对子女罗某丁、罗某戊，并随罗乙、陈某共同生活。2014年2月罗乙因病去世，罗某丁、罗某戊随陈某生活至今。2014年12月，罗乙的父母罗某甲、谢某某向法院起诉，要求由其作为法定监护人并抚养两名孩子，一审法院支持了原告的主张。陈某不服提起上诉，二审法院改判由陈某取得监护权。

（二）判决要旨

一审法院："代孕"行为不合法，"代孕"所生的子女与其母亲既不存在自然血亲关系，根据我国婚姻法确定的拟制血亲分类，亦不存在拟制血亲关系。

二审法院：法律可以对违法行为本身进行制裁，但因"代孕"所生的子女并不经由制裁而消失，只要没有血缘关系的母亲有将"代孕"所生的子女接受为自己子女的主观意愿，并且有抚养教育的事实行为即可。

（三）评析

针对本案，争议的论点是陈某与其"代孕"所生子女之间是否存在法律关系。在一审法院看来，首先，陈某与"代孕"所生的孩子无血缘关系，自然就不存在法律上的自然血亲关系，"代孕"所生的孩子不能被视为罗某和陈某的婚生子女。其次，他们之间也不存在拟制血亲关系，陈某与"代孕"所生的孩子之间不是合法的收养关系。因此，陈某与"代孕"所生的孩子既不存在自然血亲关系，亦不存在拟制血亲关系。为充分保护未成年人的合法权益，一审法院判决存在血缘关系的祖父母取得"代孕"所生的孩子的监护权。

二审法院与一审法院的判断不同的是认定陈某与"代孕"所生的孩子之间存在"事实上形成抚养关系的继父母与继子女"关系。法院将"代孕"所生的子女当作罗乙与陈某结婚婚后罗乙个人的非婚生子女。法院认为，只要陈某有将其接受为子女的主观意愿，并且有抚养教育的事实行为即可。基于此，陈某与其夫"代孕"所生子女间存在拟制血亲关系，结合儿童最大利益的原则，应由陈某取得监护权。

二审法院的判决出发点是不将"代孕"行为的违法性作为影响父母与子女权利的一个影响因素，而在一审判决中，"代孕"的违法性是一个实质性的判决理由。排除"代孕"违法性的影响，"代孕"子女的亲权界定实际上和缔结婚姻之后一方的非婚生子女适用同一套规则（刘碧波，2017）。

# 第四节 "代孕"的基层执法困境

目前，基层卫生监督机构在打击"代孕"执法工作中所面对的困境，主要源自滥用人类辅助生殖技术实施"代孕"。以我国广东省广州市番禺区为例，该区卫生监督机构于 2017 至 2020 年查处涉及违法违规实施"代孕"案件共十三起。其中涉及"代孕"黑色产业链的"代孕"中介案件两起,"代孕"妈妈案件三起,卖卵妇女案件两起,实施"代孕"技术的医务人员或机构案件六起。在查处涉及违法违规实施"代孕"的案件过程中,基层卫生监督执法人员遇到的困境:"代孕"问题立法缺位,难以规制;多部门联动机制不完善及执行力不强,难以查处;"代孕"技术精专,难以取证。

**一、"代孕"问题立法缺位,难以规制**

基层卫生监督机构在对"代孕"进行监管时发现,现有的法律法规对"代孕"问题的各项内容并非作出全面详尽的规定,在内容上难以覆盖所需监管要求,存在立法缺位、难以规制等问题,主要表现在立法主体位阶不高、立法覆盖内容不广、行政处罚力度不强和行刑衔接不畅。

（一）立法主体位阶不高

目前,我国颁布和修订的关于"代孕"问题的各项规范性文件,无一例外均是由卫生健康行政部门颁布的,在立法效力位阶上,只是属于部门规章和技术规范,法律效力较低。在立法层面上相对滞后,迄今为止尚未制定一部针对"代孕"监管的基本法律。"代孕"技术的立法方面,仅有《办法》中"严禁医疗机构和医务人员实施任何形式的'代孕'技术,严禁买卖精子、卵子、受精卵和胚胎"这一条规定。

在 2015 年 12 月 27 日的十二届全国人大常委会第十八次会议中,常委会组成人员对《中华人民共和国人口与计划生育法修正案（草案)》第三十五条"禁止买卖精子、卵子、受精卵和胚胎,禁止以任何形式实施'代孕'"这一法律条文进行审议,这被外界视为国家将对"代孕"进行立法管理。但最终部分常委会组成人员提出,此次修法应当围绕"全面两孩"的五中全会决策进行,而"禁止'代孕'"的规定与"全面两孩"并没有直接联系,且有些问题尚未进行深入研究论证，建议删去。这一意见被采纳后，获通过的修正案未涉及"代孕"条款，还相应地删去了草案中的"违反规定实施'代孕'等将受到相应处罚"的规定。至此，对"代孕"监管的法律文件未能从部门规章上升到法律的层面。

（二）立法覆盖内容不广

《办法》和《规范》只是作为规制我国人类辅助生殖技术问题的两部主要法律法规文件。随着技术的广泛应用，以及不断地进步更新，《办法》和《规范》显然无法适应当前更为复杂而严峻的"代孕"问题，其不足之处慢慢地暴露出来。两部法律文件主要是对开展人类辅助生殖技术的医疗机构的监管部门、设置所需资质和审批条件、操作实施规范和处罚措施作了一些原则性的规定，多是一些笼统的规则，并没有针对打击"代孕"具体操作的实施细则，这给基层的卫生监督执法工作带来不少实操性的困难。

《办法》全文共五章二十五条，其中罚则部分只有第二十一条和第二十二条两条条文，其中第二十一条是对非医疗机构和未获准开展人类辅助生殖技术的医疗机构违规开展的处罚规定，第二十二条则是对获准开展人类辅助生殖技术的医疗机构违规开展的处罚规定。上述两条罚则，只是针对医疗机构和非医疗机构违规开展人类辅助生殖技术作出规定，但是对于《办法》第三条第二款"禁止以任何形式买卖精子、卵子、胚胎。医疗机构和医务人员不得实施任何形式的'代孕'技术"中买卖精子、卵子、胚胎的个人或非医疗机构，以及实施"代孕"技术的医务人员均未作出具体的罚则规定。同样的也未在《办法》中规定精子、卵子、胚胎保存时限以及超期后的处理方式，以及在非医疗机构内因"代孕"所发现的精子、卵子、受精卵和胚胎的处置方法等。

随着"代孕"的市场需求增长，"代孕"行为逐步形成以委托方、"代孕"中介、卖卵妇女、"代孕"妈妈以及实施"代孕"技术的医务人员或医疗机构、"代孕"的药品器械提供者为成员的产业链条。而在上述组成"代孕"产业链条的参与者中，《办法》和《规范》并未对"代孕"及其衍生的委托方、"代孕"中介、卖卵妇女、"代孕"妈妈、"代孕"的药品器械提供者等作出更为详细具体的罚则规定，甚至未对非医疗机构内从事"代孕"技术等医疗技术活动的护士、检验人员作出明确的处罚规定。

正是由于《办法》对非法"代孕"的个体或机构缺乏更多的行政处罚事项，导致卫生监督执法部门在对"代孕"中的"代孕"委托方、"代孕"中介、卖卵妇女、"代孕"妈妈进行监督执法时出现无法可依的困境，从而导致我国在"代孕"问题上呈现出一片乱象。

（三）行政处罚力度不强

目前，对"代孕"的个人或机构（含医疗机构或非医疗机构）的处罚，主要依据的是部门规章，由于部门规章的法律效力较低，措施仅为警告、罚款、吊证等行政处罚，规制力度严重不足，相对于"代孕"所获取的巨额利益而言，行政处罚的力度相对疲软。

根据《办法》第二十一条的规定，对未经批准擅自开展人类辅助生殖技术的非医疗机构，按照《医疗机构管理条例》第四十四条处罚，只能责令其停止执业活动，没收非法所得和药品器械，并可以根据情节处以一万元以下罚款。依据2020年6月1日起施行的《中华人民共和国基本医疗卫生与健康促进法》第九十九条"未取得医疗机构执业许可证擅自执业的，由县级以上人民政府卫生健康主管部门责令停止执业活动，没收违法所得和药品、医疗器械，并处违法所得五倍以上二十倍以下的罚款，违法所得不足一万元的，按一万元计算"之规定，由于违法所得难以认定，多数在实际操作中只能"按一万元计算"即处以五万元以上二十万元以下罚款。

而对未取得《人类辅助生殖技术批准证书》的医疗机构违规开展人类辅生殖技术的，依据《办法》第二十一条之规定，按照《医疗机构管理条例》第四十七条和《医疗机构管理条例实施细则》第八十条的规定进行处罚，由县级以上人民政府卫生健康行政部门予以警告、责令其改正，并可以根据情节处以3000元以下的罚款；情节严重的，吊销其《医疗机构执业许可证》。

对已取得《人类辅助生殖技术批准证书》的医疗机构违规实施人类辅生殖技术的，则依据《办法》第二十二条之规定，由省、自治区、直辖市人民政府卫生健康行政部门给予警告、三万元以下罚款，并给予有关责任人行政处分；构成犯罪的，依法追究刑事责任。综上行政处罚的手段来看，与违法分子"代孕"所获得的丰厚利润相比较，行政处罚的措施仅为警告、罚款等，规制力度明显不足以遏制违法分子进行非法"代孕"，在罚金的数额上也与现在的经济水平极不匹配。例如《法制日报》曾报道过地下"代孕"机构做一单业务，利润在30%至60%。一家"代孕"机构在开展1000个"代孕"业务的情况下，利润至少在千万元以上（罗崇纬，2019）。正是由于"代孕"蕴藏的市场及巨大利润，行政处罚力度明显不足，导致各种"代孕"机构应运而生，"代孕"的行为屡禁不绝。

（四）行刑衔接不畅

《办法》第二十二条中对违规开展人类辅助生殖技术的医疗机构构成犯罪的，依法追究刑事责任；虽然规章明确禁止"代孕"行为，但是由于我国《刑法》并未明文规定"代孕"的相关罪名及刑事责任，使得在现有的行刑衔接框架下，基层卫生监督执法机构无法依据《行政执法机关移送涉嫌犯罪案件的规定》和《关于加强行政执法和刑事司法衔接工作的意见》对涉嫌实施卖卵、"代孕"等违法违规行为实施移送。行刑衔接不畅，反而进一步助长了"代孕"组织者、"代孕"中介等不法分子有恃无恐的态势，导致"代孕"黑市场打而不绝、禁而不止。

"代孕"可能会构成犯罪的行为主要有组织"代孕"和非法行医

等。第一，部分学者认为可以将组织"代孕"的行为认定为非法经营罪，广东省卫健委也曾协同省政法委、省高院、省高检和省公安厅组织过研讨，最终认定在现有的法律规定情况下，将组织"代孕"的行为认定为非法经营罪依据不足。根据《刑法》第二百二十五条对非法经营罪认定的明确要求，须以"国家规定"为前提，而《刑法》第九十六条则对"国家规定"做了明确解释，指的是"全国人大及其常委会指定的法律和决定，国务院制定的行政法规、规定的行政措施、发布的决定和命令"。因为当前我国对"代孕"行为进行规制的法律文件属于部门规章，不属于非法经营罪里的"国家规定"，再加上最高法和最高检在针对非法经营罪所作的所有司法解释中并未涉及组织"代孕"，因此组织"代孕"的行为不能被认定为非法经营罪。第二，"代孕"可能会构成非法行医罪。根据《刑法》第三百三十六条和《最高人民法院关于审理非法行医刑事案件具体应用法律若干问题的解释》第二条的相关规定，滥用人类辅助生殖技术的行为认定为非法行医罪的前提一是未取得医生执业资格非法行医，二是应当具备《解释》认定"情节严重"的情形，而在基层卫生监督执法机构查处"代孕"的过程中，绝大多数实施"代孕"、胚胎移植和取卵等行为的均是取得医生执业资格的，且《解释》中并未将"代孕"等行为规定为"情节严重"。

## 二、多部门联动机制不完善，难以查处

为了有效打击"代孕"等违法违规行为，原卫计委等 12 部门曾于2017 年 9 月联合制定了《关于印发开展查处违法违规应用人类辅助生殖技术专项行动工作方案的通知》（以下简称《通知》），该《通知》明确了在查处违法违规应用人类辅助生殖技术中各部门的责任，结合机构设置，将各责任部门及其职责汇总如下（见表40）。

**表 40　查处违法违规应用人类辅助生殖技术中各责任部门及其职责**

| 序号 | 责任部门 | 职责分工 |
|---|---|---|
| 1 | 卫生健康行政部门 | 1. 对获许开展人类辅助生殖技术服务的医疗机构进行监管和核查许可<br>2. 查处违法违规开展人类辅助生殖技术、采供精、采供卵和"代孕"相关服务的医疗机构和医护人员<br>3. 加强行业监管，促进医疗机构和医护人员行为自律 |
| 2 | 网信 | 1. 加强对网站平台的监管<br>2. 对相关成员单位研判转交的网上涉人类辅助生殖技术有害信息进行清理处置<br>3. 会同公安、工业和信息化等相关部门查处违法违规开展人类辅助生殖技术服务的网站平台<br>4. 做好专项行动的网上宣传和舆论引导，形成良好舆论氛围 |
| 3 | 法院、检察院 | 建立重大案件会商机制，联合开展相关法律适用问题研究，为案件查处提供指导 |
| 4 | 公安机关 | 1. 负责配合其他部门开展联合执法<br>2. 对工作中发现和有关部门移交的犯罪线索开展调查，符合立案标准的一律依法立案 |
| 5 | 民政部门 | 指导社区居民委员会、村民委员会，动员城乡社区社会组织和广大居民，形成打击非法开展人类辅助生殖技术应用、群防群控的局面 |
| 6 | 市场监管部门 | 1. 依法查处非法开展人类辅助生殖技术广告<br>2. 加强对医疗器械和药品生产经营企业的监管<br>3. 对查获的涉案药品、医疗器械的真伪及合法性进行鉴定<br>4. 对违法生产经营的企业和个人进行查处<br>5. 配合卫生计生部门依法查处开展代孕、买卖卵子等业务的中介机构及开展非法人类辅助生殖技术服务的营利性医疗机构 |
| 7 | 综治部门 | 充分发挥综合治理优势，形成联合打击违法违规开展人类辅助生殖技术应用的工作合力 |
| 8 | 电信主管部门 | 1. 加强对有关人类辅助生殖技术服务相关信息及广告的监管<br>2. 依法查处利用互联网发布代孕服务相关信息及广告的违法违规互联网站 |

该《通知》建立多部门联合执法调查机制、重大案件会商督办机制、案件移送机制、案件信息通报共享机制、舆情引导与合作机制和有奖举报机制等六大机制。但是该《通知》在基层具体操作实施时尚有不足，在"代孕"产业现在已经形成跨区域、模块化的情况下，违法分子为了躲避风险，隐蔽"代孕"产业链各环节，每当在某一环节被执法人员查处时，往往选择"壁虎断尾"的自救模式，将损失降到最低，让执法人员只能查处其某一环节，未能将整个"代孕"产业链条连根拔起。

往往"代孕"中介将公司设置在市区高档写字楼上，通过在网上散布"代孕"广告和信息，吸引"代孕"委托方招聘"代孕"妈妈和卖卵妇女，然后在郊区设置生物实验室、取卵室、手术室；同时在产科医院附近为"代孕"妈妈租住居所。公安部门在民宅内查处到疑似"代孕"妈妈时，将相关信息通报共享给其他行政部门时，其他行政部门无法排查出"代孕"妈妈是受聘于哪个"代孕"中介公司，在何处实施胚胎植入手术等相关信息，未能将"代孕"黑色产业链条连根拔起；同样的卫健部门在查处"代孕"的实验室时，现场发现的医疗器械和药品未能够核实其真伪及来源，未能查处举办该"代孕"实验室的中介机构。因此在打击"代孕"黑色产业链时，各责任部门未能够形成合力，有效打击"代孕"。

### 三、"代孕"技术精专，难以取证

"代孕"技术是一门高新技术，专业性非常强，其对实施"代孕"技术的医务人员有着较高的要求和标准，设立了严格的准入门槛。但是基层卫生监督执法人员大部分并没有系统地接受过"代孕"的专业知识学习，因此在对"代孕"的医疗机构进行监管时，无法精准地从技术环节上切断"代孕"行为的链条。

基层卫生监督执法人员在对医疗机构进行监督检查时，即使发现了促排卵药品、移植等器械或医疗文书等可疑证据，在进一步调查取证过程中，也非常容易被专业医护人员以各种医疗知识蒙混，难以准确辨别区分相关药品、医疗器械和医疗文书是用于"代孕"还是用于常规妇科诊疗活动，增加取证难度；同样在对获许"代孕"的医疗机构进行监管时，难以发现是否存在胚胎植入前性别选择的违法行为。

## 第五节　解决"代孕"监管困境的建议

### 一、加快立法进程，完善执法标准

（一）制定《人类辅助生殖技术法》

在《办法》的基础上制定《人类辅助生殖技术法》，为规范人类辅助生殖技术的应用和管理，解决"代孕"问题在立法层面效力层级低的问题，在该法中增加以下内容：第一，明确禁止"代孕"及"代孕"的处罚措施；第二，明确冷冻胚胎的归属和处置；第三，明确非医疗机构或个人实施买卖配子、合子和卵子的处罚措施；第四，加强对实施卖卵"代孕"等违法违规行为的机构或个人处罚力度，对机构和人员实行双罚制，将罚款金额上调至与现有经济水平相适应、与一般情形下的违法收益相匹配；第五，明确对参与实施"代孕"等行为的护士、检验人员、中介机构、"代孕"者、委托者的处理等。

与此同时，及时出台《人类辅助生殖技术法实施细则》，在细则中完善执法标准：首先，明确将涉及实施"代孕"等行为纳入"情节严重"或"造成严重社会影响"等情形；其次，明确对参与实施"代孕"等行为的医疗机构和医务人员吊销相关资质证书，进一步提高违法成本，在这一点上可参考《深圳经济特区医疗条例》第六十八条第二款的规定："对上述从事'代孕'技术等医疗技术活动的护士、检验人员等处以责令暂停执业六个月以上一年以下，情节严重，吊销其执业证书的处罚。"最后，规定"代孕"行为违法所得的认定等。

（二）"代孕"入刑的考量

"代孕"可能会侵害到刑法所保护的与生命健康相关的基本权益，"代孕"侵害的是医疗管理的秩序、公众的生命安全和人类遗传资源安全等刑法所保护的法益，而现行的部门规章对实施"代孕"等行为的行政处罚力度弱，与其因此获得的丰厚利润相比较，形成不了威慑力，严重破坏监管秩序，推动"代孕"行为入刑具有重要现实意义。

目前推动"代孕"行为入刑的方式大致分为两种：一种是增加新的刑法罪名，通过《刑法修正案》的形式，增加"商业买卖配子、合子、卵子或胚胎罪""'代孕'罪"等罪名。另一种是在现有的罪名中完善司法解释，通过修订《最高人民法院关于审理非法行医刑事案件具体应用法律若干问题的解释》第二条中"情节严重"的情形认定，将"代孕"行为纳入"情节严重"中去，便可将非法"代孕"行为以"非法行医罪"进行定罪；又或者通过最高检、最高法对"非法经营罪"新增涉及"商业买卖配子、合子、卵子或胚胎""组织'代孕'"等行为的司法解释，推动诸类行为以"非法经营罪"进行定罪，以此达到惩戒和威慑"代孕"行为。

**二、建立完善多部门联动执法机制，制定多部门监督执法指引**

"代孕"领域的监管虽然以卫生健康行政部门为监管主体，但是由于"代孕"技术的专业性、滥用的危害性以及实施"代孕"的产业性等特点，同时涉及卫生健康、市场监管、公安、网信等多部门的职责，因此应当进一步疏通理顺联动执法机制，制定相应的监督指引，以此明确和细化各部门的监管职责。

（一）建立完善多部门联动执法机制，加强多部门整体执法效能

依据《通知》，进一步明确各部门的职责分工和各方责任，建立联

合执法调查机制、重大案件会商督办机制、案件移送机制、案件信息通报共享机制等工作机制，在执行过程中成立一个查处"代孕"专岗，实行联动执法，各部门依据各自的职责分工，深入调查各种违法违规行为，将"代孕"产业链以点带面，在逐个击破后连根拔起，使执法作为行政行为本身的执行力得以加强。

以市场监管部门为例，根据《通知》的要求，市场监管部门应当对"代孕"的医疗器械、药品的流通、销售情况进行监管，对违法生产经营医疗器械和药品的企业和个人进行查处。市场监管部门可以依据《药品管理法》和《药品经营质量管理规范》的相关规定，对在"代孕"中使用频率高、必不可少的医疗器械和药品进行追踪溯源管理。这样做的好处在于，一方面可以从源头上将"代孕"的行为予以强力打击，另一方面可以枯竭"代孕"所需的药械的来源，令其不能开展"代孕"。

结合卫健行政部门查处"代孕"案件的情况和生殖医学专家的建议，常见的用于"代孕"的医疗器械和药品，包括注射用人绒毛膜促性腺激素如尿源性 HCG 和重组 HCG（rHCG，商品名艾泽）、戊酸雌二醇片（口服雌激素，商品名补佳乐）和经阴道穿刺取卵针和胚胎移植管等。由于"代孕"技术领域的药械生产企业、经营企业和使用单位的数量极少，市场监管部门可以通过对上述医疗器械和药品建立追踪溯源管理制度，要求上述医疗器械和药品的生产、经营企业对此类常见应用"代孕"技术的药械可以通过患者—使用单位—经营企业—生产企业的方式进行全程追溯，要求使用单位和经营企业登记药械的进货、使用和销售情况。通过上述的药械追踪溯源管理制度，在对"代孕"的行为进行查处时，可以根据"代孕"实验室现场所发现的药械的批号或序列号等标识进行追踪溯源，以此查找出药械的购买者、使用者等，从而有效地查处"代孕"的行为。

（二）制定相应的多部门监督执法指引

尽管《通知》已经对各部门进行了职责分工，但是分工大多数是粗疏的，因此需要结合各职责部门的法律法规制定相应的监督执法指引，明确和细化各部门查处"代孕"的职责和分工，做到在各部门联合查处"代孕"时，能够清晰明了地把握监督检查要点，不遗漏任何一个环节，有效地对"代孕"实施监督。

**三、以多学科融合的专家为基础成立规范指引编制机制**

"代孕"涉及婚姻、家庭、子女的法律地位、遗产继承，涉及医务人员的执业行为，涉及药械供应，涉及网络广告宣传，涉及人身伤害等多个方面，所涉及的各细分领域多且专业，应构建多学科融合的专家为基础的平台。

（一）组建专家库，提供专业培训

设立"代孕"技术医学、法学等领域的专家库，为卫生监督执法人员提供专业知识培训、疑难案件决策咨询等工作，使卫生监督执法人员能够掌握相关的专业知识，有效地识别"代孕"行为。

同时，各级卫生健康行政部门定期对医学专家库成员开展依法执业、规范执业等法律知识宣讲，并落实专家库成员依法执业的承诺制度。

（二）编制监督指引和技术规范

第一，专家库成员参与编制"代孕"的监督指引，使卫生监督执法人员能够准确辨别区分相关药械、医疗文书是用于"代孕"还是用于常规妇科诊疗活动，打击"代孕"个人或机构的痛点，协助政府部门实现监管的专业化和精细化。

第二，专家库成员参与编制技术规范等文件，提供相关政策修订的建议，例如在法律上明确冷冻胚胎的处理形式后，制定相应的技术规范，在技术层面合法合规地处置冷冻胚胎。

　　"代孕"监管的困境缘于立法监管"难产",亟需立法监管层面的跟进和同步。通过加快立法进程,完善执法标准,制定《人类辅助生殖技术法》,对"代孕"入刑进行考量,让"代孕"监管有法可依;建立完善多部门联动执法机制,制定多部门监督执法指引,注重部门联动配合,增强监管合力;组建专家队伍,编制规范指引,对"代孕"监管提供技术上的支持。

# 参考文献

［1］艾鹤鸣．帷幕在阵阵掌声中落下［J］．中国卫生，2000（03）：14.

［2］白莹，朱宝立，朱文静，张恒东．巴西职业病认定与赔偿制度研究和启示［J］．工业卫生与职业病，2011，37（06）：328－330.

［3］北大法宝．疫情防控案例书—最高检发布十批55例妨害新冠肺炎疫情防控犯罪典型案例汇编［EB/OL］．北大法宝，2020－04－22.

［4］陈葆春．主要工业化国家职业病防治史与制度简介［J］．职业卫生与应急救援，2013，31（06）：328－331.

［5］陈世伟．卫生监督与疾病预防控制体制改革需要解决好的几个问题［J］．中国卫生事业管理，2001（09）：568－569.

［6］陈武，张海波，高睿．新冠疫情应急管理中的管制政策与疫情分布的时空关系——以2020年春节期间湖北省各地区应对策略为例［J］．公共管理与政策评论，2020，9（03）：16－28.

［7］陈曦．计划免疫工作常见误区浅议［J］．人民军医，2012，55（06）：487.

［8］陈云良．卫生法学［M］．北京：高等教育出版社，2019.

［9］崔新，何翔，张文红，王汉松，李程跃，张天旭，郝模．我国卫生监督体系的历史沿革［J］．中国卫生监督杂志，2007（02）：

157 – 160.

[10] 代涛. 我国卫生健康服务体系的建设、成效与展望 [J]. 中国卫生政策研究，2019，12（10）：1 – 7.

[11] 董晨，张欢，莫兴波. 传染病流行病学 [M]. 苏州：苏州大学出版社，2018，12.

[12] 董铎. 我国疫苗不良事件监测体系研究 [D]. 沈阳药科大学，2007.

[13] 杜国明，孙晓莉. "限制人身自由"卫生即时强制存在的法律问题及其完善 [J]. 行政与法，2007（3）.

[14] 杜红，郭新彪，王存亮等. 中日传染病防制管理体系的比较 [J]. 中国公共卫生管理，2004（5）.

[15] 樊波，袁国铭. 中国中央卫生行政机构发展简史 [J]. 中华医学图书情报杂志，2014（03）：31 – 33.

[16] 方圆. 妨害新冠肺炎疫情防控犯罪典型案例 [J]. 方圆，2020（Z1）：52 – 57.

[17] 广东省卫健委. 关于《中华人民共和国传染病防治法》贯彻实施情况的工作报告（2018 – 07 – 11）[R]. 广东省卫健委突发公共卫生应急调研座谈会参阅材料，2018 – 07 – 11.

[18] 国家卫生健康委卫生健康监督中心.《关于卫生改革与发展的决定》，中发〔1997〕3 号 [A/OL]. 国家卫生健康委卫生健康监督中心，2006 – 02 – 08.

[19] 国家卫生健康委卫生健康监督中心. 2019 年卫生健康国家随机监督抽查工作信息统计报告 [R]. 国家卫生健康委卫生健康监督中心，2019.

[20] 国务院办公厅. 关于全面推行行政执法公示制度执法全过程记录制度重大执法决定法制审核制度的指导意见 [A/OL]. 中国政府网，2019 – 01 – 03.

［21］韩旭. 我国卫生监督机构分设后建设进程分析研究［D］. 山东大学, 2011.

［22］何国忠. 中国卫生政策评价研究［D］. 华中科技大学, 2006.

［23］环球网. "流调"是什么? 专家: 为判定密切接触者、采取隔离措施等提供依据［EB/OL］. 搜狐网, 2020 - 02 - 23.

［24］环球网. 专家: 配合"流调"是公民应尽义务和责任［EB/OL］. 人民网, 2020 - 02 - 24.

［25］黄中夯, 贾勇, 傅小鲁. 成都疾控五大卫生专业学科规划与能力建设建议［J］. 中国公共卫生管理, 2005 (03): 184 - 187.

［26］健康报. "代孕弃养"背后的两个关键问题, 我们请法学专家进行了深度剖析［EB/OL］. 澎湃新闻, 2021 - 01 - 20.

［27］江西活动. 江西一教师在小区跑步不戴口罩, 还与防疫人员争执［EB/OL］. 搜狐网, 2020 - 02 - 16.

［28］经济日报. 习近平: 为疫情防控提供有力法治保障［EB/OL］. 人民网, 2020 - 02 - 19.

［29］康来仪, 周廷魁等.1988 年春上海地区甲型肝炎的暴发流行［J］. 上海医学, 1989 (02).

［30］孔昭林. 实用行政管理［M］. 北京: 高等教育出版社, 2013.

［31］发现乐清. "严禁堂食"不是口号, 乐清公布4 起疫情防控期间餐饮违法典型案例［EB/OL］. 搜狐网, 2020 - 03 - 05.

［32］郭兴华, 赵勇进, 姜锡梅, 陈龙生, 孙俊, 石志宇. 对法国公共卫生考察与思考［J］. 江苏卫生保健, 2000 (02): 117 - 119.

［33］光明日报.70 年政协提案里的民生印记［EB/OL］. 光明网, 2019 - 11 - 09.

［34］光明网. "深圳应急条例"10 月 1 日起实施［EB/OL］.

2020 - 08 - 27.

[35] 李冠伟. 美国医疗保险制度和卫生管理体制 [J]. 现代实用医学, 2001 (11): 575 - 577.

[36] 李航. 代孕问题研究 [J]. 科技视界, 2015 (10): 145 + 276.

[37] 李洪河. 新中国成立初期卫生防疫体系是怎样建立起来的 [J]. 党史文汇, 2020 (05): 41 - 46.

[38] 李明. 绍兴市疾控机构"五大卫生"工作现状 [J]. 浙江预防医学, 2010, 22 (01): 92 - 94.

[39] 李寿初. 中国政府制度 [M]. 北京: 中共中央党校出版社, 2005.

[40] 李鑫鑫. 我国代孕问题的法律规制探讨 [J]. 西部学刊, 2019 (10): 34 - 36.

[41] 黎新宇, 王全意, 梁万年等. 欧洲疾病预防控制中心工作模式 [J]. 中国全科医学, 2007 (17).

[42] 梁青山. 我国现行疾控机构管理体制存在的弊端及改革设想 [J]. 中国卫生资源, 2008 (05): 226 - 227.

[43] 廖晨歌. 关于我国农民工职业病维权困境的思考——从"开胸验肺"事件谈起 [J]. 南京医科大学学报 (社会科学版), 2009, 9 (03): 183 - 186.

[44] 刘碧波. 我国代孕的立法与司法问题 [J]. 学术交流, 2017 (7).

[45] 刘家兴, 王国枢, 张若羽, 张王镶. 北京大学法学百科全书 民事诉讼法学 刑事诉讼法学 行政诉讼法学 司法鉴定学 刑事侦查学 [M] 北京: 北京大学出版社, 2001.

[46] 吕子璇. 内蒙古职业病防治监管问题研究 [D]. 内蒙古大学, 2018.

[47] 罗崇纬，王阳. 代孕黑色产业链调查：地下交易代孕费最高可达 150 万元 [N]. 法制日报，2019 (7).

[48] 马合木提. 新疆急性传染病防控 70 年回顾 [J]. 疾病预防控制通报，2020, 35 (01): 46 - 50 + 75.

[49] 南方日报. 广东"防疫大堤"全面建成 [EB/OL]. 南方报网，2012 - 07 - 17.

[50] 宁丙文. 俄罗斯的劳动法规与职业卫生服务模式 [J]. 现代职业安全，2010 (07): 81 - 83.

[51] 牛胜利. 国际职业卫生法规发展历程 [J]. 劳动保护，2010 (04): 13 - 15.

[52] 潘金贵，李国华. 我国电子数据收集提取措施对基本权利的干预与立法完善 [J]. 湖南社会科学，2019 (05): 71 - 78.

[53] 澎湃新闻. 保护"吹哨人"！深圳突发公共卫生事件应急条例 10 月起施行 [EB/OL]. 中国青年报，2020 - 08 - 26.

[54] 彭文伟. 传染病学 [M]，北京：人民卫生出版社，2018.

[55] 秦鹏博. 将代孕子女遗弃在国外，我国法律能管吗？ [N]. 人民政协报，2021 - 02 - 02 (012).

[56] 全国人大常委会. 中华人民共和国传染病防治法 [EB/OL]. 中国政府网，2013 - 06 - 29.

[57] 全国人大常委会. 中华人民共和国职业病防治法 [EB/OL]. 中国人大网，2019 - 01 - 07.

[58] 全球技术地图. 美国重大疫情防控系统机构设置及对我启示 [EB/OL]. 腾讯新闻，2020 - 03 - 21.

[59] 人民日报. 人民要论：用法治思维和法治方式推进疫情防控，莫纪宏 [EB/OL]. 人民网，2020 - 03 - 03.

[60] 人民日报. 习近平在北京市调研指导新型冠状病毒肺炎疫情防控工作时强调以更坚定的信心更顽强的意志更果断的措施坚决打赢疫

情防控的人民战争总体战阻击战 ［EB/OL］. 中国共产党新闻网，2020 - 02 - 11.

［61］人民日报. 执法检查报告指出传染病防治工作有四大薄弱环节 ［EB/OL］. 中国人大网 2018 - 08 - 29.

［62］任树奎，张宏元. 芬兰职业卫生监管与服务 ［J］. 劳动保护，2010（04）：25 - 27.

［63］上海人大. 关于控制传染性非典型肺炎传播的决定 ［A/OL］. 上海人大，2013 - 08 - 20.

［64］尚进，李恩昌，解颖. 对 SARS 病人及相关人员实施隔离等强制措施的思考 ［J］. 医学与哲学，2003（03）.

［65］申屠杭. 环境卫生监督的几点思考 ［J］. 中国公共卫生管理，2004（05）：449 - 451.

［66］深圳市卫生健康委员会. 深圳经济特区突发公共卫生事件应急条例 ［A/OL］. 深圳市卫生健康委员会网站，2020 - 11 - 24.

［67］史乃豪. 论卫生监督体系建设的现状及对策 ［J］. 中国医药指南，2012，10（32）：668 - 669.

［68］宋连胜，李建. 社会主义协商民主理论源头探析 ［J］. 理论学刊，2013（03）：4 - 8 + 128.

［69］搜狐重庆资讯. MERS 韩国巨亏过百亿 ［EB/OL］. 搜狐网，2015 - 06 - 29.

［70］孙爱国，夏建清. 卫生监督与疾病预防控制机构工作同步运行探讨 ［J］. 预防医学文献信息，2002（04）：478 - 479.

［71］孙燕. 中美工业卫生与职业卫生问题之不同——访美国工业卫生协会驻中国代表殷德纳先生 ［J］. 安全，2010，31（01）：1 - 3.

［72］汤啸天. 应当给予流行病学调查更加明确的法律支撑 ［R］. 中国法学会行政法学研究会 2020 年年会论文集（现场报告版），2020.

［73］田伟. 我国公共卫生服务系统模拟与政策干预研究 ［D］. 第

二军医大学，2007.

[74] 卫生部.《卫生部关于印发＜关于卫生监督体制改革实施的若干意见＞和＜关于疾病预防控制体制改革的指导意见＞的通知》，卫办发〔2000〕112号［A/OL］. 国家卫生健康委卫生健康监督中心，2000-01-28.

[75] 卫生部. 关于印发《关于卫生监督体制改革的意见》的通知，卫办发〔2000〕第16号［A/OL］. 国家卫生健康委卫生健康监督中心，2000-01-28.

[76] 王贵松. 中国代孕规制的模式选择［J］. 法制与社会发展，2009，15（04）：118-127.

[77] 吴晓求. 中国上市公司：资本结构与公司治理：中国人民大学金融与证券研究所中国资本市场研究报告.2003［M］北京：中国人民大学出版社，2003.

[78] 徐世民. 卫生监督机构科室设置与运行模式的探讨［J］. 现代预防医学，2001（04）：524-525.

[79] 北京预防医学会. 新型冠状病毒肺炎疫情流行病学调查工作规范［J］. 中华流行病学杂志，2020（8）：1184—1191.

[80] 新华网. 疾控流调员——追踪新冠病毒的—福尔摩斯‖［EB/OL］. 新华网，2020-03-29.

[81] 新华网. 全国人大常委会启动传染病防治法执法检查［EB/OL］. 新华网，2018-05-04.

[82] 新华网. 习近平：在统筹推进新冠肺炎疫情防控和经济社会发展工作部署会议上的讲话［EB/OL］. 新华网，2020-02-23.

[83] 杨宁芝. 区级卫生监督和疾病预防控制机构的关系及其协调发展的思考［J］. 中国厂矿医学，2004（03）：88-89.

[84] 央视新闻客户端. 习近平：人员流动和聚集的疫情传播风险在加大防控必须慎终如始［EB/OL］. 央视网，2020-03-04.

[85] 于春林. 试论卫生监督与疾病控制工作的定位问题 [J]. 医学信息（中旬刊），2011，24（09）：5040.

[86] 于竞进. 我国疾病预防控制体系建设研究：困境 策略 措施 [D]. 复旦大学，2006.

[87] 袁国铭，陈新利，张乐，樊波. 论我国中央卫生行政机构的变迁 [J]. 医学与社会，2014，27（6）：13－14.

[88] 曾文兵，祖六四，不孕不育就诊量增速，二胎之路多难关 [N]. 扬子晚报（南京），2016（10）.

[89] 曾文洁，贾金鑫. 求真务实 扎实推进卫生监督体制改革 [J]. 中国农村卫生事业管理，2005（02）：55－56.

[90] 张国华. 职业病防治知识手册 [M]，沈阳：沈阳出版社，2005.

[91] 张威. 浅谈卫生监督中的自由裁量权 [J]. 中国卫生法制，2011，19（03）：22－25.

[92] 张力. 行政法学与加快法治政府建设——中国行政法学研究会 2015 年年会综述 [J]. 行政法学研究，2016（01）：46－56.

[93] 张黎明，张晓新. 美国公共卫生快速反应机制及 SARS 防治预警系统 [J]. 中国医院管理，2003（07）：60－62.

[94] 张键锋，李伟，冯云，姚韵怡，王鑫瑶，熊春蓉，刘璐，杨坤. 2011－2018 年江苏省国家血吸虫病监测点疫情分析 [J]. 中国血吸虫病防治杂志，2019，31（06）：599－602＋644.

[95] 赵姗姗. 新医改背景下疾病预防控制机构职能建设研究 [D]. 南京大学，2016.

[96] 郑海坚. 我国卫生行政执法理论体系、现状及对策研究 [J]. 心理医生，2011（12）：1091－1092.

[97] 中共中央. 中共中央印发《深化党和国家机构改革方案》[EB/OL]. 新华社，2018－03－21.

［98］中国改革网. 十三届全国人大常委会第五次会议审议多部报告［EB/OL］. 人民网，2018 - 08 - 29.

［99］中国人大网. 全国人民代表大会常务委员会执法检查组关于检查《中华人民共和国传染病防治法》实施情况的报告［EB/OL］. 中国人大网，2018 - 08 - 28.

［100］国家综合监督局. 国家卫生健康委副主任李斌在 2019 年全国卫生监督工作会议上的讲话［EB/OL］. 中国政府网，2019 - 01 - 24.

［101］中华人民共和国国家卫生健康委员会. 中华人民共和国国家卫生健康委员会公告［A/OL］. 中国政府网，2020 - 01 - 21.

［102］朱芒. SARS 与人身自由——游动在合法性和正当性之间的抗 SARS 措施［J］. 法学，2003（5）.

［103］訾永娟. 新冠"疫情"典型案例分析报告（2020 年第 5 期，案例报告总第 18 期）［R/OL］. 北大法宝，2020 - 07 - 21.

［104］Ham, Christopher. Health Policy in Britain：politics and organization of the National Health Service［J］. Macmillan. 1999，63 - 65. PH

［105］The Secretary of State for Health. The Public Health（Infectious Diseases）Regulations 1988［EB/OL］. legislation. gov. uk，1988 - 09 - 06.

［106］Korean Disease Control and Prevention Agency. Emergency Operations Center：EOC［EB/OL］. Korean Disease Control and Prevention Agency，2015 - 09 - 01.